e스포츠 직업 설명서

» 남윤성·윤아름 지음

e스포츠

직업 설명서

인생 티어를 바꿀 21개의 e스포츠 직업

틈새책방

차례 《 ——————————————————————————

e스포츠를 소명으로 생각하는 그대에게

2020년 1월 틈새책방으로부터 e스포츠 직업을 소재로 책을 내면 어떻겠냐는 제안을 받았을 때 흔쾌히 오케이라고 답했습니다. e스포츠 기자로 10년 이상 현장을 취재했기 때문에 충분히 해낼 수 있다고 생각했습니다.

제 생각이 짧았다는 걸 깨닫는 데에는 불과 3개월이 걸리지 않았습니다. 유례를 찾기 어려운 코로나19 바이러스가 전 세계적으로 창궐하면서 e스포츠 현장은 문을 닫았습니다. 선수 관리가 최우선인 프로 게임단 또한 외부인의 출입을 철저하게 제한하면서 취재의 길이 막히는 듯했습니다.

그래도 e스포츠 리그는 운영됐습니다. 온라인으로 진행할 수 있다는 특징을 십분, 아니 백분, 천분, 만분 활용한 덕분입니다. 코로나19 시대에 대부분의 산업이 위축됐지만 e스포츠는 드라마틱한 성장세를 나타냈습니다. 온라인으로 정규 리그를 소화해냈다는 이야기가 각종 매체를 통해 알려지면서 e스포츠의 주가는 엄청나게 올랐습니다. e스포츠 업계는 2020년 퀀텀 점프Quantum Jump를 이뤄냈습니다. 책을 쓰기 위한 취재가 어려워졌다는 지극히 제 개인적인 상황만 제외하면 말이죠.

2020년 11월초 대부분의 e스포츠 리그가 막을 내렸습니다. 사회적 거리 두기 단계도 완화되어 본격적으로 책을 쓰기 위한 취재에 돌입했습니다. e스포츠의 1년 사이클을 모두 소화한 상태여서 몸과 마음이 지쳐 있었지만 "직업으로서 e스포츠 분야가 가진 가치를 많은 이들에게 전달해 달라."는 주위 분들의 응원을 받은 덕분에 힘을 낼 수 있었습니다.

2020년 말 개인적으로 큰 변화를 맞았습니다. 2003년 기자라는 타이틀을 단 이후 하나의 직업밖에 가져 보지 못했던 저는 매체를 떠나 평범한 직장인이 됐습니다. 직업을 바꾸는 대전환을 결심했고 이직에 성공했죠. 기자 명함을 내려놓은 상태에서 책을 마무리해야 했지만, 일일이 언급하기 어려울 정도로 많은 분들이 적극적으로 도와 주신 덕분에 이 책이 세상에 나올 수 있었습니다. 다시 한 번 감사드립니다.

e스포츠 현장은 숨 쉴 틈 없이 돌아갑니다. 대부분의 리그가 저녁 시간대에 진행되기 때문에 팀과 선수를 포함한 업계 관계자들은 야행성으로 살아갑니다. 시즌이 끝나더라도 새 시즌을 준비해야 하기에 바쁜 일상은 계속됩니다. 가족과 주변을 돌보기 어려울 정도로 눈코 뜰 새 없이 바쁘지만 자그마한 성과를 낼 때마다, 그 덕분에 e스포츠의 파이가 커진다는 이야기가 들릴 때마다 스팀팩을 맞은 마린처럼, 아드레날린 업그레이드가 완료된 저글링처럼 분발할 힘을 얻습니다.

직업을 표현하는 영어 단어 중에 'Calling'이 있습니다. 누군가의 부름을 받았다는 의미의 '소명'으로 해석됩니다. 그런데 사전의 바로 아래에는 '직업', '천직'이라 적혀 있습니다. 누군가의 부름을 받은 것, 그것이 직업이라는 의미로 풀이해 봅니다.

책을 쓰기 위해 만났던 모든—1명의 예외도 없었음을 강조합니다—e스포츠 관계자들은 더 나아질 e스포츠의 미래를 언급했습니다. 자기가 좋아하는 업계에서 일하고 있기에 만족한다고 이구동성으로 이야기했습니다. 이들을 e스포츠 업계로 이끈 누군가의 부름은 다른 사람이 아닌, 자기 자신이 외친 부름이라 느꼈습니다.

e스포츠 업계에서 일하고 있지만, 이 책에 포함되지 않은 직업을 갖고 계신 분들께는 죄송하다는 말씀을 전합니다. 역량이 모자랐고 조사하려는 노력이 부족했습니다. 더 배우고 익혀서 추가하겠습니다.

e스포츠 업계에서 일하고자 하는 취업 준비생, 혹은 경력직, 그리고 아이들이 게임만 해서 고민이라 생각하는 학부모님들께 이 책이 미진하나마 도움이 되길 바랍니다.

남윤성

꿈이 없는 청춘들을 위해

나는 어릴 적에 꿈이 없었다. 학창 시절에는 남보다 글을 잘 쓴다며 문예 대회에 나가 몇 번 상을 타 본 게 장기랄까. 소설가나 작가가 되고 싶다는 생각은 꿈에도 해 본 적이 없다. 자신 없는 일이라고 생각했다. 대학 입시도 그래서, 재수를 했다. 성적도 모자랐지만 지원하고 싶은 과도 막연하기만 해서 학교를 고르지 못했다. 결국 선택한 곳이 또 문예창작학과.

대학 문턱을 넘었어도 내 꿈의 그림자는 나를 따라다니지 못했다. 오히려 꿈이라는 존재와 멀어졌다. 대학에 들어와 보니 나는 글을 잘 쓰는 것이 아니었다. 시늉만 냈을 뿐, 백 배 천 배 낫고 기는 동기들이 한둘이 아니었다. 한번은 동기한 명이 내게 물었다.

"언니! 언니는 졸업하면 뭐하고 싶어? 왜 한 번도 하고 싶은 걸 얘길 안 해."

내가 그랬던가. 맞다. 난 대학을 졸업할 때까지도 하고 싶은 일이 없었다. 신문사에 계신 이모부의 제안으로 지금의 직장에 입사하기 위해 도서관에 가서 게임 관련 서적을 기계적으로 외웠다. 운이 좋아 기자가 됐지만, 정작 기자는 내가 되고 싶은 꿈이 아니었다.

어쩌면 미래에 대한 막연한 두려움을 시야에서 가려 보려고 억지로, 무지로 끌고 간 취업이었다. 사회 초년생이던 그 시절, 게임에 '게' 자도 모르는데 기자 행세를 하는 내 모습이 너무 부끄러워, 혹은 그것이 들킬까 뭐든 닥치는 대로 열심히 했다. 수습 기자로 석 달이 지났을 무렵, 데스크는 e스포츠를 출입하라고 지시했다.

e스포츠 경기장에 취재 가던 첫날을 잊지 못한다. 태어나서 처음 보는 풍경. 무대 위 조명이 켜지고 유니폼을 입은 내 또래의 선수 둘이 PC 모니터 앞에 마주 앉아 재빠르게 마우스와 키보드를 두드리며 게임 대결을 했다. 그리고 이들을 응원하는 뜨거운 함성 소리! 전용준 캐스터의 우렁찬 외침! 내가 몰랐던 또 다른 세상을 발견한 것 같았다.

처음 알았다. 꿈을 꾼다는 게 이런 모습이란 걸. e스포츠는 정말 꿈꾸는 자의 완성작이다. 게임 플레이를 잘해서 최고가 되고자 하는 사람이 모여 프로 게이머가 만들어졌고, 그를 이루려는 주변인들의 힘으로 하나둘 직업이 생겨났다. 나도 그 세계에 매료되어 지금까지 이곳에서 '밥벌이'를 하고 있다.

어쩌면 PC방 죽돌이로 시시하게 끝났을지 모를 이야기가, 꿈을 이루려는 이들의 모든 노력으로 이젠 모두가 열광하는 반전 스토리를 써 나가고 있다.

나처럼 꿈이 없는 청춘들에게 전하고 싶다. 무엇이 됐든 그들처럼 두드려 보라고. 무엇이 되지 않아도 좋다! 그저 두드려 보라고. 그렇게 해 봐도 어차피 청춘이니까.

언젠가 내 딸 재원이와 조카 시온이가 물어봐 주길 기대하며 설렘을 품어 본다.

"엄마! e스포츠가 뭐예요?"

윤아름

이 책에서는 각 직업마다 TUTORIAL, SNOWBALL, HARD CARRY, SHOW ME THE MONEY, FEEDBACK, DOUBLE BUFF 등 게임을 즐기면서 만날 수 있는 다섯 가지 과정을 중심으로 관련 정보를 취합하고 정리했다. 이 흐름을 염두에 두고 읽는다면 이 책이 제공하는 정보를 쉽게 이해할 수 있을 것이다.

TUTORIAL

게임을 처음 배울 때 '튜토리얼 모드'를 통해 기본 지식을 얻는 것처럼 직업에 대한 기본 정보를 제공한다. e스포츠라는 새로운 분야를 마음껏 항해할 수 있도록 방향키를 알려 주고자 한다.

SNOWBALL

리그 오브 레전드 게임을 플레이할 때 초반에 이득을 챙기면 "스노우볼을 만들었다."라고 한다. 또, 이를 바탕으로 주도권을 쥐고 경기를 풀어 가면 "스노우볼을 굴린다."라고 표현한다. 실제 e스포츠 직업에서 일어나는 일들을 현실감 있게 전달함으로써 e스포츠 직업을 독자들이 본격적으로 탐구하고 가늠하는 데 도움을 주고자 했다. 글을 읽다 보면 어느새 해당 직업에 대한 정보가 눈덩이처럼 커질 것이다.

HARD CARRY

팀을 승리로 이끈 선수의 플레이를 '하드 캐리'라고 한다. e스포츠 업계에서 직업, 직군별로 하드 캐리한 인물들의 인터뷰를 통해 해당 분야에서 성공할 수 있었던 배경과 그들의 행보를 전한다.

SHOW ME THE MONEY

스타크래프트의 치트키로 유명한 마법의 문장이다. 플레이어를 부자로 만들어 마음껏 유닛을 뽑을 수 있도록 해준다. e스포츠 업계에서 일하고 싶은 이들이 마음껏 나래를 펼칠 수 있도록 해당 직업의 비전과 장래를 보여 주고자 한다.

FEEDBACK

경기를 마친 뒤 선수들의 플레이를 평가하는 시간. 승리했을 때는 꿀처럼 달콤한 칭찬이 돌아오지만, 패배했을 때는 서릿발처럼 차가운 채찍이 날아오는 냉혹한 순간이다. 이와 마찬가지로 촌철살인의 멘트와 냉정한 별점으로 해당 직업을 깔끔하게 정리했다.

DOUBLE BUFF

리그 오브 레전드에서 챔피언을 강화하는 효과를 '버프'라고 부른다. 게임 내 에픽 몬스터인 내셔 남작과 장로 드래곤이 제공하는 버프를 모두 두르면 엄청나게 강해진다. 취업 전선에 나선 이들에게 더블 버프를 제공한다. 잘 알려지지 않은 e스포츠 직업과 인물들의 이야기를 모두 모았다.

프로 게이머

e스포츠 천재들

프로 게이머

업무 개요	프로 게임단에 소속되어 선수로 활동
급여 수준	LCK 1군 최저 연봉 6,000만 원. 수십억 원을 받을 수도 있다!
채용 방식	팀별 선발

스타크래프트StarCraft, 이하 스타1가 무엇인지는 몰라도 임요환이라는 이름은 들어봤을 것이고, 리그 오브 레전드League of Legend, 이하 LoL가 어떤 게임인지는 정확하게 알지 못해도 '페이커'라는 아이디를 기사에서 봤을 것이다. 임요환과 '페이커' 이상혁으로 대표되는 프로 게이머라는 직업은 e스포츠의 시작이자 끝이다.

《e스포츠 직업 설명서》 첫 번째 챕터에 '프로 게이머'를 '직업'으로 소개하는 이유는 e스포츠계에서 스포트라이트를 가장 많이 받는 자리이고, 게임을 잘한다는 소리를 들어본 사람이라면 누구나 꿈꾸고 도전하고 싶은 일이기 때문이다.

프로 게이머가 되는 방법은 생각보다 간단하다. 프로 게임단의 입단 테스트를 통과한 뒤 대회 로스터에 이름을 올리면 프로 게이머 자격을 얻는다. 다만 거기까지 도달하는 과정이 쉽지 않을 뿐이다. 혹자는 서울대에 합격하는 것보다 프로 게이머가 되는 것이 더 어렵다고 표현한다.

전 세계적으로 인기를 얻고 있는 LoL 종목에서 프로 게이

프로 게이머

머가 되는 방법을 예로 들어보자. 한국에서 LoL 계정을 갖고 있는 사람은 370만 명 정도로 알려졌다. 한국 인구의 1/13 정도가 LoL을 해 본 경험이 있다는 의미다. 이 가운데 랭크 게임을 진행하고 있는 숫자는 290만 명이다. 배치 고사를 보지 않은 언랭크Unranked와 최하위 단계인 아이언 단계를 뺀 숫자가 그 정도다.

랭크 게임은 실력에 따라 등급을 나누기 위해 LoL 안에 마련된 시스템이다. 30레벨 이상이며, 보유한 챔피언게임 캐릭터이 20개 이상 돼야 참가할 수 있다. 1년마다 시즌이라고 불리는 기간제로 끊어서 운영되는데, 랭크 게임을 전혀 하지 않은 언랭크부터 아이언, 브론즈, 실버, 골드, 플래티넘, 다이아몬드, 마스터, 그랜드 마스터를 거쳐 최상위 단계인 챌린저까지 등급티어이 나뉘어 있다.

등급별 퍼센티지를 보면 아이언(2.5퍼센트), 브론즈(22.3퍼센트), 실버(40.8퍼센트), 골드(26.3퍼센트), 플래티넘(6.9퍼센트), 다이아몬드(1.1퍼센트), 마스터(0.04퍼센트), 그랜드 마스터(0.01퍼센트), 챌린저(0.005퍼센트)다. 상위 8퍼센트 안에 들어가는 플래티넘에 도달하면 LoL을 잘한다고 말할 수 있지만, 프로 게임단에 지원서를 넣을 수 있는 수준은 아니다. 최근에 LoL 프로 게임단들이 2군이나 육성군을 모

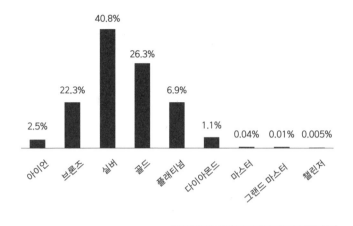

40.8%

26.3%

22.3%

6.9%

2.5%

1.1%

0.04% 0.01% 0.005%

아이언 브론즈 실버 골드 플래티넘 다이아몬드 마스터 그랜드 마스터 챌린저

자료: OP.GG 티어별 점유율 데이터, 2020년

집할 때 공표하는 지원 기준은 다이아몬드 이상인데, 이에 도달하려면 한국 서버 기준 4만 등 안에 들어야 한다. 하지만 현실적인 입단 기준은 마스터 티어부터다. 마스터와 그랜드 마스터는 각각 2,000명과 600명 정도이며 챌린저는 300명밖에 없다.

최상급인 챌린저에 도달하는 건 서울대학교 입학보다 어렵다. 한국대학교육협의회에 따르면, 2021년 대학수학능력시험 응시 예상 인원은 고등학교 3학년 재학생인 40만 3,941명에다 약 13만 명으로 추정되는 재수생을 합친 53만 3,941

명 정도였다. 서울대학교의 2021학년도 입학 정원이 3,198명이라 발표됐으니 서울대에 가기 위해서는 전체 수험자 가운데 0.6퍼센트 안에 들어야 했다.

370만 명의 한국 LoL 이용자 가운데 300명뿐인 챌린저는 0.005퍼센트이고 그랜드 마스터와 마스터까지 포함해도 0.05퍼센트밖에 되지 않는다. 여기서 다시 프로 게임단에서 옥석을 골라 훈련하고 데뷔를 하게 되니 프로 게이머가 되는 것이 서울대에 입학하는 것보다 어렵다는 말이 과장은 아니다.

마스터 티어 이상의 실력을 바탕으로 프로 게이머 지원서를 넣은 이를 대상으로 옥석 가리기가 시작된다. 프로 게임단이 뽑고 싶어 하는 선수는 일단 나이가 어려야 한다. 실력을 더 키우고 인성을 함양하며 기존 선수들과 호흡을 맞추는 데에만 2~3년의 시간이 걸리기 때문이다. 팀이 가장 좋아하는 연령대는 만 14~16세다. 의무 교육인 중학교를 갓 졸업한 나이에 마스터 티어를 갖고 있고, 게임단의 온라인 훈련에 참가할 수 있다면 연습생이 될 수 있다. 고등학교에 재학 중이어도 가능하다. 하지만 고등학교 졸업 이후 1~2년 정도 지났다면, 챌린저나 그랜드 마스터 등 최상위급에 속해 있고 결격 사유가 없어야만 팀에 들어갈 수 있다.

LoL을 기준으로 이야기했지만, 다른 e스포츠 종목들도 상황은 비슷하다. 플레이어언노운스 배틀그라운드PLAYERUNKNOWN'S BATTLEGROUNDS, 이하 배그나 오버워치, 발로란트 등 FPS1인칭 슈팅 게임도 랭크 시스템을 운영하고 있고, 프로 선수로 선발되기 위해서는 상위 랭크를 유지해야 한다. 상대적으로 경쟁이 덜 심한 모바일 e스포츠 종목에서도 프로 게임단에 들어가기 위해서는 좁은 문을 통과해야 하는데 그 기준은 결국 해당 게임의 랭크, 즉 순위다.

프로 야구와 프로 농구를 좋아하는 사람들은 e스포츠도 선수 선발 과정에 드래프트 시스템을 도입하면 어떻겠느냐는 의견을 내놓는다. e스포츠도 드래프트 시스템을 운영한 적이 있다. 스타1이 절정의 인기를 구가하던 2005년 첫 드래프트가 실시됐다.

스타1에서 드래프트가 이뤄진 이유는 임요환, 홍진호, 이윤열, 박정석 등 '4대 천왕'의 뒤를 이을 선수들이 등장하는 과정에서 팀별로 부익부 빈익빈 현상이 나타났기 때문이다. SK텔레콤 T1, kt 롤스터, CJ 엔투스 등 대기업이 운영하는 게임단이 아마추어 선수들을 휩쓸어 갔고, 상대적으로 빈약한 게임단의 경우 신인들이 테스트를 통과하더라도 입단하려 하지 않았다. 불균형이 심화되면 리그 자체의 성장을 저해한다고 판단한 한국e스포츠협회와 게임단은 드래프트 시스템을 구축했고 2005년 처음으로 드래프트를 열었다.

신인들이 드래프트에 참가하기 위해서는 매달 열리는 준프로 선발전을 통과해야 했다. 30~50여 명의 선수가 참가했고 공군 에이스를 제외한 11개 프로 게임단이 정해진 순서에 따라 선수들을 지명하는 방식으로 열렸다. 참가자 수가 많아 상반기와 하반기에 한 번씩 열렸고, 드래프트마다 20여 명의 선수들이 프로 게임단에 들어가 프로 게이머 자격을 얻었다.

이 시절 드래프트를 통해 스타1 프로 게이머가 된 선수들인 '최종 병기' 이영호, '폭군' 이제동, '혁명가' 김택용 등은 도입 취지를 잘 살리면서 10년 넘게 프로 게이머로 활동하며 명맥을 이어갔다. 프로 게임단들이 스타1 선수들을 보유하지 않는 이 시점에도 BJ로 활약하면서 대회에도 꾸준히 나서고 있다.

프로 게이머가 되는 방식이 종목마다 다르고 계속 바뀌었던 이유는 e스포츠의 뿌리가 깊지 않기 때문이다. e스포츠는 태어난 지 20년이 조금 넘었다. 야구, 축구, 농구 등 전통 스포츠에 비해 역사가 짧고 심지어 e스포츠 한 종목이 쭉 이어져 오지도 않았다. 몇 차례의 큰 파고와 격변기를 거쳐 스타1

에서 LoL로 무게 중심이 이동했고 이제서야 안정화를 시도하고 있다.

한국 e스포츠를 낳은 스타1은 5~6년 만에 대기업과 손잡으면서 뿌리를 내렸다. 프로 게이머가 되기 위해 도전장을 던진 아마추어 선수들이 넘쳐서 드래프트 시스템을 도입했고, 1년에 두 차례나 드래프트를 할 수 있었다.

영원할 것 같았던 스타1의 전성기는 승부 조작 사태와 지적 재산권 분쟁 등을 거치면서 힘이 빠졌고, 2012년부터 본격적으로 리그를 개최한 LoL에게 바통을 내줬다. LoL은 스타1의 뿌리를 이어받지 못해 새롭게 뿌리를 내려야 했다. 스타1 팀을 운영하던 대기업들이 2년 정도 지난 뒤에 LoL에 뛰어들면서 그때까지 리그에 참가하던 LoL 팀들은 열악한 상황에서 선수들을 자급하는 시스템을 택했다. 2012년 첫 대회 이후 9년의 시간이 흐른 뒤 한국의 LoL 리그인 LCK 리그 오브 레전드 챔피언스 코리아, 이하 LCK는 프랜차이즈 시스템을 도입하면서 탄탄한 기반을 마련했지만, 프로 게이머를 선발하는 과정은 여전히 게임단의 재량에 맡기고 있다. 대신 1군은 물론, 2군까지 반드시 운영해야 한다는 조건을 두어 프로 게이머의 수를 늘리도록 유도하고 있다.

e스포츠가 프로 게이머 선발 과정을 더욱 체계적으로 갖

추기 위해서는 학원 스포츠로의 발전이 필수적이다. 다른 스포츠 종목은 어렸을 때부터 학교 체육을 기반으로 선수를 육성하지만, e스포츠는 그 기반이 전혀 없다. 여전히 학교와 부모는 '게임'을 금기시해서 e스포츠는 학원 스포츠에 포함될 수 없었다. 하지만 2022년 항저우 아시안게임에서 정식 종목으로 채택되는 등 e스포츠의 지위와 가치가 올라가고 있기에 학교 교육을 통한 프로 게이머 육성도 가능할 전망이다.

김기인 아프리카 프릭스 LoL 선수

'기인'이라는 아이디를 쓰고 있는 LoL 프로 게이머 김기인은 아프리카 프릭스를 대표하는 프랜차이즈 스타다. 2017년 에버8 위너스 소속으로 LCK 서머 시즌에 모습을 드러낸 김기인은 팀이 3승 15패로 부진한 성적을 거뒀음에도 불구하고 톱 라이너 포지션에서 두각을 나타낸 신인으로 인정받았다. 데뷔 6개월 만에 아프리카 프릭스로 이적했는데, 2018년 스프링 시즌에 유망주를 뛰어넘어 톱 클래스의 성과를 내면서 팀을 정규 시즌 2위로 이끌었고, 창단 첫 결승전 무대까지 올랐다.

프로 선수로 활동한 지 만 2년이 채 되지 않았던 그해, 태극 마크를 달고 한국을 대표하는 선수로 이름을 올렸다. 2018년 인도네시아에서 열린 자카르타-팔렘방 아시안게임은 e스포츠를 시범 종목으로 채택했는데, 김기인은 LoL 종목 대표로 뽑혔다. 롤드컵LoL 월드 챔피언십 우승을 차지한 적이 있는 '페이커' 이상혁, '룰러' 박재혁, '코어장전' 조용인에다 롤드컵에 나섰던 경험이 있는 '스코어' 고동빈, '피넛' 한왕호와 함께 팀을 이뤄 출전했다. 금메달을 목표로 했지만 결승전에서 중국에게 1-3으로 패하면서 아쉽게 은메달에 만족해야 했다.

이후 김기인은 소속 팀을 롤드컵 무대로 끌어올렸다. 첫 롤드컵 무대에서 8강 상대인 북미의 강호 클라우드 나인에게 막혀 행보를 이어가지 못했지만 눈에 띄는 모습을 보였다.

2년이라는 짧은 기간에 LCK 결승전, 아시안게임 은메달, 롤드컵 8강 등 프로 게이머들이 꿈에 그리던 무대에 모두 섰던 김기인은 아프리카 프릭스와 한국을 대표하는 선수로 맹활약하고 있다.

TIP | 상위 200위 안에 드는 실력+행운=프로 게이머 데뷔

Q. 언제부터 프로 게이머를 꿈꾸기 시작했나?

A. 어렸을 때부터 친구들과 함께 서든어택과 겟앰프드와 같은 PC 게임을 즐기며 성장했다. 게임 친화적인 세대라고 할 수 있다. 중학생 시절인 2013년 LoL을 처음 접했을 때는 재미있다는 느낌만 받았는데, 3년 정도 플레이하다 보니 솔로 랭크 점수가 올라갔다. 고등학교 2학년 때 한국 서버에서 상위 200위 안에

들어가자 주위에서 프로 게이머를 해 보라고 권유했다.

Q. 프로 게이머가 된 과정이 궁금하다.

A. 지금은 모든 LoL 프로 게임단이 의무적으로 1군과 2군을 보유
해야 하지만, 내가 프로 게임단에 들어가고 싶다는 생각을 가
졌을 때는 1군만 유지하는 팀이 상당히 많았다. 솔로 랭크 순
위가 높았지만 한국 팀에서는 러브콜을 받지 못했고, 일부 외
국 팀에서 이메일을 통해 입단 제의를 했다. 하지만 학생 신분
이어서 응하지 못했다. 그러다가 이후 일부 팀들이 올려놓은
모집 공고를 보고 지원했다. 서류 심사와 온·오프라인 테스
트를 통과해 에버8 위너스 팀에 합류했다.
2017년을 되돌아보면 메이저리그인 LCK에서 활동하고 있는
팀들은 탄탄한 로스터를 갖고 있었기에 신인을 뽑지 않아도
되는 상황이었다. 에버8 위너스는 그해 서머 시즌에 LCK에
승격하면서 선수층을 두텁게 갖춰야 해서 나를 선발했다. 운
이 많이 따랐다.

Q. 프로 게이머가 되지 않았다면 어떤 직업을 가졌을까?

A. 실업계 고등학교에 진학했기 때문에 졸업 이후 그와 관련된 직
업을 가졌을 것 같다. 프로 게이머라는 직업을 택하면서 내 인

생이 많이 달라진 것은 사실이다.

Q. '기인'이라는 아이디가 여러 뜻으로 풀이되고 있다. 아이디를 짓는 과정이 특별했나? 이름을 아이디로 쓰는 데 부담은 없나?

A. 내가 좋은 활약을 펼치면 한글 '기'자를 숫자 71로 표현하면서 "71인분을 했다."라고 말씀하시는 분들이 많다. 이런 걸 바라고 아이디를 정한 것은 아니다.

아마추어 시절에 쓰던 아이디를 그대로 프로에서 쓰는 선수는 거의 없다. 나도 2017년 서머 시즌에 선수 등록을 하는 과정에서 새로 만들어야 했다. 그런데 팀 합류가 늦어서 급하게 지어야 했고 새로운 아이디가 떠오르지 않아서 이름의 영문 표기인 'Kiin'이라고 적어 냈다.

혹자는 자기 이름을 아이디로 쓰기 때문에 더 책임감을 갖고 게임에 임하는 계기가 된다고 풀이하던데, 개인적으로는 큰 의미를 담고 있지 않다. 오히려 일상생활에서 부담을 느낄 때가 더 많다. 친구들을 만날 때 LCK를 좋아하시는 분들이 나를 보면 "기인이다!"라면서 아이디를 부르시는데 신경이 많이 쓰인다. 다른 선수들은 아이디와 이름이 다르기 때문에 살짝 인사만 하고 지나갈 상황에서도 나는 아이디 자체가 이름이다 보니까 지나칠 수가 없고 주위 분들이 더 많이 쳐다 보는 이유가 된다. 내향적인 성격이어서 많이 부담스럽다.

TIP | 어떤 순간에도 차분한 성격이라면 프로 게이머 자질 충분

Q. 선수 생활을 한 지 5년이 지났다. 되돌아봤을 때 보람찼던 시간과 아쉬웠던 순간을 꼽아본다면?

A. 매일 경기를 펼치기 때문에 큰 경기든 작은 경기든 똑같이 생각하려 한다. 어떤 경기든 이기면 보람 있고 지면 아쉽다.
그래도 다른 선수들과 달리 프로 게이머 2년 차에 많은 것을 경험했다. 처음으로 LCK 결승 무대에 올랐고 태극 마크를 달고 아시안게임에도 출전했다. 그해 아프리카 프릭스 팀 동료들과 함께 롤드컵에 나가서 세계적인 선수들과 대결을 펼치기도 했다. 프로 게이머로 생활하면서 한 번 해 보기 어려운 경험들을 연이어 하면서 보람을 느꼈다. 모두 우승했다면 좋았겠지만 그러지 못해 아쉽기도 하다.

Q. 2018년 자카르타-팔렘방 아시안게임에 태극 마크를 달고 출전했던 경험은 어땠나?

A. 대표로 선발됐다는 이야기를 전해 들었을 때 실감이 나지 않았

2018년 자카르타-팔렘방 아시안게임 국가대표 출정식.
왼쪽에서부터 다섯 번째 선수가 김기인.
ⓒ 데일리e스포츠

다. 나보다 뛰어난 성적, 경력을 가진 톱 라이너들이 많았기 때문이다. 내로라하는 선수들과 합숙 훈련을 할 때도 느낌이 오지 않았는데, 아시안게임을 치르러 인도네시아로 출발할 때 비로소 '내가 대표 선수로 대회에 나가는구나'라는 생각이 들었다.

한 경기 한 경기 치르면서 단계가 올라갔고, 결승전까지 진출했을 때는 정말 우승하고 싶었다. 하지만 중국과의 결승전에서 패하면서 은메달에 머물러서 아쉬웠다. 국가대표로 나섰으면 금메달을 따야 의미가 있다고 생각했고 팬들도 많이 기대하셨을 텐데 부응하지 못했다.

Q. 프로 게이머들은 대부분 숙소 생활을 한다. 즐거운 점도 있을 것이고 아쉬웠던 순간도 있을 것 같다.

A. 숙소는 훈련을 위해 제공되는 부대 시설이라고 생각한다. 하루 13~14시간씩 연습하기 때문에 숙소는 휴식을 위한 공간이다. 내 성격이 조용하고 모나지 않아서 누구와 함께 지내도 무리가 없다. 다양한 성격을 가진 동료들과 함께 생활하고 있어서 즐겁게 보내고 있다.

2018년 생애 첫 결승전에 올라갔다가 준우승에 그쳤을 때 선배들이 눈물을 보였다. 나도 아쉽긴 했지만 또 노력하면 그 자리에 다시 설 수 있다고 생각했다. 하지만 선수 생활을 오래 했고 간만에 결승에 올라간 선배들에게는 꼭 이기고 싶었던 경기였던 것 같다.

Q. 이야기를 들어보니 감정의 기복이 크지 않은 것 같다. 그런 성격이 프로 생활에 도움이 되나?

A. 장단점이 존재한다. LoL에서 톱 라이너는 '톱 솔로'라고 불리기도 하는데, 혼자 버텨내야 하는 상황들을 자주 만나기 때문이다. 그때마다 흥분하고 감정이 흔들린다면, 성공적으로 임무를 수행할 수 없다. 상황이 발생했을 때 침착하고 급하지 않게 대응할 수 있다는 점은 장점이다.

단점이라면 동료들이 흥에 취할 때 동조하지 못한다는 점이다. 뒤처져 있다가 경기를 뒤집었을 때 다른 선수들은 아드레날린을 분비하면서 흥을 이어가는데 나는 "나이스"라는 한마디를 덧붙일 뿐이다.

TIP | 연습만이 살 길…하루 평균 13시간 이상 훈련

Q. 프로 게이머의 하루 일과는 어떻게 되나?

A. 앞서 말했듯이 하루 13~14시간 정도 훈련한다. 식사와 취침 시

간을 빼고는 대부분 훈련에 투자한다. 낮 12시와 1시 사이에 일어나서 1시부터 4시까지 다른 팀과 연습 경기를 갖는다. 4시부터 7시까지 식사를 하고 잠깐 휴식을 취하는데, 나는 이 시간에 솔로 랭크 연습을 한다. 7시부터 10시까지는 또 다른 팀과 연습 경기를 한다. 전체적으로 피드백을 마친 뒤에는 새벽 2~3시까지 자유롭게 연습을 하거나 팀이 정한 스케줄에 따라 개인 방송을 진행하기도 한다.

Q. 건강 관리도 중요할 것 같다. 평소에 운동은 하나?

A. 아직까지 많이 아픈 적은 없는데 올해 들어 어깨가 뻐근한 느낌을 받은 적이 있다. 다른 선수들은 휴식 시간에 피트니스 센터를 가거나 별도의 스트레칭 훈련을 하는데 나는 연습량이 떨어지면 안 된다는 지론을 갖고 있어서 그 시간에 PC 앞에서 개인 훈련을 한다. 1999년생이라 사회적으로는 어리지만 선수 생활 5년 차이기에 이상이 생길 때가 됐다.

Q. 프로이기 때문에 돈과 관련한 질문을 많이 받을 것 같다. 연봉 등에 대해서는 개인 정보이니 공개하기 어렵겠지만 누가 관리하는지는 말해 줄 수 있나?

A. 연봉 관리는 직접 한다. 그런데 아직까지 집이나 자동차 등을

마련하지 않았다. 큰돈을 지불한 적이 없다. 최근에 컴퓨터를 구입한 것이 가장 큰돈을 쓴 경우다.

TIP | 프로 게이머 준비? 먼저 현실을 보고 결정하라

Q. 주위에서 프로 게이머가 되고 싶어하는 사람들에게 문의를 많이 받나? 어떤 조언을 하나?

A. 대상에 따라 다르기는 하지만 프로 게이머 지망생들에게는 꿈과 희망을 심어주기보다는 현실적인 이야기를 많이 한다. 프로의 세계는 냉혹하다는 말과 함께 솔로 랭크 점수를 잘 관리하고 평상시에도 건강과 이미지 등을 관리해야 한다고 조언한다.

Q. 프로 게이머라는 직업에 대한 만족도는 어느 정도인가?

A. 프로 게이머라는 직업을 선택한 것은 크게 만족하지만, 성과는 많이 아쉽다. 우승을 해야 만족한다는 뜻은 아니다. 프로 게이머를 하고 있는 이유는 많은 사람들이 훗날 '기인'이라는 선수가 있었고 꽤 잘했다고 평가받고 싶어서다. 잊혀지지 않는 선수가 되기 위해서는 커리어가 더 쌓여야 하고 모두가 만족할 만한 성과를 내야 한다.

Q. 프로 게이머를 지망하는 아마추어 혹은 학생들에게 조언하고
싶은 말이 있나?

A. e스포츠에는 여러 종목이 존재하지만, 어떤 종목이든 톱 클래
스의 실력과 건전한 인성을 갖춰야 한다. 구체적으로 LoL 프로
선수가 되고 싶다면, 솔로 랭크 점수부터 상위권으로 끌어올
려야 한다. 최근에 프로 게임단은 반드시 2군을 운영해야 해서
선수들을 많이 뽑는다. 또 e스포츠를 가르치는 아카데미도 생
겨나고 있으니 본인이 원한다면 전문적으로 배울 수 있을 것이
다. 프로 게이머가 되고 싶다면 과감하게 도전하고 직접 경험
해 봤으면 좋겠다.

프로 게이머를 취재하는 기자로 활동할 때 어르신들에게 자주 듣던 질문이 있다. "남 기자는 나중에 자식을 낳으면 프로 게이머를 시키겠나?"라는 질문이다. 내 대답은 "판을 잘 깔아 놓고 고민하겠습니다."였다.

2004년 e스포츠 업계를 취재하는 기자로 처음 발을 내디딜 때 프로 게이머 가운데 연봉이 가장 많았던 선수는 임요환이었는데 1억 원을 갓 넘겼다. SK텔레콤 T1이 프로 게임단을 창단하면서 상징적인 인물인 임요환에게 상징적인 금액을 맞춰 주기로 결정한 것이다. 임요환은 억대 연봉을 받았지만 다른 팀에서는 연봉 1억 원을 넘기는 선수들이 거의 없었다.

1년이 지나자 이동 통신사 라이벌이었던 KTF 매직엔스 현 kt 롤스터는 홍진호, 박정석, 강민에게 1억 원 이상의 연봉을 주기 시작했고, 팬택앤큐리텔 또한 대표 선수인 이윤열의 연봉을 1억 원 이상으로 책정하면서 몸값 경쟁이 붙었다. 이후 대기업들이 연달아 들어오면서 스타1에서의 연봉 경쟁은 다음 세대인 이영호, 이제동, 김택용, 송병구에게로 이어졌다.

한국 e스포츠를 대표하는 종목이 스타1에서 LoL로 바뀌면서 선수들의 연봉은 초기화됐다. 선수들의 처우를 안정적으로 해줄 대기업들의 LoL 팀 창단이 늦어지면서 초창기 LoL 선수들은 제대로 된 연봉을 받기가 쉽지 않았다. 2012년 kt 롤스터가 LoL 팀을 만든 이후 SK텔레콤 T1, CJ 엔투스, 삼성 갤럭시 등 스타1 시절 게임단을 운영했던 대기업들이 속속 LoL 팀을 만들었지만 상황은 그대로였다. LoL이 엄청나게 인기를 끌었지만 대기업 팀들은 대표 선수에게 1억 원의 연봉을 안겨 주지 않았다. 아직 시장이 무르익지 않았다고 판단했기 때문이다.

한국 LoL 선수들의 연봉을 올려준 곳은 역설적이게도 중국이었다. 2013년부터 e스포츠에 대한 관심이 폭발적으로 증가한 중국은 한국 선수 영입에 달려들었다. 2014년 LoL 월드 챔피언십 우승 팀인 삼성 갤럭시 화이트와 블루에 소속된 10명의 선수들은 물론, 코칭스태프 중 1명을 제외하고 모두 중국으로 건너간 것이 대표적인 사례다. 중국은 선수당 2~5억 원의 파격적인 연봉을 제시하면서 한국 선수들을 영입했고, 미국과 유럽도 한국 선수들에게 높은 연봉을 주겠다며 영입 전쟁에 뛰어들었다. 한국 선수들의 몸값이 외국 팀

e스포츠 직업 설명서

때문에 천정부지로 오르자 그제서야 한국 팀들은 선수들에게 억대 연봉을 제시하기 시작했다.

4~5년이 지난 지금 한국에서 활동하는 LoL 주전 선수들의 몸값은 5억 원 이상으로 알려져 있다. 한 예능 프로그램에 출연한 전직 프로 게이머 홍진호는 "'페이커' 이상혁의 연봉이 30억 원에 달한다."라고 밝혀 화제를 모았다. 야구, 축구, 농구 등이 연봉을 공개하는 것과 달리 프로 게이머의 연봉은 공개하지 않는 것을 원칙으로 하고 있기 때문에 놀라운 발언이었다.

2021년 프랜차이즈 시스템을 도입한 LCK는 선수들의 최저 연봉을 2,000만 원에서 6,000만 원으로 대폭 상향했다. 2018년 기준으로 LCK에서 뛰는 선수들의 평균 연봉은 1억 7,558만 원가량이었지만 고액 연봉자들을 제외하면 1억 원을 조금 넘는 수준이었다. 하지만 최저 연봉이 크게 오르면서 LoL 1군 선수들은 더욱 안정적인 생활을 영위할 수 있는 기반이 마련됐다. 임요환이라는 대표 선수가 연봉 1억 원을 넘겼다는 사실이 각종 매체의 헤드라인을 장식하던 것이 불과 15년 전이었는데, LoL 1군 선수들의 평균 연봉이 1억 원을 훌쩍 넘기는 시대가 도래한 것이다.

프로 게이머들이 연봉을 많이 받는 이유는 그만큼 가치

가 올라갔기 때문이다. e스포츠에 대한 관심이 높아지면서 시청자와 팬이 늘어났고 게임단을 운영하는 기업들은 이들을 고객으로 끌어들여 매출 증대로 이어가겠다는 계산을 하고 있다. 직장인들 사이에서 "기업은 연봉의 세 배를 실적으로 빼낸다."라는 우스갯소리가 있는데, 프로 게이머들에게도 상황은 크게 다르지 않다. 프로 게임단이 프로 게이머에게 바라는 것은 우승이다. 국내 대회인 LCK는 물론, 세계 대회인 월드 챔피언십까지 정상에 서면서 기업의 이름을 널리 알려주길 원한다.

이를 달성하기 위해 선수들은 하루 10시간 넘게 훈련한다. 김기인이 인터뷰에서 밝힌 것처럼, 오후 1시부터 다음 날 새벽 2~3시까지 연습한다. 선수별로 차이는 있겠지만 기본적으로 배정된 훈련 시간이 8시간 이상이다. 연봉이 많다고 알려진 선수들에 대해서는 팬들이 더욱 관심을 쏟기 때문에 고액 연봉자들은 연봉을 주는 소속 팀을 위해, 팬들에게 비난의 댓글을 받지 않기 위해서라도 엄청난 훈련량을 소화한다.

하루 8시간 책상 앞에서 일하는 사무직 직장인들에게는 거북목과 시력 감퇴, 디스크 등이 직업병으로 따라붙는다. 10시간 이상 훈련하는 선수들에게도 관절 관련 질병들이 훈장처럼 딸려 온다. 프로 게이머의 은퇴 사유 중 하나가 손목 터널 증후군이다. 손목이 뜨끔뜨끔 아프다가 심해지면 저릿저릿한 느낌을 주는데, 경기 중에 발생하면 승부에 영향을 줄 정도로 심각하다.

손목이 아닌 어깨에도 부상이 온다. kt 롤스터 시절 이영호는 오른쪽 팔에 신경이 웃자라는 특이한 증상을 보이면서 우측팔 신경감압술이라는 수술을 받았다. 마우스를 조작하는 데 장애가 될 수 있는 수술이었다. 다행히 재활 치료가 성공적으로 끝나면서 선수 생활을 이어갔다.

정신적으로 어려움을 겪는 프로 게이머도 상당히 많다. 대부분의 선수들은 엄청난 악성 댓글에 시달린다. LoL의 경우, 팀 경기라는 특성 때문에 팀이 이기더라도 다소 미흡한 경기력을 보인 선수에게는 비난이 쏟아진다. 패배한 팀의 선수들은 소위 가루가 될 정도로 '까인다'. 팀 관계자들은 선수들에게 댓글을 보지 말라고 조언하는데, 선수도 사람인지라 쉽지 않다. 몇몇 선수들은 마우스와 키보드, 모니터 등의 장비가 원하는 대로 세팅되지 않으면 경기력이 심각하게 떨어지는 증세를 보이기도 한다.

프로 게이머는 팬들과의 접촉이 잦은 편이다. e스포츠 경기장에는 선수들이 팬들을 직접 만나는 팬 미팅 존이 따로 있다. 경기를 마친 선수들이 나란히 서 있으면 현장을 찾은 팬들이 선물을 주고 사인을 받고 사진도 함께 찍는다. 팬과 자주 만나고 접촉 거리도 가깝기 때문에 친분이 쌓일 경우 연인 사이로 발전하기도 한다.

프로 게이머는 종목에 따라 부익부 빈익빈이 극단적으로 갈린다. 과거 스타1이 인기를 끌었을 때 프로 게임단들은 스페셜포스 종목도 함께 운영했다. 전략적으로 스페셜포스를 육성해보자는 생각에서 도입된 제도였는데, 두 종목의 연봉과 팬들로부터 받는 인기 차이가 엄청나게 커서 스페셜포스 선수들의 상대적 박탈감이 상당히 심했다. 10년 뒤에 비슷한 상황이 LoL 선수들과 스타2 선수들 사이에서 나타났다. 스타1을 플레이하던 선수들이 스타크래프트2 StarCraft II, 이하 스타2로 종목을 바꿨지만 LoL의 인기에 비하면 새 발의 피 수준이었기 때문이다. LoL 주전 선수들의 연봉이 4~5억 원에 달할 때 스타2 선수들은 단체전 대회인 프로 리그가 폐지되면서 게임단이 스타2 팀을 운영하지 않는 상황을 맞이했다.

빛이 있으면 그림자가 있다. 프로 게이머를 밝히는 빛이 상당히 밝지만 결코 쉬운 직업은 아니다. 남 모르게 흘리는 땀과 눈물이 있고, 시대와 종목이 어긋나면 빛을 보기 어렵다. 그럼에도 불구하고 프로 게이머라는 직업은 김기인의 말처럼 도전해 볼 가치가 있다. 아마추어 단계에 있는 선수들을 프로로 끌어올려 주는 학원들이 생겨나고, 프로 게임단에서도 선수 충원을 계획하고 있기 때문이다. 프로 게이머로 대성한 뒤에 지도자나 행정가로 성장하는 것이 최선이겠지만, e스포츠가 토대를 튼튼히 다져가고 있기에 은퇴 이후 업계에 계속 남아 활동할 수 있는 영역이 넓어지고 있다. 프로 게이머라는 명함만 있으면 이 책에 나오는 대부분의 직업을 순탄하게 경험할 수 있다.

FEEDBACK

★ 급여 수준

LCK 1군 진입 시 최저 연봉이 6,000만 원!
LCK 평균이 1억 7,000만 원인 건 안 비밀!

★ 취업 난이도

공부로 서울대학교 입학하는 것 이상의 난이도.

★ 향후 전망

프로 게이머가 되는 방법을 알려주는 곳이 생기고 팀도 선수와 종
목 풀을 늘리고 있음.

★ 업무 강도

관절 부위에 직업병이 생길 정도로 격함. 정신적인 스트레스도 상당함.

★ 업무 만족도

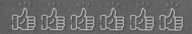

승부의 세계에서 맛보는 희로애락이 있음. 대선수로 성공할 경우
두 자릿수 억대 연봉도 가능. 관련 업계에서 일할 수 있는 초석임.

감독

성적을 책임지는 최종 보스

TUTORIAL

감독	
업무 개요	선수단을 관리하고 성적을 책임지는 일
급여 수준	1억 원 이상(종목에 따라 다름)
채용 방식	팀별 채용

e스포츠 감독을 '직업'으로 표현할 수 있을까. 선수단을 관리하고 성적을 책임지는 감독을 '누구나 할 수 있는 직업' 리스트에 올리는 것은 감독의 희소성을 저해하고 권위를 떨어뜨리는 행위로 여길 수도 있다. 야구, 축구, 농구, 배구 등 역사가 오래된 전통 스포츠에서 감독은 10~20년 이상 선수로서 경험을 충분히 쌓은 후, 코치를 역임하면서 선수 선발, 육성, 위기 관리 등 지도자로서의 역량까지 갖춘 사람이다.

감독을 뜻하는 영어 단어에는 '매니저Manager'와 '헤드 코치Head Coach'가 있다. 매니저는 야구에서 주로 쓰이는 단어이고, 헤드 코치는 야구 이외의 스포츠 종목에서 감독을 표현할 때 사용한다.

야구에서 감독을 매니저라고 쓰는 이유는 팀과 관련한 모든 일에 관여하기 때문이다. 초창기 야구에서 감독은 만능이어야 했다. 선수를 모으고, 직접 선수로 뛰기도 했으며, 작전을 짰다. 경기장까지 가는 이동 수단을 마련하고, 다른 팀과의 경기를 섭외했다. 팀 운영 자금을 마련하는 것 또한 감독의 일이었다.

이는 e스포츠 초창기 감독의 모습과 매우 비슷하다. e스포츠라는 단어가 생기기도 전인 2000년대 초 '감독'이라고 불린 사람들은 팀을 세운 설립자이자 최고 연장자였고, 재무·회계·영업·홍보, 심지어 운전까지 관장하는 매니저였다. 게임을 잘하는 어린 '친구들', 선수로 불릴 수 있을지도 모를 아이들을 모아서 팀을 만들고 사재를 털어 숙소를 마련한 이들은 팀을 대표한다는 의미에서 감독 명칭을 사용했다. 이시기 구단주와 감독은 동일한 인물이었다. 본인이 파산하거나 팀을 누군가에게 팔기 전까지는 '잘리지 않았'다. 감독이자 구단주는 리그가 정한 규정을 크게 어기지 않는다면, 자본이 허락하는 한 자기 마음대로 팀을 운영할 수 있었다.

감독의 지위가 달라진 시점은 스타1이 인기를 끌어 기업들이 앞다투어 기존 감독들이 소유하던 팀을 인수하면서부터다. 사방팔방 활약해야 했던 감독은 우리가 흔히 아는 지도자가 됐다. 경기에 대해 가장 잘 알고, 선수를 적재적소에 배치해 팀이 승리하는 것만을 고민하는 일반 스포츠의 감독말이다. 이는 감독이 더 이상 무소불위의 권력을 쥐지 못하게 됐다는 의미였다. 리그 구조가 정착되고 게임단이 기업에게 인수되고서도 감독은 여전히 선수 운영의 핵심 결정권자이지만, 성적과 리더십, 역량에 따라 직업을 잃을 수도 있는 존재가 됐다. 즉, 프로 게임단 감독 대다수가 계약직이 되어 능력에 따라 대우를 받게 됐다.

e스포츠 1세대 감독들은 해당 종목의 쇠퇴와 운명을 같이 했다. 스타1 시절에 활동했던 감독 중 이재균 한국e스포츠협회 사업팀장전 한빛 스타즈, 웅진 스타즈 감독과 이유찬 전남과학대학교 교수전 KOR, 온게임넷 스파키즈 감독를 제외하고, 대부분의 e스포츠 1세대 감독들이 이 분야와 전혀 관계없는 곳에서 터를 잡거나 오랫동안 방황의 길을 걸었다. 이런 현실은 다음 세대가 돼서야 개선됐다. 감독을 그만둬도 e스포츠 울타리에서 벗어나지 않고 활동할 수 있게 됐다. 시장 규모가 조금 커지면서 이들이 할 수 있는 일자리나 필요로 하는 곳이 생겨난 까닭이다.

e스포츠계가 역동적으로 변화하고 있지만, 감독은 여전히 '누구나' 도전할 수 있는 직업이다. 아직까지 e스포츠는 축구나 야구처럼 지도자 자격증 획득을 위해 이수해야 하는 과정이 없다. 그래서 일반인 신분이라도 스스로 '감독'이라 칭하고 아마추어 팀을 꾸릴 수 있다. 일단 아마추어 팀으로 시작하더라도 종목사*의 대회 티어에 따라 우수한 성적을 거두면 프로 팀으로 승격될 수 있다. 해당 종목의 e스포츠 인기

가 높아지고 기업 후원이 이어지면 보다 안정된 환경 속에서 우리가 알고 있는 감독의 본질적인 역할에 집중할 수 있다.

그러나 어느 한 게임이 e스포츠로 성공하는 것은 매우 드문 일이고, 기존에 인프라가 갖춰진 e스포츠판에서 일반인이 감독으로 데뷔하는 건 더욱 어렵다. 기업이 팀을 후원하고 정규 리그가 정착되면 지도자로서 경험이 많은 감독을 원해서다. 만약 그럼에도 e스포츠계에서 감독을 하고 싶다면, 기업의 안정적인 후원을 받거나 그 종목의 최고가 될 때까지 선수들의 생계를 책임지고 팀을 운영하기 위해 자신의 주머니를 탈탈 털 각오가 돼 있는지 스스로 되짚어 봐야 할 것이다.

* e스포츠가 가능한 게임의 지적 재산권을 보유한 기업

e스포츠 직업 설명서

HARD CARRY

강현종 전 한화생명e스포츠 감독

강현종 감독은 특이한 이력의 소유자다. MBC에서 20년 이상 방영된 '전원일기'에서 김용식 유인촌 분의 둘째 아들인 '수남이'의 학창 시절을 연기했다. 중학교 3학년 때 수남이로 발탁된 강현종 감독은 10년 넘게 사랑을 받았지만 아역 배우 시절의 이미지가 깊이 각인되면서 다른 역할을 맡지 못했다. 다른 직업을 찾는 과정에서 게임을 좋아하는 자신의 모습을 발견하고는 MC 선발 대회를 통해 게임 해설자로 변신했지만 성공적이지 못했다. 방송 출연의 기회를 준 MBC 게임이 음악 채널로 변모하면서 설 자리를 잃기도 했다.

이후 강현종 감독은 택시 운전, 보험 영업 등을 하면서도 e스포츠의 끈을 놓지 않았다. LoL이 한국에 서비스되기 전부터 성장 가능성을 예측했고, 장건웅·홍민기·최윤섭 등 인재들을 만나면서 게임단 감독으로 부임했다. LoL e스포츠가 싹을 틔웠지만 열매를 수확할 수 있을지 알 수 없던 시절, 강 감독은 다양한 시스템을 고안하고 정착시켰다.

TIP | 감독이자 구단주? 차라리 영업 사원이라고 생각하라

Q. 1020세대에게 강현종은 프로 게임단 감독으로 알려져 있지만, 3050세대에게는 MBC '전원일기'의 '수남이'로 더 유명하다. 어떤 계기로 배우가 됐나?

A. 초등학교 때 어머니가 연기를 한번 해보면 어떻겠냐고 하셔서, 어머니 손을 잡고 3학년 때 연기 학원에 갔다. 어린이 드라마에 얼굴을 비추면서 출연할 기회가 늘었고, 중학교 3학년 때 '전원일기' 오디션을 통과하면서 '수남이'로 이름을 알렸다. 10년 가까이 출연했는데, 내가 군에 입대했더니 드라마 속에서 내가 입대한 걸로 설정해 주기도 했다. 내가 일병 때는 극중 할아버지, 할머니이셨던 최불암, 김혜자 선생님, 아버지, 어머니이셨던 유인촌, 박순천 선생님께서 나를 면회 오는 설정으로 한 편을 찍기도 했다. '전원일기' 팀이 촬영하러 군부대에 온다고 하니까 영내 청소는 물론이고 도색을 따로 하는 등 난리가 났었다. 촬영을 마친 뒤 부대를 홍보했다고 포상 휴가를 받았는데, 고참들의 눈치를 많이 봤다.

Q. 감독이라는 직업을 갖기 전에도 e스포츠 업계에서 활동을 이어갔다.

A. 게임을 워낙 좋아했다. '전원일기'를 촬영할 때 시간이 나면

아역 배우 출신의 e스포츠 감독 강현종. ⓒ 데일리e스포츠

대기실에서 게임기를 연결해 선배 배우들과 게임을 할 정도였다.

전역한 지 얼마 되지 않아 '전원일기'가 종영됐는데, '수남이'라는 이미지가 너무나 강했는지 다른 배역이 들어오지 않더라. 아역 배우 출신들이 자주 겪는 어려움이다. 나 역시 그걸 극복하기가 정말 어려웠다. 집안 형편이 어려웠는데, 어머니께 1~2년만 시간을 달라고 했다. 그러고는 내가 정말 좋아하는 것이 무엇인지 되돌아봤다. 생각해 보니 카메라 앞에 서는 것과 게임이었다. 교집합이 게임 방송이었다.

좋아하던 게임이 워크래프트3 WarCraftⅢ, 이하 워3였는데, 선수로 무대에 서기 위해 예선에 나갔지만 본선에는 진출하지 못했다. 게이머들이 갖춰야 할, 승부에 강한 심장은 갖지 못했다는 생각이 들었다. 다시 연기자를 해야 하나 고민하던 중에 MBC게임에서 MC 선발 대회를 열었다. 현재 다양한 종목을 중계하고 있는 박상현 캐스터가 우승했고, 내가 2위를 차지하면서 자연스레 게임 중계를 맡았다. 워3 해설자로 데뷔했는데 이전 해설자와 비교를 당하면서 비판을 많이 받았다. 그러자 카메라 울렁증이 생겼고 자리를 잡지 못했다.

그 후 '스타무한도전'이라는 게임 예능을 만나면서 이름을 알릴 기회가 생겼다. 비중은 크지 않지만 친근하게 다가가려 노력했고, 시청자들이 '강이장'이라는 별명을 붙여 주기도 했다. 짧게 빛을 봤지만 MBC게임이 음악 채널로 바뀌면서 직업을 잃었다.

Q. 고생을 많이 했겠다.

A. 연기자 이후 열정적으로 임했던 게임 방송 일이 사라지면서 먹고살기 위해 여러 직업을 전전했다. 택시 기사, 대리 운전 기사, 보험 영업 사원 등을 경험했다. 이 시기에 많은 것을 배웠다. 어린 나이부터 카메라 앞에 섰고, '수남이', '강이장' 등으로 시청자들에게 알려졌지만 하루아침에 인기를 잃을 수 있다는 것을 경험했다. 훗날 감독 생활을 하면서 나이 어린 선수들에게 이 시절 이야기를 자주 했다. 스포트라이트가 사라진 뒤에도 인생은 이어져야 하기에 미리 준비해야 한다고 말이다.

Q. e스포츠 감독이 되겠다는 생각은 언제 가졌나?

A. 어려웠던 시절에도 새로운 게임에 대한 관심을 갖고 있었다. 여유가 생겨 PC방에 갔는데 학생들이 특이한 게임을 하고 있었다. 당시에 나왔던 게임은 대부분 알고 있다고 자부했는데, 처음 보는 그래픽이었다. 학생들이 고래고래 소리치면서 게임을 하길래 물어보니 LoL이라고 했다. 곧바로 해 봤는데 정말

재미있어서 MBC게임 시절 같이 방송하던 선후배들에게도 전파했다. 그중에는 현재 한화생명e스포츠의 감독인 손대영도 끼어 있었다.

2011년 WCG 리그 오브 레전드 한국 대표 선발전이 열렸는데, 그때 해설자로 손대영과 함께 중계에 참가했다. 당시 대회에 출전한 '웅' 장건웅과 친해졌고, 함께 팀을 꾸렸던 '로코도코' 최윤섭, '매드라이프' 홍민기, '래피드스타' 정민성과도 인연을 맺었다.

대회가 끝난 뒤에도 같이 게임하며 친분을 쌓던 중 장건웅의 아버지께서 연락해 왔다. 장건웅이 프로 게이머로 성공할 수 있겠냐는 질문에 e스포츠의 빛과 그림자에 대해 꼼꼼하게 설명했고, 외국에서 LoL이 인기가 있고 장건웅이 영어를 할 줄 아니까 외국에 나가는 게 가장 좋다고 했다. 장건웅의 아버지는 "숙소와 연습실로 활용할 공간을 갖고 있으니 직접 팀을 맡아 달라."고 부탁하시더라. 여러 번 고사하다가 받아들였다.

그때 약속한 게 있다. 내가 팀을 꾸리고 같이 생활하지만 내 역할은 매니저 수준일 것이고, 만약 선수들이 좋은 대우를 받고 다른 팀으로 간다면 보내겠다고 했다. 네 명의 선수들 부모님께도 똑같이 말씀드렸고 그때부터 감독으로 불렸다.

e스포츠 직업 설명서

Q. 2011년말 맥시멈 임팩트 게이밍 MiG이라는 팀의 감독을 맡았을 때, 하나부터 열까지 모두 혼자 해내야 했을 것 같다. 어떤 일들이 기억나나?

A. 선수들이 훈련에 집중할 수 있는 환경을 만드는 게 최우선이었다. LoL 초창기여서 한국 팀이 완벽하게 갖춰지지 않았고, 외국 팀과 연습해야 했는데 시차가 맞지 않았다. 최윤섭이 솔로 미드 TSM 출신이어서 훈련을 같이 했는데 자기들이 잃을 게 많다고 여겼는지 제대로 상대해 주지 않았다.

그 시점에 '래퍼드' 복한규가 팀을 찾고 있었다. 당시 우리 팀 숙소에 머물고 있었는데, 이왕 이렇게 된 참에 한 팀을 더 만들어서 자유롭게 연습할 환경을 만들기로 했다. 그렇게 만들어진 팀이 '헬리오스' 신동진, '앰비션' 강찬용, '캡틴잭' 강형우, '러스트보이' 함장식으로 구성된 MiG 블레이즈다.

10명이 같이 살기에는 숙소가 좁아서 온라인상으로 연습을 진행했다. 먼저 꾸린 프로스트가 경기를 앞두고 있으면, 블레이즈가 PC방에서 연습 상대가 돼 줬다. 블레이즈의 경기가 있을 때에는 프로스트가 PC방에서 스파링 파트너가 됐다. 어려운 여건 속에서도 블레이즈가 LCK 스프링 우승, 프로스트가 서머 우승을 차지하는 쾌거를 이뤘다.

선수단 운영비는 내가 직접 영업 사원처럼 뛰면서 벌어왔다.

아무것도 이루지 못했을 때는 손을 내미는 곳이 없었지만, MiG 프로스트와 블레이즈가 한국 최고의 대회인 LCK에서 우승을 차지하자 꽤 많은 곳에서 후원을 하겠다고 나섰다. 그전까지는 모든 것을 손수 해결했다. 선수들의 유니폼도 지인에게 도움을 받아 직접 만들었다. 디자인 협찬을 받았고 직접 팀 로고를 붙여서 대회 때 입었다. 외부 활동으로 인해 내가 숙소를 비웠을 때에는 손대영이 코치 역할을 했다.

Q. 2012년 여름에 아주부가 팀을 인수한 후 선수단 운영에 대한 고민은 줄었나?

A. 아주부라는 스트리밍 회사가 우리 팀을 인수하겠다고 나섰을 때, 내가 내건 협상 조건은 단 하나였다. 선수들의 처우가 완벽하게 개선돼야 한다는 것. 경쟁자였던 EDG가 우리보다 조금 먼저 나진산업에 인수됐는데, 그 팀 선수들보다 더 나은 환경에서 조금이라도 높은 연봉을 받아야 한다고 요구했다. 아주부가 흔쾌히 받아줬다.

내가 영업을 뛰는 동안 선수들을 관리해 준 손대영을 코치로 영입하면서 안정적으로 두 개 팀을 운영할 수 있었다. 내가 프로스트를 주로 맡았고, 손대영이 코치이지만 블레이즈에 비중을 두면서 확실하게 다른 팀 컬러를 낼 수 있었다. 아주부가 팀을 인수한 뒤 프로스트가 롤드컵에서 준우승까지 차지하면서 개선된 환경 아래에서 성과를 냈다.

TIP | 끊임없이 새로운 시스템 구축하며 감독으로 생존

Q. 2013년 2월 대기업인 CJ가 팀을 인수했다. 그때부터 진정한 감독의 역할을 맡았을 것 같다.

A. CJ가 프로스트와 블레이즈를 모두 인수하면서 비슷한 시기에 KT와 SK텔레콤 등 대기업들이 LoL 팀을 만들었고 경쟁이 심화됐다. 우리 팀 선수들의 이름값이 높아서 다른 팀들의 견제를 많이 받았다. 2012년 롤드컵에서 준우승을 차지한 후, 회사에서는 2013년에도 당연히 롤드컵에 나갈 것이라고 기대했다. 하지만 내가 보기엔 팀에 부족한 점이 많았다. 세대 교체를 해야 한다고 회사에 이야기했지만 경영진의 뜻이 나와 달랐다. 회사에서는 절정의 인기를 끌고 있는 선수들을 더 많이 기용해야 한다고 했다. 어쩔 수 없이 내 계획을 접었다.

Q. 2군, 3군까지 갖춰야 한다고 주장했던 선구자였다. 팜 시스템을 둬야 한다고 강조한 이유가 있나?

A. 정확하게 말하면 한국에서 2군이 아니라 두 개 팀 체제를 만든

것은 내가 맞다. 프로스트와 블레이즈가 서로 경쟁하면서 강팀의 입지를 굳혔다. 이들의 뒤를 받칠 팀을 만든 때는 2014년이다. 나이가 어리고 잠재력이 뛰어난 선수들을 육성군으로 영입했다. '헬퍼' 권영재, '트릭' 김강윤, '비디디' 곽보성, '고스트' 장용준, '맥스' 정종빈 등으로 팀을 꾸렸다. 만 17세 이상만 공식 경기에 출전할 수 있다는 나이 제한이 풀린 선수들을 2015년에 출전시켰는데 성과는 좋지 않았다.

CJ에서는 빛을 보지 못했지만 이 선수들은 향후 국내외에서 엄청난 활약을 펼쳤다. '트릭' 김강윤은 유럽으로 건너가 지역 우승을 차지했고, '고스트' 장용준은 담원 게이밍 소속으로 2020년 롤드컵을 제패했다. '비디디' 곽보성도 롤드컵에 수차례 출전하면서 이름을 날리고 있다.

LoL 훈련 방식이 제대로 정립되지 않았던 초창기에 연습 경기 패턴도 내가 만들었다. 다른 팀과의 훈련 일정을 잡을 때, 오후 1시와 7시에 시작하며 세 게임을 치르는 방식이다. 오전에는 티어가 높은 선수들끼리 랭크 게임이 잡히지 않는 경우가 많아서 새벽까지 연습한 뒤 아침 겸 점심을 먹고 오후 1시부터 훈련하는 시스템을 만들었는데, 이제 모든 팀들이 따르는 방식이 됐다.

Q. CJ를 나온 뒤 아프리카 프릭스, 락스 타이거즈, 한화생명e스포

한화생명e스포츠를 지휘하던 시절의 강현종 감독. ⓒ 데일리e스포츠

츠까지 거치면서 자신만의 지도 철학이 생겼을 것 같다.

A. 최고의 자리에 다시 오르지는 못했지만, 4~6위를 달성하는 팀은 만들었던 것 같다. 감독은 성적을 책임지는 자리이기 때문에 팀을 옮기는 상황이 여러 번 만들어졌다. 물론 락스 타이거즈에서 한화생명e스포츠로 유니폼을 갈아입을 때는 팀이 인수된 상황이었으니 예외다.

나는 감독이나 코치가 시켜서 하는 훈련이 아니라 선수들이 자발적으로 연습하는 분위기를 만들려고 노력했다. 선수들에게 게임이 일이기는 하지만, 훈련을 자발적으로 즐기면서 해야 최고의 결과가 나온다고 믿는다.

선수들에게 당장 성적을 내야 한다고 다그치기보다는 올바른 과정을 통해 좋은 선수로 성장하고, 은퇴 이후에도 사회인으로 자리 잡기를 바라는 마음으로 지도했다. 연예인으로 관심을 받던 사람들이 스포트라이트가 사라진 뒤 무너지는 상황을 자주 보았기 때문이다. 어린 나이부터 프로 게이머로 활동하는 선수들이 주목을 받지 못할 때 흔들리지 않도록 길라잡이가 돼 주고 싶었다.

연봉을 거의 받지 못하던 시절을 함께한 선수들에게는 연봉을 받게 해주는 게 인생 선배로서의 목표였다. 높은 연봉을 받기 시작한 뒤에는 자금 관리를 할 수 있도록 도움을 줬다. 미성년

자인 선수들이 부모님과 떨어져 생활하고 있어서 큰형처럼 조언해 줬고, 위축돼 있는 선수들에게는 심리 치료를 받을 수 있게 했다. 이외에도 건강 관리, 이미지 구축, 인터뷰 스킬 등도 일일이 가르쳐 주면서 프로 선수 생활에 충실할 수 있도록 조언했다.

TIP | 선수는 도구가 아니라 동료라는 시각을 가져라

Q. e스포츠 업계가, 정확하게는 LoL e스포츠가 입지를 확고하게 다지면서 선수 출신 지도자들이 많이 나오고 있다. 어떻게 바라보고 있나?

A. 선수 출신 지도자가 갖고 있는 장점은 명확하다. 해당 종목에 전문 지식을 갖고 있다는 점이다. 특히 유명 선수들이 지도자가 됐을 때 신뢰감을 줄 수 있다. 선수 시절에 좋은 지도자를 만나 인성까지 갖췄을 때의 이야기다.

하지만 산전수전 다 겪은 비선수 출신 지도자들도 전문성을 갖춘다면 다양한 경험에서 우러나오는 지도와 조언을 통해 인성이 갖춰진 선수들을 육성할 수 있다. 좋은 경기를 펼치는 선수, 이기는 경기를 하는 선수도 중요하지만 인성을 갖춘 선수가 좋은 성과를 낸다면 이보다 더 좋을 수 없다. 그런 선수를 키우는 지도자가 되는 게 목표였다. 10년 동안 LoL 종목의 감독으로 활동하면서 '나무 같은 지도자가 되고 싶다'는 마음으로 임했다. 나를 거쳐간 선수들이 나에게 기대고 쉬었다가 갈 수 있으면 좋겠다고 생각했다.

Q. 책을 읽는 대상이 e스포츠 업계에 취업하고자 하는 사람들이다. e스포츠 지도자가 되고자 하는 이들에게 해주고 싶은 말은?

A. 팀이 졌을 때 "감독은 무슨 생각으로 저렇게 판을 짠 거지?"라고 비난하거나, 이겼을 때 "선수가 잘해서 이겼지. 감독은 한 게 뭐 있어?"라는 댓글을 보면 가슴이 아프다. 하지만 감독이기에 그러려니 한다. 감독은 책임을 지는 자리이고 자기가 빛을 내기보다는 선수들이 조명 받는 것을 더 기쁘게 생각하는 위치다.

e스포츠 업계가 발전하고 역할이 세분화되면서 감독의 역할을 나눠 갖는 직업들이 생기고 있다. 코치를 여러 명 두는 팀도 있고, 전력 분석관을 따로 임명하기도 하며, 지원 조직도 만든다. 감독직을 수행하기가 점점 더 수월해진다고 생각할 수도 있지만, 감독은 생각을 많이 하는 자리다. 우리 팀 선수들은 물론 다른 팀 선수들에 대한 이해가 높아야 하고 장단점을 파악해야

한다. 팀이 이길 수 있는 방법을 끊임없이 강구하는 자리가 감독이다. 코치도 마찬가지다.

하나만 더 말하자면 지도자는 선수를 도구로 여겨서는 안 된다. 함께 살아가는 동료이자 인간이기에 존중해야 한다. 품에 안고 칭찬만 하라는 뜻이 아니다. 가능성이 부족하면 다른 길을 알려주는 것도 지도자가 할 일이다.

SHOW ME THE MONEY

e스포츠 감독은 선수들의 책임자라는 측면에서 봤을 때 무거운 자리다. 《한국콘텐츠진흥원 2019 이스포츠 실태 조사》에 따르면, e스포츠 프로 게이머의 평균 연령은 20.8세다. 연령은 그렇지만, 프로 데뷔는 10대 시절에 많이 한다. 이들은 부모의 품을 떠나 숙소 생활을 하며 감독의 가르침을 받는다. 그렇다 보니 선수들은 심리적으로 감독에게 의지할 수밖에 없다.

선수 출신 감독이 점점 많아지는 이유도 이들의 심리를 잘 알아서 구성원들을 다독이며 목표를 향해 나아갈 수 있기 때문이다. 담원 기아의 김정균 감독은 e스포츠계에서 선수 출신의 모범 사례로 꼽힌다. 그는 지난 2012년부터 2019년까지 T1의 코치와 감독을 번갈아 맡으며 롤드컵 우승을 세 번 차지하고, '페이커' 이상혁을 발굴했다.

선수들의 역량 때문이라고 말할 수도 있지만, e스포츠계에서 한 팀의 지도자로 수년을 책임진다는 게 쉬운 일이 아니다. 프로 게이머 경력이 짧은 만큼 이적 시장이 활발해서 팀

e스포츠 직업 설명서

을 드나드는 선수들이 많을 수밖에 없는데, LoL은 다섯 명이 한 팀을 이뤄서 경기를 하기 때문에 팀워크가 중요하다. 단기간 안에 선수들이 손발을 잘 맞추기 위해서는 이들을 아우르는 감독의 리더십이 무엇보다 중요하다. 김정균 감독은 미디어 인터뷰 때마다 "선수들에게 고맙다."라는 말을 항상 한다. 또, 어떤 한 선수의 기량을 칭찬하기보다 "모두가 잘해 줬다."라는 표현을 쓴다. 남다른 배려와 존중이 선수들에게 영향을 끼쳐 현역 최고의 감독으로 인정받을 수 있었다. 실제로 LCK 초부터 '명장'으로 평가받는 감독들을 보면 공통적으로 선수들을 존중하고 배려하는 리더십으로 이끄는 특징을 보인다.

비선수 출신이라면 이들과 다른 경쟁력을 지닐 필요가 있다. 최근 e스포츠 팀을 보면 주목할 만한 변화가 있다. 선수 데이터를 바탕으로 전문적인 전략과 전술을 세울 것을 감독에게 요구한다는 점이다.

베트남 세베루스 총감독을 맡고 있는 이인철 감독도 이같은 분위기 때문에 비선수 출신도 충분히 게임단의 사령탑이 될 수 있다고 믿고 있다. 그는 앞으로 스포츠심리학이나 데이터통계체육학 등 보다 전문화된 지식을 바탕으로 선수 육성이 필요하다고 내다보고 있다. 특히 LCK 2군 리그가 활성화되면 감독 채용의 기회가 열릴 것이기 때문에 현역 감독들이 갖지 못한 자질과 특기가 있다면 비선수 출신 감독이라도 지도자가 되는 데 문제가 없을 것이라고 말한다.

이는 이인철 감독의 경험에서 비롯된 조언이다. 대학에서 컴퓨터공학을 전공한 그는 우연한 기회로 나이스게임TV에 방송 조연출 및 캐스터로 입사해 e스포츠계에 입문했다. 이후 게임단 매니저를 거쳐 베트남 가레나의 e스포츠 인스트럭터현지 감독 역할가 됐는데, 비선수 출신으로서 데이터를 접목한 선수 관리에 집중하고 있다.

선수 출신 감독이든, 비선수 출신 감독이든 e스포츠 지도자의 생명력이 프로 게이머만큼이나 길지 않은 점은 이 직업의 불안 요소다. 강동훈 kt 롤스터 감독과 최우범 프레딧 브리온 감독을 제외하고 나머지 감독들의 경력은 10년을 밑돈다. 계약직 감독으로 변모하면서 팀 성적에 좌지우지되기 때문에 늘 고용 불안에 떨 수밖에 없다. 그래서 가끔은 이기적인 행태가 나온다. e스포츠의 상업성을 염두에 두고 팀을 꾸린 감독의 경우 '창업자'라는 마음이 강하기 때문에 기업에 팀을 매각해 개인적인 이윤을 챙기면 미련 없이 떠난다. 선수들의 미래보다는 자신의 처지가 우선인 것이다.

자의든 타의든 감독직을 내려놓으면, 이후의 삶은 천차만별이다. e스포츠 아카데미를 차리거나, 종목별로 선수 지도 외에 게임단 운영을 총괄하는 단장이 되는 경우도 있다. 또 외국어 구사가 가능한 감독이라면 이인철 감독처럼 해외 팀 감독 제의를 받거나, 에이전시 기업에 스카우트되기도 한다. 본인의 생존 무기가 무엇이냐에 따라 삶의 모습이 달라진다는 의미다.

이러한 감독의 직업적 불안 요소에도 불구하고 앞으로 e스포츠 감독이라는 직업은 현재 가치보다 높아질 것으로 예상된다. 최근 e스포츠계에서는 지도자 양성 교육의 필요성을 절실하게 느끼고 있다. 다른 스포츠와 달리 감독직에 누구나 도전할 수 있지만, 자질과 소양이 검증되지 않은 이가 지도자로서 나서는 현실에 대해 업계 전체가 우려하고 있다. 그 폐해가 고스란히 선수들에게 전가되기 때문이다. 그래서 한국e스포츠협회는 e스포츠 공인 지도자 양성 과정을 만들기 위해 정부 및 팀 관계자와 논의 중이다. 제도 마련과 안착까지 다소 시간이 걸리겠지만, 지도자 자격 획득을 위한 과정이 도입되면 평균 이상의 수준과 자격을 가진 지도자가 배출될 것이다. 이는 e스포츠 감독의 희소성이 높아지고, 가치를 합리적으로 보장받을 수 있는 계기가 될 것으로 보인다.

FEEDBACK

★ 급여 수준

선수단 운영의 핵심 결정권자이기에 상당히 높음. 성과에 따라 천차만별.

★ 취업 난이도

본인이 팀을 꾸릴 경우 개인 사업자이지만, 기업 팀이 된 현 시점에서는 상당히 구하기 어려운 직업임.

★ 향후 전망

e스포츠에는 LoL 이외에도 다양한 종목이 존재한다. 한 종목에 대한 이해도가 높고 선수단을 이끌어갈 리더십이 있다면 도전해 볼 만함.

★ 업무 강도

감독은 1년 내내 일한다. 프로 게임단은 시즌 한 달 전부터 본격적으로 훈련에 돌입하는데, 낮 12시부터 새벽 2~3시까지 훈련한다. 감독은 이 과정을 지켜봐야 한다. 또 비시즌인 스토브리그에는 선수 영입에도 관여해야 해서 감독의 업무 강도는 상당하다.

★ 업무 만족도

팀 성적에 따라 천차만별이고 스트레스도 엄청나지만 그에 따른 보상이 상당하기 때문에 대부분 만족. 세계 최고라는 타이틀을 얻을 수 있는 몇 안 되는 스포츠 종목이기도 함.

선수단과 사무국의 교집합, 단장

e스포츠에서 단장이라는 직책이 생긴 것은 최근의 일이다. '단Group' 이라는 단위의 수장을 뜻하는 '단장'은 프로 게임'단'에서 비롯된 단장이 아니라 프로 게임단이 속한 조직의 최고 결정권자일 때가 더 많았다. 대기업이 프로 게임단을 운영하던 2000년대 중반부터 2010년대 중반까지 게임단은 후원 기업의 홍보팀이나 스포츠단 에 배속돼 있었다. 홍보팀 산하에 게임단이 속했을 때는 대기업 마 케팅 상무나 전무가 게임단의 단장까지 역임했고, 스포츠단 소속 이면 스포츠단의 단장이 게임단의 수장이었다. 이들은 상위 조직 까지 맡아야 해서 게임단의 운영까지 속속들이 알지 못하는 경우 가 많았다. 게임단이 우승과 같은 훌륭한 성과를 내거나 책임을 져 야 하는 일이 생겼을 때에만 모습을 드러냈다.

시대가 바뀌면서 e스포츠팀, 프로 게임단만을 위한 단장이 임명되 고 있다. 2018년 젠지 이스포츠를 시작으로 프로 게임단이 독립적 인 회사 혹은 조직으로 변모하면서 단장이라는 직책이 만들어졌 고 중요성이 강조되고 있다.

스포츠 팀의 단장이 하는 일을 보여 주는 드라마가 있다. 2020년 초 SBS가 방영한 '스토브리그'에서 남궁민이 연기한 백승수라는 인물은 프로 야구단 드림즈의 단장직을 수행한다. 다른 종목에서 단장으로 활약하며 우승을 이끌어낸 바 있는 백승수가 드림즈를 맡으면서 겪는 다사다난한 일들을 소재로 삼았다. 다소 과장된 부분이 있지만, 단장은 선수들을 직접 지도하는 일을 제외하고 재정부터 팀에 필요한 인력 관리까지 팀에서 일어나는 대부분의 일을 처리하고 결정하는 것으로 나온다.

아직은 감독 출신 단장이 많은 편이지만, 일부 게임단은 전문 경영에 특화된 인재를 채용해 게임단 운영과 감독의 역할을 확실하게 분리하고 있다. 샌드박스 게이밍이 대표적인 사례다. 이 게임단에서 선임한 정회윤 단장은 미국 카네기멜론 대학교 경제학과를 졸업한 인물로, IBM을 거쳐 2019년 e스포츠계에 입문했다.

e스포츠 1호 단장인 젠지 이스포츠의 이지훈 단장을 통해 프로 게임단의 단장은 어떤 일을 하는지 들었다.

Q. 프로 게임단의 단장은 무엇을 하는 자리인가?

A. kt 롤스터의 감독을 마친 뒤 젠지의 단장으로 자리를 옮긴다고 하니까 궁금해 하시는 분들이 많다. 취임 초기에는 무엇을 해야 하는지 구체적으로 알지 못했지만 2년 정도 지난 지금은 알려 드릴 수 있을 것 같다. 선수단과 관련한 선수 선발을 포함해 인사, 연봉 협상, 환경 구축, 팀 운영 등 팀 전반을 체크하고 결정하는 자리다. 내부적으로는 모든 의사 결정 과정에 관여해야 한다. 선수는 경기만, 감독과 코치는 선수만 챙기면 되지만, 단장은 다른 팀과의 관계나 후원사, 게임사, 협력 단체 등 외부 기관들과도 교류해야 한다. 경영진과도 긴밀하게 소통해야 한다. 단장이 해야 하는 일이 이렇게 많은 줄 몰랐다.

이지훈 젠지 이스포츠 단장. ⓒ 데일리e스포츠

Q. kt 롤스터 시절 선수, 사무국, 코치, 감독으로 일했고 그때에도 단장이 있었다.

A. kt의 유니폼을 입고 피파 선수로 뛰었고, 사무국 업무도 6개월가량 수행했다. 지도자로 팀을 이끌면서 여러 단장님들을 거쳤다. kt 롤스터는 기업 홍보팀 소속이었다가 <u>스포츠단</u>이 생긴 이후 <u>스포츠단</u>에 속했다. kt에서 오래 일한 임원들이 스포츠단의 단장을 역임해서 새로운 분야인 e스포츠에 대해서는 세세한 부분까지 알지 못했다. e스포츠에 대한 전문성보다는 그동안 기업을 운영한 노하우가 중시됐던 것 같다.

Q. 단장의 하루를 알려달라.

A. 오전 10시에 출근해서 미국 본사와 영상 미팅을 한다. 게임단 운영의 주요 결정은 우리가 하지만, 운영 방향 설정이나 사업의 큰 그림에 대해서는 본사의 허락은 물론, 공유가 필수적이다. 재무 부분의 컨펌도 본사가 하기 때문에 지사의 업무 보고는 의무다. 오후에는 선수단 이외의 부서들과 미팅 혹은 회의를 진행한다. 마케팅, 재무, 이벤트, 운영, 통번역, 세일즈, 스카우트 등 여러 부서와 커뮤니케이션을 해야 한다.

e스포츠 리그가 대부분 저녁에 경기를 치르기에 5시 이후에는 경기장에 가거나 회사에서 관전한다. 젠지는 리그 오브 레전드, 플레이어언노운스 배틀그라운드, 오버워치 등 여러 종목의 팀을 운영하고 꾸리고 있기 때문에 매일 일어나는 경기 결과를 챙기고 시즌 진행 상황도 해당 종목의 코칭스태프들과 이야기한다.

주말에는 회의를 하지 않지만 경기가 열리기 때문에 결과를 신경 써야 한다. 일주일이 어떻게 가는지 모를 정도로 정신없이 흘러간다.

Q. 단장을 뜻하는 영어 단어는 GM General Manager이다. 설명을 들어 보니 실제로 업무를 총괄하고 있는 것 같다.

A. 영어로 표현하자면 GM이 맞는 것 같은데, 개인적으로는 단장이라는 한국 명칭이 내가 하는 일을 제대로 표현한 것 같다. 추세상 한 종목만 운영하는 게임단은 거의 없다. 내 휘하에도 리그 오브 레전드, 플레이어언노운스 배틀그라운드, 오버워치 등이 있고 이 선수단 안에서 일어나는 일들을 내가 총괄한다. 뿐만 아니라 인사·재무·영업·운영 등 회사와 관련한 업무에도 관여한다. 젠지 특성상 한국 지사장도 있지만 단장인 나도 의사 결정 과정에 포함돼 있다.

Q. '스토브리그'라는 드라마를 보면 비시즌은 단장의 시기라고 여겨질 정도로 많은 일을 한다.

A. 드라마이기에 판타지가 섞여 있지만 공감이 많이 되더라. 젠지는 스카우팅 시스템이 잘 돼 있어 내가 직접 나서는 경우는 많지 않지만 어떤 선수가 팀에 반드시 필요하다고 하면 직접 뛴다. 2019 시즌 배그 팀을 구성할 때, 2020년 '반지 원정대'라고 불렸던 LoL 팀을 꾸릴 때, 실시간으로 대응하면서 좋은 선수로 라인업을 만들었다. 경기가 없기에 비시즌이라고 불리지만 업

무 강도가 더 높고 스트레스도 많이 받는다.

연봉 협상도 비시즌의 빅 이슈 가운데 하나다. e스포츠 선수들의 연봉이 급격하게 올라가고 있지만 데이터와 성과에 기반해서 협상을 진행한다. 연봉 결정의 최종 결정권자는 경영진이지만 내가 협상을 마친 결과를 대부분 수용해 줬다.

Q. e스포츠 1호 단장이어서 다른 단장들의 롤모델이 되고 있다. 개인적으로 롤모델로 삼고 있는 인물이 있나?

A. 마이클 조던, 스코티 피펜, 데니스 로드먼 등이 한 팀에서 뛰면서 왕조를 이뤘던 농구 팀 시카고 불스를 다룬 '라스트 댄스'라는 다큐멘터리가 있다. 이를 보면 팀을 리빌딩하기 위해 악역을 맡아야 했던 단장이 나온다. 이 인물을 반면교사로 삼고 있다. 단장은 선수단의 우산, 방패막이 돼야 한다고 생각한다. e스포츠는 나날이 성장, 변화하고 있고 시스템 전환이 빨라서 안전망을 구축해 놓아야 선수단을 장기적으로 평탄하게 운영할 수 있다. 그러기 위해 선수들과는 장기 계약을 체결했고 은퇴 선수에게는 소속 스트리머 혹은 아카데미 강사 자리를 제시하고 있다. 안정적으로 선수 생활을 계속하며 업계를 떠나지 않고 자신의 경력을 이어가면서 미래를 그릴 수 있도록 시스템을 구축하고 있다.

Q. e스포츠 업계에서 선수나 지도자를 경험했던 인물들이 단장으로 취임하는 경우가 많아졌다.

A. 프레딧 브리온 박정석 단장, 설해원 프린스 강도경 단장 등 하나둘씩 단장을 맡고 있는데 자연스런 흐름이라고 생각한다. 세부 내용을 파악하는 것도 중요하지만 e스포츠 업계에서 쌓은 경험과 노하우로 팀의 방향을 세우는 일이 단장의 역할이라고 생각한다.

코치

감독과 선수를 잇는 영혼의 파트너

코치	
업무 개요	선수들에게 목표를 부여하고 기량을 끌어올리는 일
급여 수준	LoL 1군 코치 최저 연봉 4,000만 원 (경력에 따라 회사와 협의)
채용 방식	팀별 채용

e스포츠에서 코치의 역할을 아무리 강조해도 모자람이 없다. 학교를 중심으로 선수를 육성하는 학원 스포츠가 아니기 때문에 e스포츠 코치는 선수 선발부터 육성, 기량 향상, 인성 함양까지 전방위 영역에서 선수들을 키워야 한다.

그렇다고 감독의 지위를 넘어서지는 않는다. e스포츠 역시 기존 스포츠의 구조를 벤치마킹했기 때문에 감독과 코치의 영역은 명확하다. 감독은 큰 틀에서 원하는 방향으로 팀을 이끈다. 연습 환경과 선수들의 일과를 체크하고, 선수들의 멘탈을 케어하며 피드백을 준다. 여기서 '피드백'이란 경기나 스크림연습 경기에서 선수들의 경기력을 평가하는 것이다. 팀이 이겼어도 피드백은 항상 진행된다. 잘한 부분을 칭찬하지만 보완할 점을 따끔하게 지적한다. 피드백은 감독과 코치가 함께 하지만 주요 발언자는 감독이다.

이 과정에서 코치는 더 세세하게 개입한다. 기본적으로 게임을 세밀하게 알아야 하고, 게임 내적인 기능을 어떻게 활용할지 전술적인 부분을 신경 쓴다. 연습 시간에도 선수들과

코치

호흡하며 전술이 실현 가능한지 확인하고, 경기 때 이를 어떻게 전개할지 선수들과 상의하면서 준비한다. 상대 팀 선수를 연구하고 분석하는 것도 코치의 일이다. 어떤 팀은 상대 전력을 분석하는 전력 분석관을 따로 두지만, 그렇지 못한 팀은 코치가 직접 정보를 수집해야 한다.

또한 아마추어 단계에서 두각을 나타내는 새싹들을 발굴하는 일도 코치의 몫이다. 코치는 e스포츠가 온라인 랭킹 시스템이 잘 갖춰져 있는 것을 활용해 소속 팀이 없는 상위 랭커들과 꾸준히 연락하면서 영입을 추진한다. 이들 중 누군가 스카우트 제안을 받아들이면, 온라인과 오프라인에서 실력 테스트와 면담을 통해 최종 입단을 결정한다. 이후 코치는 소속 팀의 연습생이 프로 게이머로 데뷔하기까지 또는 그 이후에도 선수의 실력 향상을 위해 끊임없이 관리한다.

코치는 시즌 중에는 되도록이면 24시간 내내 선수들과 함께 숙소 생활을 한다. 이 때문에 팀의 수장인 감독과 달리 선수들에게 친근하게 다가가 고충을 경청하고 위로할 수 있는 위치에 있다. 감독에게 혼이 나면 달래주는 것도 코치의 역할이다.

코치 임무는 또 있다. 프로 게이머의 활동 연령대가 10대 중후반부터 20대 초반인 까닭에 혈기왕성한 이들을 한데 모아 단체 생활에 잘 적응하도록 돕는다. 가장 가까이에서 선수들과 호흡하는 만큼 선수들의 경기 내적인 기량 체크뿐 아니라 건강과 컨디션도 주의 깊게 살핀다.

e스포츠계에서 코치는 대부분 현역 선수 출신이다. 예를 들어, 배그 쪽에는 비선수 출신 코치가 10명 중 1명 꼴이다. 현역 코치들은 "일단 비선수 출신 코치는 게임의 디테일한 부분에 대한 코칭을 선수들에게 하기 어려울 것 같다."라고 냉정하게 말한다. 이는 현역 코치 대다수가 선수를 해 본 까닭이다.

현재 LoL 리그에서 활동하고 있는 코치는 2군을 포함해 대략 40~50명 정도다. 보통은 1~3년 단위의 계약을 맺고, 팀 성적이나 능력, 인지도에 따라 대우를 받는다. 2021년 LCK가 프랜차이즈 시스템을 도입하면서 1군 로스터에 등록된 코치는 4,000만 원의 최저 연봉을 보장받는다. 다른 종목의 경우는 최저 시급을 기준으로 근무 연차나 성적에 따라 연봉이 산정된다.

코치 선발권이 있는 감독의 입장에서는 자신과 호흡이 얼마나 잘 맞는지를 가장 중요하게 생각한다. 그래서 감독의 신임을 얻으면 함께 오래 일하고, 감독이 팀을 떠날 경우 같이 자리를 옮기는 경우가 많다. 코치 채용은 관계자 추천이 대부분이지만, 종목에 따라서는 디스코드 게이밍 특화 채팅 프로그램 채널 내 게임단 구인 구직 게시판에 공고를 내기도 한다.

HARD CARRY

정제승 전 kt 롤스터 코치

정제승 코치는 2015년 CJ엔투스 LoL 팀을 시작으로 아프리카 프릭스, kt 롤스터 등 한국 팀을 지도했고, 2020년에는 중국으로 건너가 WE라는 팀에서 일했다. 초등학교 때 씨름 선수로 활동한 이색 이력의 소유자인데, 북미와 유럽에서만 LoL이 서비스되던 시절에도 이름을 날렸던 프로 게이머 출신 e스포츠 코치다.

TIP | 선수 출신이라는 정서적 공감이 코치 생활에 도움

Q. e스포츠에 대한 관심은 언제부터 가졌나?

A. 초등학생 때 씨름 선수로 활동하면서 운동의 즐거움을 알았다. 자신의 한계를 극복하기 위해 끊임없이 훈련하고 대회에서 성적을 내는 일 자체가 행복했다. 씨름이 개인 종목처럼 보이지만 실은 팀 전체가 강해야 개인이 강해진다는 것, 내가 잘하면 자연스레 팀도 성적을 낸다는 상호 작용을 그 당시에 깨

달았다.

하지만 부상을 입으면서 씨름을 포기했고, 우연한 기회에 e스
포츠를 접했는데 화려함에 매료됐다. e스포츠라는 분야를 처
음 알았을 때에는 시청자 입장이어서 해설자나 캐스터처럼 매
번 방송에 나오는 사람이 되고 싶었다.

Q. 씨름 선수 활동이 코치 일을 할 때 도움이 됐나?

A. e스포츠도 씨름과 비슷한 연습 환경이고, 동일한 동료 의식을
갖게 한다. 어떤 스포츠이든 선수의 자세는 마찬가지다. 어린
나이에 프로의 세계에 입문한 선수들에게 씨름 선수 때의 감정
과 기억을 바탕으로 조언해 주는 편이다. 실력으로만 평가하는
프로의 세계에서 선수들이 느끼는 불안감은 코치인 나도 충분
히 느낀다.

씨름을 통해 연습과 훈련에 대한 중요성, 승부욕, 꾸준함, 자기
절제, 휴식과 분위기 전환의 필요성 등을 배웠다. 1 대 1 스포
츠로 알려진 씨름이지만 단체전으로도 승부를 가린다. 단체전
에 출전하는 선수들은 우승이라는 목표를 위해 하나가 돼야 한
다. 내가 상대보다 실력이 조금 부족하더라도 동료들의 사기
진작을 위해 모래에 닿기 전까지 이 악물고 싸웠다. 내가 최선
을 다하는 모습을 보이면 동료들도 끝까지 싸울 용기를 내더

정제승 코치는 한때 씨름 선수였던 경험이 현재 e스포츠 선수들에게 선수로서의 자세를 조언하는 데 큰 도움이 된다고 말한다. ⓒ 데일리e스포츠

라. 씨름을 통해 팀을 위해 각자 해야 할 역할이 있고, 희생과 노력이 바탕이 돼야 한다는 것을 배웠다. 훈련하다 다쳐서 출전하지 못한 선수들이 목발을 짚고 벤치에 앉아 음료수를 건네고 목이 터져라 파이팅을 외치는 모습은 어린 나에게 큰 감동을 줬다.

Q. 프로 게이머가 된 계기는 뭔가?

A. 게임을 즐기는 한 명의 유저로 지내다가 군 복무를 마치고 LoL을 접했다. 게임으로 본격적인 승부의 세계를 경험한 것 같다. 그때 LoL이 한국에서 서비스되기 전이어서 북미 서버에서 활동했는데 최상위 티어를 지켰다. 이후 2011년 한국 서버에서도 그 자리를 유지했다. 선수 제의를 받아서 팀에 들어가기도 했지만, 그때는 e스포츠 기반이 미약한 초창기여서 생계를 해결할 정도는 아니라 오래가지 못했다.

Q. 아예 e스포츠를 떠났다. 왜 코치로 돌아왔나?

A. e스포츠와 전혀 다른 업계에서 일하던 차에 강현종 감독, 손대영 코치의 러브콜을 받았다. 두 사람 모두 LoL 초창기부터 팀을 이끌어 온 분들인데, 나이 어린 선수들이 3~4년 뒤에 잠재력을 폭발시킬 수 있도록 도와줄 지도자를 구하고 있었다. 코치

라는 자리가 e스포츠 업계에 꼭 필요한 직종이고, 내가 기여할 수 있는 부분이 있다고 판단해서 합류했다. 선수로 이 업계를 떠났을 때보다 환경이 좋아졌더라. 리그가 생기고 후원 기업들이 슬슬 들어오던 차여서 전망이 나쁘지 않을 것 같다는 생각이 들었다.

Q. e스포츠에서 코치가 어떤 역할을 하는지 많이 알려져 있지 않다.

A. 코치 생활을 하면서 누구를 만나든 꼭 받는 질문이다. 다른 스포츠도 마찬가지이겠지만 e스포츠 지도자는 팀 전체에 같은 목표 의식을 심어 주고, 공통의 목표에 도달하도록 선수들을 이끄는 사람이다.

감독이든, 코치든 팀이라는 조직의 리더가 돼야 한다. 리더십의 핵심 요소는 유대감이라고 생각한다. 같은 목표 의식을 가진 선수와 지도자 사이의 유대 관계가 끈끈하게 형성되어 있다면 코치가 A를 말할 때 선수들이 A를 잘 받아들이고 스스로 A+를 고민하는 수준으로 자연스럽게 발전한다.

Q. 코치의 일과는 어떻게 되나?

A. 코치의 스케줄은 곧 팀 스케줄이다. LoL 팀의 일과는 스크림을

기준으로 짜여진다. 코칭스태프가 먼저 일어나서 스케줄을 확인하고 선수들이 일어난다.

선수단 모두 점심 식사를 마친 뒤 연습실로 나오고 1차 스크림을 진행한다. 스크림은 3전제로 진행되는데 한 경기가 끝나면 10~20분 동안 피드백을 진행한다. 이렇게 세 번을 마치면 휴식을 취하고 저녁 식사를 한다.

2차 스크림을 진행한 뒤에는 야간 훈련을 한다. 주로 개인 훈련 위주로 진행하고 개인 방송을 하기도 한다. 취침 시간은 선수들의 자율에 맡기지만 다음 날에도 비슷한 훈련량을 소화해야 하기에 무리하지 말라고 지도한다.

보통 경기가 저녁에 있기 때문에 시즌 중 일과도 해당 일정을 기준으로 짜고, 밤낮이 바뀐 생활을 한다. 비시즌에는 미뤄 왔던 개인 활동을 하거나 차기 시즌 선수단 구성 회의, 팬들과의 행사 등을 소화한다.

Q. 중국 팀에서 코치로 일했다. 적응이 쉽지 않았을 것 같다.

A. 스스로의 노력과 의지에 따라 생각이 다를 것 같다. 내 경우, 선수와 코칭스태프 사이에는 정확한 언어 구사력보다는 유대감이 중요하다고 생각한다. 말은 잘 통하지 않았지만 가까워지려고 노력했고, 한국에서 선수들을 지도할 때보다 더 오래, 많은

시간을 선수들과 보냈다. 중국인 감독, 코치가 퇴근한 뒤에도 연습실에서 한국인 용병인 '모건' 박기태와 보내면서 나름 최선을 다했다. 이러한 자세를 인정받았는지 WE 선수들, 코칭스태프와는 아직도 잘 지내고 있다. 물론 중국어를 배우기 위해 사비를 들여 매일 1시간씩 과외를 받았다. 쉬운 레벨의 중국어부터 익혔고 가급적이면 통역사 없이도 선수단과 대화하려고 노력했다.

Q. LoL 프로 선수로 이름을 날리지 못했다. 선수들로부터 저평가를 받지는 않았나?

A. 선수 생활이 몹시 짧았기에 주위에서 "코치 생활을 할 때 어렵겠다."라는 걱정을 많이 해주셨다. 경력이 부족했던 만큼 누구보다 성실하게, 책임감을 갖고 선수들을 지도했다. 앞서 말한 것처럼 선수들과 가까워지려고 많이 대화했고 유대감을 형성했다. 선수 경력이 짧아서 지식이 부족하다는 지적을 받지 않으려고, 직접 게임도 하고 VOD도 보면서 더 열심히 공부했고 연구했다. 그렇게 6년을 보냈고 지금은 수준별, 포지션별 지도가 가능한 수준까지 올라왔다. 또, 팀으로서 같은 목표 의식을 갖고 뛸 수 있는 환경을 구축하고 동기 부여할 수 있는 능력을 갖추기 위해 노력했다. 만약 약점을 개선하기 위해 노력하지

않았다면 코치 생활을 오래 이어가지 못했을 것이다.

TIP | 지도자는 교육자라는 자세가 필요

Q. 코치로 가장 보람을 느낀 때가 언제인가?

A. 2018년 LCK 서머 시즌에 kt 롤스터 소속으로 정상에 올랐을 때를 잊을 수 없다. kt 롤스터는 이전까지 대부분의 서머 시즌에서 결승에 올라갔지만 2014년 이후 우승을 한 적이 없다. 서머 정규 시즌 내내 우여곡절이 많았다. 주전이 아프기도 했고, 세트 득실에 승자승까지 따져가면서 가까스로 1위를 차지했다. 결승전에서도 1-2로 끌려가다가 4, 5세트를 승리하면서 어렵사리 역전승을 따냈다. 시즌 내내 마음이 쩍쩍 갈라지는 듯한 통증을 느꼈는데, 우승이 확정된 순간 선수들이 환하게 웃고 기쁨의 눈물을 흘리는 장면을 보면서 희열을 느꼈다. 3개월 동안 찍은 드라마가 시청률 대박으로 마무리된 느낌이었다.

Q. 지도자로서의 철학은 무엇인가?

A. 선수들에게 기본기를 강조하면서도 상대를 넘어뜨릴 수 있다는 자신감을 갖추라고 이야기한다. 기본기는 하루아침에 이뤄지지 않는다. S급 선수일수록 개인 훈련을 게을리하지 않는다.

상대를 제압할 수 있다는 마인드는 프로의 세계에서 성공하기 위해서는 반드시 필요하다. 상대에게 손톱만큼의 이득도 허용하지 않겠다는 마음으로 연습과 실전을 소화해야 한다고 가르친다.

Q. 코치가 되고자 하는 후발 주자에게 조언을 해 준다면?

A. 내가 걸어왔던 길이 코치가 되는 정석은 아니다. 리더십을 갖춘 지도자가 되려면 확실한 목표 의식과 팀을 위해 희생하는 마음이 꼭 필요하다. 코치가 게임을 잘하고 잘 아는 것도 중요하지만, 지도자는 교육자이고 구도자이기도 하다. 선수들에게 목표를 부여하고 함께 이끌어가는 것, 그 과정에서 자기만의 색깔을 갖는 것이 중요하다. 목표를 이루기까지 버텨낼 끈기가 있다면 도전할 만한 매력을 갖고 있는 직업이다.

SHOW ME THE MONEY

e스포츠가 발전하면서 코치도 전문화하는 추세다. 초창기인 스타1 시절에는 팀별로 한 명의 코치만 뒀지만, 선수단이 커지고 전문성이 강조되면서 저그, 테란, 프로토스 등 종족별로 코치를 배정했다. 바통을 이어받아 대세 종목으로 성장한 LoL에서도 선수 개인 기량을 끌어올리는 코치와 상대 팀의 전략을 분석하는 코치를 기본적으로 갖췄고, 포지션별로 선수를 육성하는 코치를 영입하는 팀도 속속 생겨나고 있다. 또한 LoL에선 천적 관계나 상성 관계 등 데이터를 중심으로 한 경기 대응이 점점 중요해지고 있어서 이를 분석하는 전문가를 코치진에 따로 두기도 한다.

LCK에서 활약하는 프로 게임단의 경우, 선수 훈련에 이처럼 깊게 관여하는 '전략 코치', 선수 신상 및 시설PC 장비 관리, 운전에 특화된 '생활 코치'를 둔다. 생활 코치는 전략 코치처럼 선수 출신이 아닌, 게임을 잘 아는 일반인이어도 도전이 가능한 직업이다. 단, 생활 코치는 전략 코치에 비해 대우가 낮은 편이다.

e스포츠 직업 설명서

코치 경력이 오래되고 능력을 인정받는 시기가 오면 당연히 감독의 자리에 올라설 수 있다. e스포츠계에서 명장으로 불리는 김정균 담원 기아 감독이나 중국 프로 팀 BLG의 사령탑인 김정수 감독 등은 코치에서부터 차근차근 단계를 밟고 올라간 사례다. 이들 외에도 현역 감독 중에 코치 출신 감독은 꽤 많은 편이다. 코치 과정을 밟고 감독이 되면 선수들과 직접 부딪히면서 유대감을 쌓는 데 어려움이 없고 게임 전술에 관해서도 직접 관여할 수 있기 때문에 업무 적응이 빠르다는 장점이 있다.

그렇다고 코치의 최종 목표가 감독만 있는 것은 아니다. 작은 규모의 게임단일 경우 코치가 살림살이를 관장하는 등 팀 매니저 역할을 할 때도 있다. 어떤 종목이든 e스포츠화가 이뤄지는 초기에 결성된 게임단이라면, 코치가 감독을 보좌하면서 여러가지 허드렛일을 도맡는다. 주 업무인 선수 지도 외에도 게임단 운영 등 전반적인 일들을 처리한다. 업무 강도가 세지만 시간이 지나 경력이 쌓이면 코치 외에도 게임단 내 다른 분야로 전직할 수도 있다.

흥미로운 점은 e스포츠 아카데미 강사 출신의 코치는 더러 있지만, 코치가 반대로 전향하는 경우는 흔치 않다는 사실이다. T1 아카데미 강사는 자사 게임단 코치를 겸직하기도 한다. 모 게임단 코치는 "아무래도 프로 게임단에서 코칭 스태프로 경력을 쌓다 보면 그 지위와 대우 측면에서 아카데미 강사와 비교가 되지 못한다. 후자가 불리한 것은 사실이다. 명예나 체면을 중요하게 생각하는 분위기도 있어서 아카데미가 교육청 인가 외에 공신력을 가질 만한 시설로 자리 잡거나, 프로 게이머 데뷔 등 게임단과 바로 연계되는 시스템이 생기지 않는 한 이같은 인식이 쉽게 바뀌지 않을 것이다."라고 분위기를 전했다.

현재로서는 비선수 출신이 코치가 되려면 프로 게이머 수준의 게임 실력을 입증해야 한다. 또, 선수 출신 코치에 비해 경쟁력을 가지려면 게임을 분석하고 전달하는 능력이 훨씬 더 뛰어나다는 것을 보여줘야 한다. 어떤 부분에서는 e스포츠 해설 위원의 자격 조건과 유사해 보이는데, 코치가 선수에게 전하는 '피드백'이 중요한 까닭이다. 전달자로서 코치의 역할을 성공적으로 수행하기 위해서는 커뮤니케이션 능력을 갖춰야 한다. 감독이 결정한 내용을 선수들에게 정확하게 전달하는 것이 최우선이겠지만 어떻게 전달하느냐도 중요하다. '아 다르고 어 다르다'는 속담이 있듯이 말이다.

이와 같은 실력을 기르는 방법으로는 개인 방송을 통해 경기 VOD를 시청하여 분석하고, 이를 구독자들에게 전달해 보라고 권하고 싶다. 경기 분석 실력과 전달 능력을 기르는 것은 물론, 구독자에게 인기까지 끈다면 자신을 가장 잘 어필할 수 있는 수단이지 않을까.

FEEDBACK

★ 급여 수준

최저 시급 보장! 성적 오르면 더 준다!

★ 취업 난이도

프로 게이머 출신이 99.9퍼센트, 비선수라면 데이터 수집 특기라도!

★ 향후 전망

코치 분업화 확대하면 너도 나도 고고싱

★ 업무 강도

숙소 생활은 기본! 본격 '생활형' 코치라고 들어보셨나요?

★ 업무 만족도

팀 성적에 따라 울고 웃는다

멘탈 코치

강철 심장을 만드는 조력자

멘탈 코치

업무 개요	선수들에게 심리 기술을 교육하고, 심리 안정을 지원하는 일
급여 수준	초봉 2,500~3,000만 원 (박사 학위 소지자 기준)
채용 방식	팀별 채용

야구팬 사이에서 인기가 있는 유튜브 채널 '스톡킹'은 10년 이상 프로 야구 선수로 활약했던 인물들이 등장해 본인이 겪었거나, 주변에서 일어난 에피소드를 전한다. 옛 추억을 떠올리며 하하 호호 웃는 가운데 자주 등장하는 대화 소재는 '입스YIPS'다. 입스란 부상이나 실패에 대한 불안이 신체 문제로 이어지는 상황을 의미한다. 입스에 걸리면 자기가 원하는 곳으로 공을 던질 수 없는 현상이 발생하는데, 야구 해설자 심수창은 이를 두고 '닭발 패스트볼'이라고 부른다. 공을 채는 손가락이 닭발처럼 굳으면서 자기 뜻대로 컨트롤이 되지 않는다는 뜻이다.

프로 무대까지 올라간 선수들이 공을 제대로 던지지 못하는 게 말이 안 된다고 생각할 수도 있다. 하지만 입스 때문에 은퇴하는 사람도 있다. 투수에게 입스가 왔을 때 '스티브 블래스 증후군Steve Blass Syndrome'이라고 부르는데, 신인 시절에 엄청난 실력을 보여 주며 전성기를 맞았던 스티브 블래스가 입스로 인해 선수 인생이 끝이 나면서 그의 이름이 붙은 것이다. 1960년 18세의 나이에 피츠버그 파이리츠에 입단한 스티브 블래스는 22세인 1964년 메이저리그에 데뷔했다. 1968년 최고의 시즌을 맞은 그는 18승 6패, 평균 자책점 2.12에다 완봉승 7회를 기록했다. 1971년에는 월드 시리즈에 등판해 3차전과 7차전 모두 9이닝 1실점으로 완투승을 기록했으며, 1972년에는 평균 자책점 2.49에 19승을 기록하며 팀의 에이스로 자리 잡았고, 사이영상 투표에서도 2위에 올랐다. 최고 선수 반열에 오른 블래스는 이듬해인 1973년부터 제구력 난조에 빠지면서 88.2이닝, 평균 자책점 9.85라는 최악의 성적을 거뒀다. 볼넷은 84개나 허용했고, 탈삼진은 27개밖에 잡지 못했다. 마이너리그로 내려간 그는 2년 뒤에 은퇴했다.

입스의 원인은 심리적 불안감 때문으로 알려져 있다. 압박감이 큰 시합에서 불안이 심해지면 근육이 경직되어 원하는 결과를 만들어내지 못한다. 한두 번 나타나다 사라지면 다행이지만, 비슷한 심리 상황에 처했을 때 재발하면 평생 고쳐지지 않고 선수 생활이 끝날 수도 있다. 최고의 커리어를 쌓던 스티브 블래스가 입스에 걸린 뒤 불과 3년 만에 은퇴한 것처럼.

입스에 대한 이야기를 장황하게 늘어놓은 이유는 e스포츠에도 비슷한 증상 때문에 선수 생활을 마감하는 경우가 종종 나타나기 때문이다. e스포츠는 대근육 활동이 많지 않은 스포츠다. 키보드와 마우스를 움직이는 게 동작의 전부여서 근육이 경직되는 현상인 입스가 오지 않을 것이라 생각하기 쉽다. 하지만 명령어 입력 한 번, 마우스 이동 한 번 실수하면 패배로 직결되는 게 e스포츠다. 입스에 빠지면 치명적이다.

e스포츠는 마인드 스포츠다. 상황 판단과 심리 상태에 따라 결과가 좌우되기 때문이다. 기물을 이동시키는 일에만 근육을 쓰는 바둑이나 체스보다 조금 더 활동적이지만, 마우스와 키보드를 조작하는 게 전부인 e스포츠는 다른 스포츠에 비해 근육 활동이 상대적으로 적다. e스포츠 선수들은 대단한 심리적 압박에 시달린다. 결승전이나 라이벌전과 같은 큰 경기를 앞두면 잠을 이루지 못하기도 하고, 경기 중에 위기 상황에 처하면 식은땀을 흘리면서 불안에 빠진다. e스포츠 선수들은 한계에 도달했을 때 제대로 극복해내지 못하면, 다시 같은 상황에 직면했을 때 심리적으로 불안정해진다.

근육을 많이 쓰는 스포츠 분야에서는 상황을 재현한 뒤 물리적인 반복 훈련을 해서 입스를 극복할 수 있지만, e스포츠는 심리적으로 접근해야 한다. 반복적인 마인드 트레이닝을 통해 선수들이 마음의 평안을 갖고, 같은 상황이 벌어질 때

평정심을 유지하고 판단하여 유닛을 컨트롤하도록 훈련시킨다. 이 역할을 맡은 이가 바로 멘탈 코치다.

멘탈 코치는 다양한 스포츠 종목에서 채용하고 있다. 애초 골프와 테니스 등에서 멘탈 코치를 활용하기 시작했는데, 두 종목은 경기가 진행되고 있는 동안 감독이나 코치가 선수에게 직접 전술을 지시할 수 없는 종목이다. 선수 스스로 정신적으로 흔들리지 않고 상황을 분석하고 해결해야 한다. 그래서 골프와 테니스 선수 들은 대회에 임하기 전에 '정신 줄'을 동화《해님 달님》에 나오는 탄탄한 동아줄처럼 만들어야 한다.

e스포츠도 마찬가지다. e스포츠 선수들은 경기가 중단됐을 때 심판 혹은 운영진과 대화를 나누는 것을 제외하고는 의견을 나눌 수 없다. 감독, 코치는 물론이고 같은 편인 동료들과도 의견을 교환할 수 없다. 일시적으로 고독감에 빠지면서 상황을 오판하는 경우가 발생할 수 있기에 정신적으로 단련돼야 한다.

멘탈 코치가 되는 방법은 두 가지다. 하나는 대학원에서 스포츠심리학을 전공해서 전문가 과정을 밟고 팀에 들어가는 것, 또 하나는 오랜 시간 프로 게이머 생활을 하면서 다양한 사례를 맞닥뜨리고 헤쳐 나갔던 경험을 무기로 팀에 합류하는 것이다. 전자의 경우는 체계적인 정규 교육 과정을 통해 탄탄한 이론적 바탕을 구축할 수 있을 뿐만 아니라, e스포츠 외에 다른 스포츠에서도 전공을 살릴 수 있다는 장점이 있다. 후자의 경우, e스포츠 선수들이 현재 겪는 상황을 멘탈 코치가 선수 시절에 이미 겪어 봤기 때문에 문제를 매우 정확하고 자세하게 파악할 수 있고 본인이 극복했던 사례와 방법을 전수하면서 믿음을 줄 수 있다.

HARD CARRY

안효연 kt 롤스터 멘탈 코치

안효연 멘탈 코치는 경희대학교 체육학과를 졸업하고, 서울 대학교에서 스포츠심리학으로 석사 학위와 박사 학위를 받았다. 그는 처음에는 일반 스포츠 종목에서 자신의 전공을 적용하려 했으나, 한국e스포츠협회와 인연이 닿으면서 e스포츠로 분야를 바꿨다. 2016년 협회가 발주한 'e스포츠 선수를 위한 심리 기술 훈련 프로그램'을 개발하는 연구 용역 사업을 통해 e스포츠와 첫 인연을 맺었는데, 프로 게이머들을 직접 만나 트레이닝하고 담당 팀이 우승을 차지하는 장면을 곁에서 지켜보면서 e스포츠의 매력에 푹 빠졌다. 이후 자신이 전공한 스포츠심리학을 e스포츠에 적용하는 일에 큰 의미를 두고, 2018년부터 킹존 드래곤X의 멘탈 코치로 활동했다. 2020년 강동훈 감독이 kt 롤스터로 팀을 옮길 때 함께 자리를 옮기면서 멘탈 코치 생활을 이어가고 있다.

e스포츠 직업 설명서

안효연 kt 롤스터 멘탈 코치. ⓒ OSEN

TIP | 박사 학위 소지자 또는 프로 게이머 경력 등 전문가 우대

Q. 일반인들에게 멘탈 코치가 익숙하지 않다.

A. 스포츠 종목에서 후진들에게 무언가를 가르치는 사람을 코치라고 부르는데, 그중에서 심리 파트를 다루는 코치를 멘탈 코치라고 한다.

Q. 멘탈 코치가 주로 활동하는 스포츠는 어떤 종목인가?

A. 예전에는 테니스 선수와 골프 선수 들을 대상으로 활약했다. 두 종목은 휴식 시간은 있지만 작전 시간은 없다는 공통점이 있다. 작전 시간이 있으면 감독이나 코치가 선수에게 보완점을 이야기할 수 있는데, 테니스와 골프는 경기가 진행되는 내내 선수 혼자 상대를 파악하고 약점을 찾아야 한다. 단단한 육체를 마련한 뒤 심리적으로 단련돼야 선수 홀로 위기를 관리하며 승리에 다다를 수 있다. 따라서 경기 중에 마주할 수 있는 상황을 상정하고 그에 맞는 심리 트레이닝을 해야 한다. 이런 과정을 전문 용어로 '심리 기술 훈련'이라고 한다. 골프의 경우, 선수와 라운딩 내내 함께하는 캐디가 그 역할을 하기도 한다. 골프 경력과 지식으로 무장한 이분들이 선수의 멘탈 관리에 관심을 갖고 학문적으로 접근하는 것이다.

기술적으로 세계 최고 수준인 한국 양궁은 심리 요인까지 보완하면 모자랄 게 없어서 심리 기술 훈련을 활발하게 적용하고 있다. 최근 프로 농구와 프로 야구에서도 심리 기술 훈련을 도입해 극한 상황에서도 평정심을 유지할 수 있도록 트레이닝하고 있다.

Q. 멘탈 코치 자격을 얻기가 쉽지 않을 것 같다.

A. 나는 경희대학교 체육학과를 졸업한 후에도 석사 학위 과정, 해군사관학교 교수 사관, 그리고 박사 학위를 받을 때까지 10년 넘게 학계와 교육계에 몸담았다.

체육학에는 체육교육학, 운동생리학, 스포츠심리학 등 10개 이상의 세부 전공이 있다. 멘탈 코치에 관심이 있다면 이중 스포츠심리학을 전공으로 대학원 과정을 마쳐야 한다. 무작정 현장에 뛰어들어서는 안 된다. 충분한 교육, 연구, 현장 경험이 필요하다.

심리 기술 훈련에는 교육의 영역이 포함되기 때문에 이론을 어느 정도 알아야 팀과 선수들에게 기본적인 신뢰를 줄 수 있다. 멘탈 코치는 눈에 보이지 않는 '심리'를 다루는 지도자이기 때문에 믿음을 형성하는 일이 가장 중요하다. 이론과 경력이 갖춰져 있다면 선수들과 신뢰 관계가 형성되며, 자연스레 라포르 Rapport[*]를 형성하는 과정으로 넘어갈 수 있다.

멘탈 코치 자격증으로는 한국스포츠심리학회에서 주관하는 스포츠심리상담사 자격, 선수 경력이 있는 분들이 교육을 이수하는 멘탈 코칭 수료 과정이 있다.

Q. 어떤 계기로 e스포츠와 인연을 맺었나?

A. 대학원 조교 시절부터 친하게 지내던 후배가 석사 과정을 마치고 한국e스포츠협회에 입사했다. 그런데 이 친구가 들어간 지 얼마 되지 않았을 때, e스포츠에 멘탈 트레이닝을 적용해 보는 아이디어에 대해 이야기를 나눴다. 이 대화 후 2년 정도 지나자 현실이 됐다. 나는 이미 심리 기술 훈련의 e스포츠 적용에 대해 연구하고 있었는데, 마침 협회가 심리 기술 훈련 프로그램 개발을 하게 되어 호기심을 갖고 연구 용역을 진행하게 됐다.

4개의 게임단이 심리 기술 훈련 프로그램 개발 용역에 참가했고, 나는 락스 타이거즈라는 팀을 맡았다. 항상 상위권을 유지했지만, 결승전에서 몇 번 고배를 마신 팀이었다. 2016년 4월부터 팀과 함께 움직였는데, 이후 락스 타이거즈가 승승장구하

---

* 정신 분석 치료를 할 때 의사와 환자 사이에 신뢰 관계의 기본이 되는 친밀도

면서 LCK 서머에서 우승까지 차지했다.

선수들의 기량이 좋았고 경험도 상당히 많은 팀이어서 내가 기여한 부분이 크지 않다고 여길 수도 있다. 하지만 개별 면담을 통해 팀 목표를 설정하고, 돌발 상황과 위기 상황을 만났을 때 어떻게 행동해야 하는지, 마음을 어떻게 다잡아야 하는지 숙달될 때까지 반복 훈련을 했다. 그동안 우승하지 못했던 선수들, 감독과 코치가 멘탈 코칭 덕분에 우승 문턱을 넘었다고 이야기할 때 정말 뿌듯했다.

Q. 에피소드가 많을 것 같다.

A. LCK 서머 결승전을 성공적으로 마친 후, 월드 챔피언십을 대비해 리허설 훈련을 했던 게 기억이 난다. 양궁 국가 대표 선수들이 올림픽 출전을 앞두고 낯선 경기장 분위기, 현장 소음, 방해 등에 적응하기 위해서 진행하던 훈련이었다. 대학 공연장을 빌려 현지 경기장 분위기를 연출하고 연습 경기를 했다. 미국에서 열리는 만큼 불리한 상황이 발생할 때마다 미리 준비해놓은 현지 팬들의 환호성을 틀었고, 우리말 해설이 아닌 영어해설 음성을 준비해 선수들에게 들려줬다. 국내에 롤파크 LoL PARK 이전에는 존재하지 않던 오픈 부스에 대한 적응이 필요하다는 점을 감안한 훈련이었다.

몇몇 선수들은 월드 챔피언십을 다녀와서 "훈련 때보다 오히려 경기장이 편안했다."라고 말해서 인상이 깊었다. 그리고 LCK 서머 우승 후 '스맵' 송경호가 "심호흡만 천 번 한 것 같다."는 얘기와 '쿠로' 이서행이 우승한 뒤에 펑펑 흘렸던 눈물을 아직까지 잊지 못한다.

TIP | 사람을 진심으로 대하고 있는지 자문해 보라

Q. e스포츠 선수들만이 갖고 있는 특징이 있나?

A. 요즘 1020 세대들이 갖고 있는 특징이기도 하지만, e스포츠 선수들은 얼굴을 마주 보고 대화를 나누기보다는 모바일 메신저를 활용한 소통에 더 익숙하다. 또, 팀 훈련과 개인 방송 등 바쁜 일정을 소화하다 보면 팀 동료 이외의 사람들과 활발히 대화를 나눌 기회도 많지 않다. 그렇다 보니 상담 과정에서 자연스럽게 자기 이야기를 하지 못한다.

한편, e스포츠의 경우 학원 체육 시스템이 구축되지 않아서 선수들이 학업과 운동을 병행하지 못한다. 그래서 의무 교육인 중학교를 마치고 고등학교에 진학하면, 선수들은 휴학하거나 자퇴를 한 후 본격적으로 선수 생활을 준비하거나 시작한다. 학업을 일찌감치 중단하니 인간 관계를 넓힐 기회가 줄어서 선수들이 만나는 사람의 폭이 넓지 않다.

부정적인 측면만 언급한 것 같은데 장점도 있다. 그 덕분에 선수들은 집중력을 최상으로 끌어올릴 수 있다. 주위의 방해 요소들을 차단하고 동료들과의 커뮤니케이션에 집중함으로써 경기에만 몰두할 수 있다.

내 역할은 경기 안팎에서 일어나는 일들을 소재로 이야기할 창구가 되는 것이다. 게임을 할 때 답답했던 일들을 들어 주고, 개인사, 가족사, 연애사 등을 경청한다. 이를 통해 라포르가 형성되면, 선수들은 나를 형이라 부르면서 따른다. 유대감이 만들어진 뒤 본격적인 심리 기술 훈련을 진행하면 결과가 매우 좋다.

Q. 루틴이나 징크스를 갖고 있는 선수들은 없나? 혹시 입스 증상을 보였던 사례도 있나?

A. '폰' 허원석이 비슷한 상황에 빠져서 결국 은퇴하기로 결정했다. 2018년까지 kt 롤스터에서 활약했던 허원석이 2019년 킹존 드래곤X에 들어왔다. 당시 나는 락스 타이거즈에서 연구 용역을 마친 뒤 e스포츠에 대한 관심이 더욱 커져서, 킹존 드래곤X에서 파트 타이머로 멘탈 코치를 하고 있었다. 낮에는 강의하고 밤에는 선수들을 코칭했다.

허원석이 킹존에 합류했을 때 코칭스태프는 2018년 서머 시즌

세팅 강박에 빠진 허원석을 위해 안효연 코치는 경기장에 함께 이동하며
마음을 편안하게 해 주려 노력했다. ⓒ 데일리e스포츠

에 그가 kt에서 거의 뛰지 못한 이유가 세팅 강박 때문이라고 분석했다. 실제로 허원석은 경기력이 좋았을 때 모니터와 의자 상태를 연습실이나 경기장에서 한결같이 유지해야 마음 편히 경기할 수 있었다.

나는 재기를 강하게 원하는 허원석을 위해 세심한 코칭에 들어갔다. 3~4년 동안 해왔던 세팅을 당장 금지하면 마음의 병이 생길 수도 있어서 내가 전담해서 챙겼다. 경기 날이면 허원석이 다른 선수들보다 1시간 먼저 경기장에 도착해서 장비 세팅을 할 수 있도록 배려하고, 이동 중에는 대화를 나눠 허원석이 차분함을 유지한 채 경기장에 들어서도록 했다. 곁에서 자신을 돕고 인정해 주는 사람이 생기자 허원석의 마음이 풀어졌고 경기력이 올라갔다. 또한 세팅을 완료하는 시간도 짧아져서 나중에는 20분까지 앞당겼다.

허원석이 '세팅 강박' 때문에 어려움을 토로해서 이 선수의 사례만 도드라져 보이는데, 알게 모르게 루틴이나 징크스를 갖고 있는 선수들이 상당히 많다. 그게 성적 하락으로 직결되거나 옆 사람에게 폐를 끼치지 않는다면 굳이 고칠 필요는 없다. 하지만 선수 생활을 위협할 정도라면 멘탈 코칭을 받아 증상을 완화할 필요가 있다. 심각할 경우 의학적 자문도 필요하다.

Q. 멘탈 코치가 반드시 갖춰야 할 자세는 무엇인가?

A. 사람에 대한 관심과 진심이다. 관심을 갖고 사람이나 사물을 보면 달라진 점을 금세 찾을 수 있다. 사람의 마음이라는, 겉으로 드러나지 않는 부분을 다루다 보면, 얼마나 관심을 쏟느냐, 얼마나 세심하고 꼼꼼하게 챙기느냐에 따라 공감대의 형성 정도가 다르다는 걸 알게 된다.

공교롭게도 2016년 락스 타이거즈에서 뛰었던 선수들 모두 이후에 같은 소속 팀에서 지냈는데, 그렇다 보니 각 선수들의 예전 모습을 기억하면서 대화를 이어가게 되더라. 예를 들어 특정 섬유 유연제 향기를 맡으면 기분이 좋아진다는 어느 선수의 취향 같은 것 말이다. 이는 선수의 옛날 모습을 외웠기 때문이 아니라, 깊은 관심을 가졌기 때문에 자연스럽게 떠올린 것이다.

관심은 진심으로 이어진다. 선수들과 어느 정도 친분을 쌓으면, '코치님', '박사님'이라는 호칭 대신 '형'으로 부르게 한다. 스스럼없이 지내기 위해서다. 딱딱한 호칭은 보이지 않는 벽을 만들고, 마음 깊은 곳에 숨어 있는 자신의 약점을 털어놓지 못한다. 운동을 하다가 근육에 쥐가 나거나 인대가 좋지 않으면 곧바로 티가 나지만, 마음의 상처는 다른 사람이 눈치채기가 어렵다. 선수들이 먼저 멘탈 코치에게 다가와서 털어놓을 수 있도록 평상시에 진심으로 대해야만 아픈 곳을 금세 치유할 수 있다.

멘탈 코치는 카운슬러 이상의 역할을 해야 한다. 면담을 진행한 뒤에 "이렇게 하면 어떠니?"라고 제안만 하는 게 아니라, 제안을 잘 따랐을 때 선수의 경기력, 팀의 경쟁력이 올라가야 한다. 또, 멘탈 코치뿐만 아니라 감독, 전략 코치, 피지컬 코치 등 코칭스태프 전체가 같은 방향으로 나아가야 하기 때문에 조직 내 커뮤니케이션 기술도 갖춰야 한다.

선수 출신이 직접 멘탈 코치로 나서는 것도 적극 권장한다. e스포츠 역사가 짧고 선수들이 중고등학생 때부터 활동하기 때문에 대학교 혹은 대학원까지 공부를 하는 경우가 많지 않지만, 향후 산업 규모가 커질 때 현장 경험을 갖춘 프로 게이머 출신이 탄탄한 이론적 배경까지 갖추고 멘탈 코치로 나선다면 높은 평가를 받을 수 있을 것이다.

SHOW ME THE MONEY

e스포츠는 피지컬 능력보다 멘탈 관리를 중요시하는 종목이다. 선수들은 컴퓨터 혹은 휴대 전화 앞에 앉아서 10시간 이상 훈련해야 해서 강인한 체력을 보유하는 것도 중요하지만, 다양한 상황과 맞닥뜨렸을 때 즉각적으로 대처하고, 승리하든 패배하든 평정심을 유지하면 더 높은 평가를 받는다.

경기 외적으로도 e스포츠 선수들이 겪는 정신적 스트레스는 상당히 강도가 높다. 프로 게임단의 지도자들은 경기가 끝난 뒤 "e스포츠 커뮤니티에 들어가지 말라."고 당부한다. 팀이 이겼고 심지어 MVP를 수상할 정도로 좋은 플레이를 한 선수에 대해서도 헐뜯는 글이 상당히 많이 올라오는 것이 현실이다. 최고의 플레이를 펼친 선수에게도 좋은 글을 남기지 않는 사례가 비일비재한데 패배한 팀에 대해서 좋은 이야기가 나올 리 만무하다. LoL의 경우 시즌 중에 일주일에 두 번 정도 경기를 치르는데, 선수들이 인터넷 커뮤니티에 올라온 글을 보면 우울감에 빠지기 십상이다. 일반인의 정신력으로는 한 달만 겪어도 감내하기 어려운 수준의 비난과 인신공격, 조롱을 선수들은 선수라는 타이틀을 달고 있는 내내 받아들이고 버텨내야 한다.

게임단들도 이를 잘 인지하고 있어서 선수들의 심리 상태를 컨트롤하는 멘탈 코치를 기용하려는 움직임을 보이고 있다. 그렇지만 유능한 멘탈 코치를 찾기가 쉽지 않다. 특히 안효연 코치처럼 스포츠심리학 박사 학위를 갖고 있는 멘탈 코치는 더욱 그렇다. e스포츠 안팎의 상황 때문이다.

스포츠 전공자들이, 특히 박사 학위를 소지한 인물이 아직 기반이 확고하지 않은 e스포츠 업계에 뛰어드는 경우가 많지 않다. 이들은 정식 스포츠로 인정받은 기존 종목에서 일하기를 원하는 경향이 강하다.

멘탈 코치가 선수단과 24시간 함께 생활할 수 있다면 가장 좋겠지만, 선수단에만 올인할 수 있는 여건도 아직 마련돼 있지 않다. 안 코치의 경우 멘탈 코치로 활동하는 동안 두 개의 직업을 겸했다. 낮에는 대학에서 강의와 연구를 진행하고, 저녁부터 밤 늦게까지는 선수단에서 교육을 실시하거나 카운슬링을 했다.

각 팀들이 박사 학위를 소지한 멘탈 코치를 후하게 대우하는 편도 아니다. 코치로서 선수들을 직접 가르쳐 본 적이 없기 때문에 멘탈 코치의 초봉은 낮은 편이다. 다만 팀이 성과를 냈을 때 인센티브가 상당히 크며 본봉 상승률도 높다. 아울러 학위를 갖고 있는 멘탈 코치의 경우 현장 경험을 논문 주제로 삼을 수도 있는 것을 큰 장점으로 여기고 있다. 특히 e스포츠는 스포츠계에서는 새롭게 떠오르는 분야여서 다양한 이론을 접목시킬 수 있는, 훌륭한 연구 분야다.

다행히도 최근 e스포츠 종목에 대한 편견이 없는 젊은 연구자들이 조금씩 늘어나고 있기는 하다. 안효연 코치는 "스포츠심리학 전공자 가운데 e스포츠에 대한 관심을 갖고 있는 이가 꽤 많다."라고 전한다. 정상적으로 학교를 다녔다면 현재 30대 초중반에 접어드는 박사 학위자들이 학창 시절부터 e스포츠와 함께했기 때문에 손위 세대보다 게임과 e스포츠에 대한 이해도가 높다.

학위자가 부족하다 보니 게임단들은 프로 게이머로 활동하다 은퇴한 이들을 멘탈 코치로 선임하는 경우가 많다. 스타1 시절 정점을 찍었던, 테란 플레이어 가운데 한 명인 정명훈이 샌드박스 게이밍 LoL 팀의 멘탈 코치로 부임한 것이 대표적인 사례다. 스타1과 LoL은 장르가 다를 뿐만 아니라 1 대 1 개인 대결과 5 대 5 팀 게임이라는 본질도 다르다. 하지만 프로 선수로 10년 동안 활약한 경험을 바탕으로 위기 관리 능력과 팀 생활 노하우 등을 전수할 수 있기 때문에 다른 종목 출신인 정명훈을 멘탈 코치로 영입했다. 이런 사례는 점차 늘어나고 있다.

멘탈 코치의 목표는 개인 혹은 팀 전체가 피크 퍼포먼스Peak Performance를 유지하는 것이다. 훈련 때 보여 줬던 최고의 기량을 공식 경기에서도 구성원 모두가 발휘할 수 있다면 승리할 확률이 높아지기 때문이다. e스포츠는 타임아웃을 걸 수 없는 종목이다. 경기가 중단되거나 경기력이 기대보다 떨어지더라도 코칭스태프가 작전 타임을 외치고 선수들에게 지시할 수 없다. 선수 스스로 상황을 판단하고 해결 방안을 찾아내야 한다. 선수가 훈련을 통해 평정심을 유지하고 위기를 헤쳐 나갈 수 있는 능력을 갖춰야 하는 이유다.

이론으로 무장한 박사 출신을 영입하든, 프로 선수로 오랫동안 필드에서 뛰었던 유경험자를 선임하든 게임단은 멘탈 코치를 통해 선수들이 안팎에서 받는 압박감을 완화해야 하는 과제를 안고 있다. 정신적 스트레스로 인해 발생하는 기복을 줄이는 일이 피크 퍼포먼스를 내기 위한 시작과 끝이기 때문이다.

FEEDBACK

★ 급여 수준

전업 코치로 활동할 경우 일반 코치와 비슷하지만 파트 타이머일 경우 조금 낮아진다.

★ 취업 난이도

스포츠 심리학 전공자 또는 프로 게이머 출신 우대. 상당히 어려운 편.

★ 향후 전망

멘탈 코칭의 중요성이 갈수록 높아지고 있기 때문에 전망은 밝다.

★ 업무 강도

파트 타이머로 일할 경우 주독야경晝讀夜耕해야 함. 전업으로 활동할 경우 선수단이 야행성이기 때문에 밤에 일할 가능성이 높다.

★ 업무 만족도

겉으로 성과가 드러나는 일이 아니기 때문에 시즌 성적으로 평가되는 경우가 많음. 팀 성적이 좋을 때에는 만족도 최상.

매니저

게임단의 숨은 일꾼

매니저

업무 개요	선수들이 경기에 집중할 수 있도록 지원해 주는 일
급여 수준	신입 사원 2,500만 원~2,700만 원 수준 (경력직은 회사와 협의 가능)
채용 방식	팀별 채용

e스포츠 게임단에서 매니저의 역할은 기존 스포츠 구단의 주무, 연예인 소속사의 매니저와 닮은 구석이 많다. 소속 선수와 연예인들이 본업에 충실할 수 있도록 부가적인 일들을 서포트해 주는 것처럼, e스포츠 매니저는 소속 프로 게이머가 훈련과 공식 경기에 집중할 수 있도록 스케줄 관리나 대외 활동 등을 보조한다.

초창기 e스포츠에서 팀 매니저는 경기장과 숙소를 차량으로 오갈 수 있는 운전면허 소지자가 최우선 조건이었다. 이와 함께 게임단의 모든 스케줄 관리도 맡았다. 필요시에는 선수들과 함께 생활하며 숙소의 살림을 돌보기도 하고, PC나 게임 장비를 체크했다. 장비 체크만 아니라면 이들의 업무는 마치 연예기획사의 로드 매니저와 유사했다.

내부적으로는 선수들의 '심리적 해우소' 역할을 했다. 선수들이 감독, 코치에게 스트레스를 받거나 개인적으로 고민이 생기면 '형' 또는 '누나'라고 부르는 매니저에게 상담을 신청했다. (공식적인 학위나 자격증은 없지만 e스포츠 매니저들이 카운슬러 역할을 하다 보니 현재 LCK 프로 게임단에는 '생활 코치'라는 직업이 생겨났다.)

지금의 e스포츠 매니저는 현 프로 스포츠 구단의 사무국 일원이 하는 역할과 비슷하다. 규모가 작은 팀이라면 어쩔 수 없이 생활 코치 업무도 고스란히 수행해야겠지만, 그게 아니라면 팀 매니저의 역할은 코치와 마찬가지로 전문화되고 세분화돼 가는 추세다.

재정적으로 여유가 있거나 여러 종목을 아우르는 프로 게임단의 경우 종목별, 업무 영역별로 팀 매니저를 최소 2명 이상 둔다. T1이나 젠지는 사무국 내에 담당 매니저가 4명 이상이다. 현재 e스포츠계에서 팀 매니저로 활동하는 인원은 어림잡아 30명 가까이 된다.

채용은 일반적으로 팀 매니저 공백이 생겼을 때 진행된다. 보통 관계자 추천을 받거나 채용 사이트, 혹은 게임단 공식 SNS 계정과 같은 곳에 모집 공고를 올린다. 이전에는 팀 매니저가 차량 운전을 전담했기 때문에 대형 승합차를 몰 수 있는 1종 면허 자격 소지자를 우대했으나 지금은 필요 없다. 게임단의 규모가 커질 수록 이 일은 생활 코치의 영역으로 넘어가고 있기 때문이다. 대신 e스포츠에 대한 이해도가 높거나 커뮤니케이션 능력이 출중한 인재를 면접을 통해 채용

한다.

이에 대한 특별한 기준이나 예시는 없다. 다만 한국e스포츠협회나 라이엇 게임즈와 같은 종목사, 혹은 주변 기업에서 e스포츠 관련 인턴십을 체험해 본 사람은 눈여겨본다는 것이 게임단 사무국 관계자의 귀띔이다. 현장 경험이 실무에 큰 도움이 되는 까닭이다. 최근에는 게임단 사무국에서도 브랜딩 사업을 적극 추진하고 있는데, 이 과정에서 팀 매니저를 선발할 때 스포츠마케팅을 전공했거나 관련 업종에 근무한 경력의 소유자를 우대하기도 한다.

지원 경쟁률은 팀마다 다르겠지만 게임단 내 다른 직업군보다 치열하다는 공통점이 있다. 게임을 굳이 잘할 필요도 없고, 이를테면 게임단의 허드렛일을 잘하기만 하면 된다는 생각 때문에 지원하는데 거리낌이 없어 보인다. 아프리카 프릭스의 경우, 사무국 내 매니저 선발 관련 채용 공고를 내면 모기업을 포함, 다른 부서와 비교해 봐도 지원 경쟁률이 가장 높다고 한다.

하지만 현역에서 활동하는 매니저들은 절대 만만한 직업이 아니라고 단언한다. 팀 브랜드에 영향을 줄 수 있기 때문에 개인 SNS 활동도 자제해야 하고, 주요 경기가 있으면 주말에도 출근해야 한다. 무엇보다 지금의 팀 매니저들에게는 뛰어난 문서 작성 능력이 요구된다. 군 입대 연기나 사이버 대학교 입학 등 선수 신상 관리도 대신 처리해 줘야 하고, 팀 활동과 관련된 사진이나 동영상 촬영도 기본적으로 할 줄 알아야 한다. 해당 업무를 매니저별로 분업화하는 경우도 있지만 이는 대기업 게임단에 한해서만 적용되는 사례다.

이처럼 e스포츠 매니저는 육체적, 정신적으로 고된 직업이기 때문에 오랜 기간 수행하기가 쉽지 않다. 연예인들의 성격이 까탈스러워서 매니저들이 자주 바뀌는 것이 아니라 매니저라는 직업 자체가 '극한 직업'이어서 바뀌는 것처럼 말이다.

HARD CARRY

박민영 농심 레드포스 매니저

농심 레드포스 프로 게임단에서 매니저로 일하고 있는 박민영은 팬으로 e스포츠에 입문했다. 1992년생인 그는 산업 안전 관리 요원으로 직장을 다닐 때 리그 오브 레전드를 접했고, 메이저리그인 LCK보다 하부 리그인 챌린저스에 매력을 느꼈다. 지방 출장 시 숙소에 머물 때마다 리그를 챙겨 보다가 다이나믹스라는 팀이 갖고 있는 잠재력에 빠졌다.

그러다가 2020년 서머 승강전을 통해 다이나믹스가 상위 리그인 LCK로 승격하면서 매니저를 구한다는 공고를 보고 곧바로 지원서를 넣은 것이 인생을 바꾸어 놓았다. 매니저 채용에 합격하면서 선수들을 챙기기 시작했다. 2020년 말 LCK 프랜차이즈 심사를 통과한 다이나믹스가 식품업계 대기업인 농심에 인수되면서 농심 레드포스라는 이름으로 리그에 참가하고 있는데, 지금도 박민영 매니저가 선수들과 함께하고 있다.

Q. 농심 레드포스의 매니저로 입사한 과정이 궁금하다.

A. 농심 레드포스라는 이름을 갖기 전, 다이나믹스 시절인 2020년부터 함께했다. 매니저로 들어오기 전에는 산업 안전 관리 일을 하고 있었는데, 지방으로 출장을 많이 다녔다. 하루에 300~500킬로미터를 운전해서 현장으로 갔다. 그 시절에 운전을 오래, 많이 했던 것이 매니저로 입사하는 데 도움이 된 것 같다.

Q. 평소에도 e스포츠에 관심이 많았나?

A. 퇴근한 뒤에 LoL 경기를 시청하는 것이 낙이었다. 모든 경기를 챙겨 보지는 못했지만 시간이 나면 메이저리그인 LCK보다는 하부 리그인 챌린저스를 열심히 봤고, 그 과정에서 다이나믹스라는 팀에 푹 빠졌다. 선수들마다 공감되는 사연을 갖고 있다는 것이 마음에 들었다.

특히 히어로즈 오브 더 스톰에서 세계 최고의 반열에 올랐던 '리치' 이재원의 스토리를 좋아했다. 자기가 주력으로 활동하던 e스포츠 종목에서 대회가 사라지자 새로운 종목인 LoL에 도전했고, 짧은 시간에 프로 선수로 활동할 수 있을 정도로 이해도와 숙련도를 끌어올린 것이 대단했다.

다른 선수들도 스토리가 많다. 국내에서 데뷔하지 못하고 외

팬에서 게임단 매니저가 된 박민영. ⓒ 농심 레드포스

국에서 뛰다가 성과를 내면서 유턴한 선수들도 있고, 승보다 패가 많았지만 굴하지 않고 끝까지 도전을 이어가서 우리 팀의 주전으로 자리 잡은 선수도 있다. 선수단 전체가 매력적이었다.

TIP | 매니저는 희생하는 자리

Q. 매니저라고 하면 연예인 매니저를 떠올리는 사람들이 많다. 프로 게임단의 매니저가 하는 일은 무엇인지 궁금하다.

A. 연예인 매니저들이 구체적으로 어떤 일을 하는지 모르지만 내가 하는 일과 비슷할 것 같다. 아티스트들이 최고의 퍼포먼스를 낼 수 있도록, 자질구레한 일들을 모두 처리하는 것이 매니저가 하는 일이라고 생각한다. 프로 게임단이 많은 일을 하지만 결과적으로는 선수들이 최고의 컨디션을 유지하고, 경기에 출전해서 이기도록 제반 환경을 갖춰 주는 업무가 최우선이다. 그 최전방에 매니저가 있다고 생각한다.

구체적인 예를 들어 보겠다. 선수들은 경기를 치르기 전에 훈련을 하면서 기량을 끌어올려야 한다. 그러기 위해서는 연습실의 환경이 안정적으로 갖춰져야 한다. 인터넷이 잘돼야 하고 조명이 선수들의 시야를 가려서는 안 된다. 의자를 포함해 키보드와 마우스, 헤드셋 등 훈련에 필요한 장비들도 원하는 종류로 잘 갖춰져 있어야 한다. 마우스 클릭이 제대로 되지 않거나 키보드 입력이 잘 안 되면 곧바로 대체할 수 있도록 물건을 확보해 놓아야 한다. 코로나19 때문에 연습실에서 온라인으로 대회를 진행하고 있기에 문제가 발생하면 내가 해결하는 경우가 많다. 최근에 공식 경기 과정에서 헤드셋에 문제가 생겨서 경기가 중단된 적이 있는데 그 일이 일어난 뒤 헤드셋을 전량 교체하기도 했다.

코로나19 사태가 발생하기 전에는 선수들이 안전하게 경기장에 이동할 수 있도록 다각도로 신경 썼다. 일찍부터 준비하게 하는 것도 중요하지만 경기 당일 너무 일찍 깨우면 선수들의 컨디션에 무리가 생길 수 있다. 경기 스케줄에 맞게 유니폼과 장비 등을 준비하고 운전에 특히 유의해서 경기장으로 이동했다.

경기장에 도착해서도 식사와 음료 등에 신경을 많이 썼다. 선수들이 경기 중에 마시는 음료는 특히 꼼꼼하게 챙긴다. '리치' 이재원은 뜨겁지도 차갑지도 않은 음료수를 선호하고, '베이' 박준병은 큐브처럼 생긴 초콜릿을 꼭 먹는다. '덕담' 서대길은 경기를 앞두고 껌을 반드시 씹어야 하고, '켈린' 김형규는 유자차를 좋아해서 모니터 옆에 갖다 놓는다.

Q. 선수들을 챙기는 것 이외의 업무도 하나?

A. 농심 레드포스는 매니저들이 사무국 역할도 병행하면서 역량을 높이기를 바라고 있다. 연습실을 확장하는 과정에서 인테리어와 조명 등 디자인 조율 업무를 도맡아 진행했고, 이를 마무리한 뒤에는 머천다이징 업무를 맡았다. e스포츠를 좋아하고 레드포스 게임단을 사랑하는 팬들과 우리의 모기업인 농심의 접점을 넓힐 수 있는 아이디어를 내놓았다. '대한미국인'으로 잘 알려진 e스포츠 해설자 울프 슈뢰더에게 농심 과자가 든 박스를 보내서 SNS를 통해 홍보하자고 제안해서 국내외 팬들에게 농심과 레드포스 게임단을 알리는 성과를 냈다. 회사에서는 매니저가 평생 선수들을 보필하는 업무에만 머물러서는 안 된다는 생각을 갖고 있어서 여러 업무를 해 볼 기회를 주고 있고 이를 통해 향후에는 사무국으로 승진시킬 계획을 갖고 있다.

Q. 프로 게임단에서 매니저가 속한 부서는 어디인가?

A. 농심 레드포스는 1군과 2군 선수단을 따로 운영하고 있어서 독립 부서로 운영한다. 두 곳을 모두 관장하는 부서로는 마케팅팀과 재무팀이 있으며 학원 사업인 한국이스포츠아카데미는 별도의 부서로 남겨 뒀다. 나는 1군 선수단에 속해 있는데,

사무국에서는 머천다이징 업무도 맡고 있기 때문에 선수단과 사무국의 교집합이라고 보면 된다. 선수들이 필요로 하는 일이 생기면 사무국에 직접 연락하는 것을 무척 어려워해서 내가 연락책이 되어 해결해 주고 있다.

Q. 선수단과 하루 종일 함께 생활할 것 같다. 일과는 어떻게 되나?

A. 경기가 있는 날이나 없는 날이나 오전 11~12시 사이에 출근한다. 선수들이 새벽까지 개인 훈련을 하다가 잠들기 때문에 일어나자마자 식사를 할 수 있도록 준비한다. 농심 레드포스는 직접 요리해 주는 분이 없기 때문에 밀키트를 주문해서 챙겨놓는다. 선수단이 식사를 마칠 때까지 회사 업무를 보다가 경기 두 시간 전부터 인터넷, 방송 장비, 유니폼, 개인 장구, 음료 등을 챙긴다.

경기 중에도 특이한 이슈가 발생하지 않는지 근처에서 지켜보고 선수들이 요구하는 것이 있으면 즉각 반영한다. 경기 혹은 훈련이 끝나는 밤 11~12시에 퇴근한다. 경기가 없는 날이면 조금 일찍 퇴근하기도 하지만 큰 차이는 없다.

Q. 매니저로 일하면서 보람을 느꼈던 때와 힘들었던 때는 언제인가?

A. 프로라는 이름을 달고 있기 때문에 승리와 패배가 결정됐을 때 희비가 크게 엇갈린다. 선수들이 이겼을 때는 내가 이긴 것처럼 기쁘고 졌을 때는 내가 잘못해서, 제대로 도와주지 못해서, 미진한 부분이 있어서 진 것처럼 마음이 아프다.

그 가운데 가장 힘들었을 때는 선수들이 무언가를 요청했는데 회사에서 즉시 해주지 못한다는 뜻을 전달할 때다. 의사 결정을 하다 보면 내 선에서 해줄 수 없는 경우가 있다. 위에 보고했을 때 "검토 중"이라는 답변이 내려오면 선수들에게 전할 때 힘들기도 하고 미안하기도 하다.

Q. 농심 레드포스 선수들 중에 특이한 부탁을 하거나 특별히 손이 많이 가는 선수가 있나?

A. 시즌이 한창 진행되고 있을 때는 없던 징크스가 생기거나 있던 징크스가 없어지기도 한다. 경기에서 이긴 날 마신 음료수를 다음 경기에서도 계속 마신다거나, 껌을 씹었을 때 슈퍼 플레이가 나왔다면 계속 껌을 씹는 등의 징크스다. 이제 많이 익숙해져서 크게 놀랄 만한 부탁은 거의 없다. 만약 생기더라도 이재원이 선수들의 요구 사항을 파악해서 나에게 알려준다. 선수들과 매니저인 나 사이에서 메신저 역할을 해주는 고마운 선수다.

TIP | 성실함과 친화력은 기본

Q. 프로 게임단의 매니저가 되기 위해 갖춰야 하는 소양이 있나?

A. 첫째는 근면 성실이다. 선수들과 대부분의 시간을 함께하는 직업이고 시간대마다 해야 할 일이 정확하게 정해져 있다. 주말에도 선수들의 경기가 있기 때문에 시즌 중에는 개인 시간이 거의 없다. 빠듯한 스케줄을 소화하기 위해서는 건강 관리에도 신경 써야 한다.

두 번째는 친화력이다. 선수들의 요청이 나오기 전에 미리 준비하는 것이 가장 좋지만 그러기 위해서는 선수들이 부담 없이 매니저에게 이야기를 해줘야 한다. 선수들을 웃는 얼굴로 대하고 편안하게 대화할 수 있는 분위기를 만들어야만 선수들이 자발적으로 다가온다. 이전에 산업 안전 관리 분야에서 일할 때, 사람들을 만나 이야기를 듣고 대응 방법을 찾는 것이 주 업무였다. 그게 도움이 되고 있다.

세 번째는 수용 능력이다. e스포츠라는 업계 자체가 생겨난 지 얼마 되지 않다 보니 다른 업계에서 보고 배워서 현실에 맞게 수정해서 적용해야 할 경우가 많다. 다른 업계의 트렌드를 파악하기 위한 노력을 게을리해서는 안 될 것 같다. 끝없이 공부하고 배우려는 자세가 중요하다.

Q. 장래 비전에 대해서 알려주면 취업 준비생들에게 도움이 될 것 같다.

A. 매니저라는 업무가 체계화된 연예계에서는 매니저를 세 종류로 나눈다고 들었다. 아티스트와 함께 스케줄을 소화하는 로드 매니저, 스케줄을 잡고 홍보 방향을 구상하는 치프 매니저, 아티스트를 어떤 방향으로 성장시키고 회사를 키워 나갈 것인지 큰 틀의 계획을 잡는 헤드 매니저. 모든 매니저의 궁극적인 꿈은 헤드 매니저라고 생각한다.

프로 게임단에 적용한다면 최종 목표는 단장이다. 그러기 위해서는 맡은 직분을 충실하게 수행하면서도 미래를 위해 계속 배우고 익혀야 한다. 농심 레드포스에서 매니저인 나에게 사무국 업무 중 하나인 머천다이징을 맡긴 것도 내 역량을 키울 기회를 주는 것이라 생각하고 있다. 실제로 우리 조직에는 매니저로 활동하다가 마케팅 팀장으로 승진한 케이스가 있다. 팀이 챌린저스에서 뛰고 있을 때 매니저를 맡았던 고진섭 매니저가 마케팅 팀장으로 승진했다. 나에게 적지 않은 동기 부여가 되고 있다.

매니저는 e스포츠에 관심을 갖고 있는 취업 준비생들이 업계에 입문하기 가장 좋은 직업 가운데 하나다. 그러나 팀 관계자들은 팬심으로 지원하는 이들을 경계하는 편이다. 좋아하는 것과 그것을 일로 대하는 것은 완전히 다른 차원이기 때문이다.

물론 팬으로 시작해서 20년 가까이 선수단의 뒷바라지를 하는 경우도 있다. 지금까지도 T1의 매니저를 맡고 있는 문경남은 e스포츠 팬 사이에서 '덕업일치'의 사례로 유명하다. 그녀는 스타1 시절 '황제' 임요환의 팬 카페 운영자로 e스포츠와 인연을 맺었다. SK텔레콤 T1이 프로 게임단을 창단한 2004년 계약직으로 팀에 합류했고, T1으로 이름을 바꾼 지금까지도 매니저로 활동하며 사무국 소속으로 지원 업무를 해내고 있다.

아마 대다수의 팀 매니저가 게임과 e스포츠가 좋아서 관심을 갖고 지원까지 하게 된 경우이겠지만 훗날 이 분야에서 오래 자리를 잡으려면 공과 사를 구분할 수 있는 분별력을 가져야 한다. 무엇보다 e스포츠가 각 직업마다 업무의 영역이 명확해지고 전문화돼 가는 추세이기 때문이다. 그 과정에서 게임단이 요구하는 팀 매니저의 역할과 선발 기준도 구체화되면서 팬심보다는 매니저 업무에 도움이 될 만한 이력이나 학력을 차츰 우대할 전망이다.

예컨대 SNS나 유튜브와 같은 동영상 관리는 팀 매니저의 업무가 확장된 케이스다. 최근 게임단의 브랜드를 노출하고 팬과의 소통을 강화하기 위해 공식 유튜브 채널이나 트위치, 인스타그램과 같은 SNS를 적극적으로 관리하고 있다. 초기에는 팀 매니저에게 해당 업무를 부여했으나 유튜브는 영상이나 자막 편집 기술이 필요한 까닭에 전담 전문 인력을 별도로 두고 있다. 아예 영상팀을 따로 두거나, 편집은 외주에 맡기고 기획과 촬영은 게임단 안에서 소화한다.

이는 기존의 팀 매니저와 완전히 다른 업무이지만, 한편으로는 게임단 영상이 노출되는 것이어서 업무를 완전히 구분 짓기 어렵다. 그래서 게임단에서도 '직업화'하는 과정에 있다. 팀 매니저의 업무 영역 안에 두거나, T1처럼 미디어팀을 두는 과정이다.

선수단 지원 업무를 담당하는 매니저는 게임단의 실무를 직접 수행하면서 선수들과의 친분을 쌓고, 본인의 노력 여하에 따라 게임단 사무국, 더 나아가 모기업의 행정, 홍보, 마케팅 팀 등으로 '영전'할 수 있다. 그 사례가 많다고는 할 수 없지만 감독이나 단장과 같은 게임단의 책임자로도 진출할 수 있다.

문경남 T1 매니저처럼 한자리에서 수년간 근무하는 케이스는 드물다. 매니저란 직업이 누군가를 보조하고 보호해야 하는 역할이기 때문에 자신을 드러내기 쉽지 않고, 그래서 정신적인 스트레스가 많기 때문이다. 연차가 쌓이면 당연히 연봉이 오르겠지만 계약직이 대다수이고, 이와 같은 근무 여건을 생각하면 장기적으로 안정적인 직장을 고민할 수밖에 없다.

따라서 팀 매니저로 오래 일하면서 남다른 신임을 얻는 것이 중요하고 이를 위해서는 커뮤니케이션 능력을 쌓으라고 권하고 싶다. 팀 매니저는 선수들이 사무국에 직접 꺼내기 어려운 요구를 대신 전하고, 사무국의 입장을 선수들에게 설명하는 쌍방향 소통의 핵심이다. 말에 담긴 속내까지 파악해서 전해야만 오해와 불신이 생기지 않는다. 선수와 사무국 사이에서 기계적 중립을 지키기보다는 중용의 묘를 잘 살려야만 제대로 된 의사 소통을 할 수 있다. 많은 자격증을 갖춘 매니저보다 의사 소통 능력이 뛰어난 매니저가 높은 평가를 받는 이유다. 팀 매니저는 '조용한 내조'로 게임단 운영에 '강력한 영향력'을 발휘하는 숨은 일꾼이 아닐까.

FEEDBACK

★ 급여 수준

신입 연봉은 중소기업 수준. 유관 경력 우대.

★ 취업 난이도

초임자도 진입할 수 있음.

★ 향후 전망

선수 관리의 중요성이 높아지고 하나의 프로 게임단이 여러 종목의 팀을 꾸리는 추세이기에 관련 인력을 다수 구하고 있음.

★ 업무 강도

극한 직업. 출근 시간은 다른 직업보다 늦지만 야행성인 선수단과 함께 야행성이 돼야 함.

★ 업무 만족도

선수들이 형, 누나라고 부르면서 잘 따르고 팀이 성적을 잘 내면 엄청난 만족감을 느낄 수 있음. 반대의 경우에는 육체적, 정신적 스트레스가 상당함.

MZ 세대 취향을 저격하는 콘텐츠 디자이너

마케팅 업계의 화두는 MZ 세대다. 2000년 전후에 태어난 세대를 통칭하는 MZ 세대는 아직 가정을 꾸릴 정도로 나이가 많지 않고 독립하면 1인 세대를 구성하며 '나 혼자' 살아간다. 모바일 기기를 능숙하게 활용하고 어플리케이션을 활용해 배달, 택배 등 집으로 무언가를 시키는 것에 거부감이 없다. 코로나19 시대에 MZ 세대는 유튜브에 투자하는 시간이 상당히 많다. TV를 잘 보지 않는 이들은 자기 성향에 맞는 개인 방송을 시청하거나 정보가 요약된 클립을 좋아하는데, 이런 콘텐츠들은 대부분 유튜브를 통해 서비스된다.

e스포츠 업계도 유튜브의 중요성을 알고 있다. 프로 게임단들은 트위치, 아프리카TV, 도유TV, 후야TV 등 개인 방송 채널을 통해 선수들의 개성을 살린 방송을 송출한다. 이 채널에서 생방송이 진행된 이후에는 명장면을 편집해 유튜브에 10~15분 분량의 영상을 업로드한다. 프로 게이머들의 개인 방송은 대부분 앉아서 진행되기에 차별화된 콘텐츠를 만들기 위해서는 게임 안에서 명승부를 만들어내야 하는데 쉽지 않다.

똑같은 소재, 비슷한 루틴으로 생산되는 콘텐츠를 가치 있게 만들고 시청자들의 클릭을 유도하는 일은 콘텐츠 디자이너의 몫이다. 소위 유튜브 편집자라고 불리는 이들은 경기 내용을 요약하는 단순해 보이는 일부터 중간중간에 효과와 자막을 넣고 맨 앞에 콘텐츠를 한눈에 설명하는 '짤방정식 명칭은 썸네일'을 넣어 MZ 세대의 취향을 저격한다.

선수들의 실시간 개인 방송을 영상으로 편집하는 업무를 맡고 있는 콘텐츠 디자이너의 수요는 계속 늘어나고 있다. 게임단 규모가 커지면서 영상 콘텐츠 제작과 편집량도 늘어나서 2명 이상 고용하는 곳도 있다.

한국의 e스포츠 리그를 대표하는 LCK의 SNS와 미디어 파트를 담당하고 있는 이상호 콘텐츠 디자이너로부터 콘텐츠 디자이너가 하는 일과 기본 소양 등에 대해 들었다.

Q. 현재 맡은 일이 무엇인지 소개해 달라.

A. 스포티즌이라는 회사에 속해 있으며 LCK의 SNS 콘텐츠와 미디어 콘텐츠 제작 및 송출을 총괄하고 있다. 페이스북, 인스타그램, 트위터, 틱톡 등 LCK SNS의 콘텐츠를 디자인하고 있고 유튜브와 트위치 등 영상 미디어 플랫폼 송출과 대표 이미지인 썸네일을 제작하는 일도 하고 있다.

Q. 영상에 관심을 갖게 된 계기가 있나? 영상 관련 분야를 공부했나?

A. 우리 세대는 어렸을 때부터 영상, SNS 등 뉴미디어라고 불리는 매체들과의 접점이 많다. 개인적으로는 워낙 게임을 좋아해서 어렸을 때부터 장르, 플랫폼을 가리지 않고 섭렵했다. 2010년 창원대학교에 입학해서 산업디자인을 전공으로 택했고 군 생

이상호 LCK 콘텐츠 디자이너. ⓒ 이상호

활을 하는 동안 틈날 때마다 e스포츠 리그를 보면서 '저 분야에서 일하면 재미있겠다'는 생각을 했다.

Q. e스포츠 업계에 들어와서 어떤 회사를 거쳤나?

A. 대학을 졸업한 2016년 OGN에 취업했다. 온라인, 오프라인 프로모션을 진행하는 편성마케팅팀에 속했다. 내 역할은 유튜브 등을 포함한 뉴미디어를 관리하는 것이어서 유튜브 썸네일 제작, 리그 프로그램의 그래픽 디자인을 맡았다. OGN 시절 LCK 영상을 맡았던 것도 기억나지만 2년 동안 오버워치 APEX 리그를 론칭부터 마무리까지 함께했고, 영상 썸네일 제작, SNS 콘텐츠 디자인, 오프라인 결승 이벤트 등을 담당했다. 내가 관여한 부분이 상당히 많았던 만큼 많이 배우고 성장할 수 있는 시간이었다.

2017년 말 OGN을 나와서 EJN이라는 스타트업 회사에 들어갔다. '배틀독'이라는 온라인 대전 플랫폼의 알고리즘을 짜고 UI 디자인을 함께했다. 프로젝트를 성공적으로 마친 뒤에는 프리랜서로 일하면서 LCK, 피파 온라인4 리그 등 e스포츠 대회의 영상 관리와 썸네일 제작 등 업무를 맡았고 2020년 4월에는 펍지에 입사해 e스포츠 매니저로 일하면서 펍지 모바일 월드 리그와 한일전을 기획, 운영했다. 지금은 앞서 설명한 것과 같이 LCK의 영상과 SNS를 총괄 관리하고 있다.

Q. LCK 팬들이 당신의 작업물을 두고 '약 빤 편집이다', '한 장의 썸

네일로 모든 것을 설명한다'라며 좋게 평가하고 있다. 가장 기억에 남는 작품이 있다면?

A. 첫 직장인 OGN에서 좋은 선배와 동료들을 만나 배운 덕에 짧은 시간에 급속도로 성장했다고 생각한다. 오버워치 APEX 때부터 좋아해 주시는 분들이 많았고, LCK 영상의 썸네일을 맡았을 때도 팬들이 댓글에 '편집자님이 돌아오신 것 같다'라고 적어 주시는 등 많은 분들이 알아봐 주셔서 자부심을 느꼈다. OGN 내부에서 내가 하는 일을 좋게 봐주면서 모기업인 CJ ENM에서 유튜브 썸네일만 담당하는 부서가 생기기도 했다. 유튜브라는 새로운 매체를 소비하는 층에게 썸네일이 중요하다는 것을 내가 입증한 결과다.

기억에 남는 결과물은 진에어 그린윙스라는 팀이 연패를 끊었을 때 만들었던 썸네일이다. 2019년 LCK 스프링 시작부터 전패를 하고 있던 진에어가 3월 7일 아프리카 프릭스를 꺾었을 때 진에어 로고가 달린 항공기가 하늘로 날아오르는 장면을 썸네일로 만들었다. 서머 승강전에서 진에어가 승리하면서 살아남았을 때도 진에어 항공기가 공항에 안착해 있는 사진으로 썸네일을 제작했다.

업계 관계자이기에 특정 팀이나 선수를 응원하지 않는데 진에어 그린윙스의 경우는 워낙 연패가 오래되다 보니 끊었으면 좋겠다는 간절한 마음이 썸네일로 표출된 것 같다.

Q. 실시간으로 작업을 하는 일이라 센스가 매우 중요할 것 같다.

콘텐츠 디자이너 이상호의 실력을 유감없이 보여준 한 장의 썸네일. ⓒ 이상호

평소에 어떤 준비를 해놓나?

A. 일상 속에서 일어나는 작은 아이디어들을 놓치지 않으려 한다. 코로나19가 발생하기 전에는 전시회 등 문화 생활을 많이 했고 외부 활동이 어려워진 지금은 유튜브를 통해 다양한 장르의 지식을 접하고 있다. 아침저녁으로 뉴스를 챙겨 보면서 e스포츠 업계 소식과 선수들의 동향은 물론이고 사회 이슈도 챙긴다. 현장에서 함께 작업하는 국문, 영문 유튜브 편집자들과 실시간으로 아이디어를 교류하는 것도 큰 도움이 된다.

Q. 평상시에 게임을 자주 하나? 선수들에 대한 사전 정보는 어떻게 확보하나?

A. 이 업무를 본격적으로 하기 전에는 게임을 실제로 플레이할 시간이 꽤 있었다. LoL을 많이 하긴 하지만 RPG 같은 장르도 좋아하고 콘솔, 비디오 게임도 즐겨했다. 싫어하는 게임은 없는 것 같다. 이쪽 일을 오래 하다 보니 선수들의 이름, 아이디, 별명 등을 다 외웠고 특징도 자연스럽게 알고 있다. 유명해진 선수들에게도 시선이 가지만 신인들을 좀더 꼼꼼하게 챙기려고 한다. 그 선수들이 많은 팬에게 알려져야 선수는 물론, 리그가 더 탄탄해질 수 있다고 생각하기 때문이다.

Q. 급여나 처우는 어떤가?
A. 내 경험을 일반화하기에는 무리가 있다. 방송사에 들어갔을 때는 방송사 기준에 따랐고, 프리랜서로 일할 때는 회사 소속일 때보다 급여가 높아졌다. 저녁 이후, 어느 때에는 새벽에도 아이디어가 떠오르는 디자이너 체질이라 오후 5시 이후부터 경기가 시작되는 e스포츠 업계에서도 라이프 사이클을 잘 맞추고 있다. 좋아하던 분야에서 즐겁게 일하는 복 받은 직업인이라고 생각하고 있다. 최근에는 업무 성과를 인정받아 e스포츠가 아닌 다른 분야에서 러브콜을 받기도 했다.

Q. 콘텐츠 디자이너가 되기 위해서 갖춰야 할 소양은 무엇인가?
A. 출신 학교나 전공은 중요하지 않다. 자신의 경험을 결과물로 만들어낼 수 있는 능력을 갖춰야 하고 다수의 시청자들로부터 공감을 얻어야 한다. 아무리 퀄리티가 높더라도 대중들의 눈높이

에 맞지 않고 인정받지 못한다면 의미가 없다. 트렌드를 선도하면서도 시청자와 함께 가야 하고 문제가 될 소지가 있다면 사전에 걸러내는 판단력도 중요하다.

콘텐츠 디자이너로 일하면서 지적 재산권을 어겨 본 적이 한 번도 없다. 정품 소프트웨어를 사용하고 다른 사람의 작품을 사용할 때는 절차를 반드시 거쳤다. 라이선스가 있는 소스인지 반드시 확인했고 그것마저 어려울 때는 내가 직접 촬영하거나 그려서 썼다. 학교에서 저작권에 대한 교육을 제대로 하지 않는 경우가 많은데 현업에서 뛰다 보니 중요성을 느낄 때가 많다. 남의 저작권을 인정하지 않으면 내 작품의 저작권도 존재할 수 없다는 것을 알아주면 좋겠다.

렌지 공식 지원 차량 전달식

게임단 마케터

상상을 돈으로 만드는 연금술사

게임단 마케터

업무 개요	프로 게임단의 수입원을 창출하는 일
급여 수준	신입 사원 기준 2,500~2,700만 원 (경력직은 회사와 협의 가능)
채용 방식	팀별 채용

필자가 대학에 다니던 시절에 전설처럼 구전되던 이야기가 있다. 경영학과에서 '마케팅원론'을 가르치는 어느 교수님이 1학기 중간고사 문제를 10년 넘게 똑같이 냈다. 전설의 시험 문제는 '마케팅이란 무엇인가'. 해마다 학생들은 기출 문제인 '마케팅이란 무엇인가'를 공부했고, 놀랍게도 기출 문제는 예외없이 진짜 시험 문제로 등장했다.

그러던 어느 해 중간고사. 강의실이 술렁이는 사건이 벌어졌다. 교수님이 강의실에 들어와서 분필을 잡고 칠판에 적은 첫 글자가 '도'였던 것이다. 당연히 '마'로 시작하는 문장이 나올 줄 알았던 학생들은 까무러치게 놀랐다. 아, '도'로 시작하는 단어가 무엇이란 말인가. 모두가 망했다고 생각한 그 순간, 의문이 풀렸다. 교수님이 완성한 문장은 '도대체 마케팅이란 무엇인가'였다. 놀란 가슴을 쓸어내린 학생들은 안도의 한숨을 크게 내쉬며 답안을 작성하기 시작했다고 한다.

벌써 20년 가까이 된 이야기이니 현재 대학을 다니고 있는 독자들이라면 요즘 대학에서는 상상조차 할 수 없는 일이라고 말할지도 모르겠다. 그렇지만 매년 1학기 중간고사마다 '마케팅이란 무엇인가'라는 시험 문제를 내도 될 정도로 마케팅은 중요하다.

마케팅을 한마디로 정의하기는 쉽지 않다. 특정 시대에 기업과 집단이 크고 작은 성공 사례를 만들어내면, 어떤 과정을 통해 그러한 성취를 달성할 수 있었는지 총칭하는 말로 마케팅이라는 단어를 쓰기 때문이다. 미국 마케팅학회는 1960년 마케팅을 '기업이 제공하는 상품과 서비스를 소비자에게 전달하는 활동'이라는 포괄적인 개념으로 정의했지만, 마케팅 활동이 다각화, 전문화되면서 마케팅의 네 가지 요소인 제품Product, 가격Price, 촉진Promotion, 유통Place을 뜻하는 4P로 규정됐다.

미국 마케팅학회가 1985년에 규정한 4P는 오늘날에도 마케팅 실무에서 중요시하는 네 가지 요소다. 상품을 선정하고, 어떤 판매처와 경로를 통할지 정하며, 상품의 가격을 결정하며, 어떻게 더 많이 알리고 더 많이 팔 수 있을지 고민하는 것을 뜻한다.

e스포츠 업계는 최근에서야 이렇게 중요한 마케팅에 가장 많은 인원을 투입하고 있다. e스포츠 태동기인 20년 전만 해도 체계적인 마케팅은 꿈도 꾸지 못했던 것을 감안하면 격

세지감을 느낄 정도다. '감독' 챕터에서 설명한 것처럼, 초창기에는 감독이 코치이자 매니저였고, 홍보 담당자이자 심리 상담사였으며, 형이자 오빠였다. 크고 작은 대회에 출전하기 바빴고, 상금이라도 타면 숙소 운영비로 지출했던 시기다. 그만큼 상황이 열악해서 감독은 시간이 있을 때마다 기업을 방문해 후원을 요청하는 영업을 했고, 방송국을 찾아가서 한 번이라도 얼굴을 내보낼 수 있는 기회를 달라고 간청했다. 살아남으려면 돈이 있어야 한다는 대전제만 있었을 뿐, 어떻게 돈을 벌 수 있을지 계획적으로 움직이는 팀은 거의 없었다. 생존을 위해 마케팅을 진행했다고 보면 된다.

3~4년이 지난 뒤 대기업들이 e스포츠 분야가 전도유망하다고 판단하기 시작했다. IT 기업, 이동 통신 사업자, 게임 방송국 등이 살아남은 팀들을 인수했다. 대기업의 과장급들이 게임단의 사무국 업무를 맡았고 마케팅 활동을 전개했지만 유의미한 성과를 내지는 못했다. 게임단 운영비를 전액 지불하는 모기업 때문에 홍보에는 집중했지만, 후원사 유치나 다른 회사들과의 협업, 투자사 유치 등에는 힘을 쓰지 않았다.

한국의 프로 게임단들이 변화하기 시작한 시기는 2018년부터다. 당시 LoL 종목에서 한국이 가장 좋은 성적을 내고 있었지만, 그에 비례하여 수익을 올리지는 못하고 있었다.

오히려 자본은 미국과 유럽, 중국에 몰려들었다. 미국과 유럽 팀들은 마이클 조던과 샤킬 오닐 등 스포츠 스타를 앞세워 대규모 펀딩을 시작했고, 자동차·스포츠 용품·게이밍 기어 등 다양한 기업들의 투자와 후원을 유치했다. 중국에서는 재벌 3세들이 e스포츠에 관심을 가지면서 모기업의 간접 후원을 받았고 게임단을 사업체로 등록해 마케팅에 뛰어들었다. 미국, 유럽, 중국 모두 프랜차이즈 시스템—MLB, NPB, KBO처럼 순위와 상관없이 리그에 반영구적으로 참여할 수 있는 구조— 을 도입하면서 게임단이 강등의 부담을 갖지 않고 자체 마케팅 활동을 펼칠 수 있는 기반을 마련했다. 한국은 1~2년 늦게 LoL 프랜차이즈를 도입했고 2021년부터 본격적으로 시행한다.

한국의 프로 게임단 가운데 가장 먼저 마케팅 부서를 만들고 담당자들을 대거 뽑은 곳은 젠지 이스포츠다. 실리콘 밸리의 개발자 출신인 케빈 추가 2017년 LoL 월드 챔피언십 우승 팀인 삼성 갤럭시를 인수해서 다종목 게임단으로 확대 개편했다. 그러고는 미국 기업들의 투자를 이끌어 냈는데, 이는 젠지가 미국 게임단들의 마케팅을 면밀히 파악한 덕분이었다. 젠지의 움직임은 e스포츠를 활용한 마케팅에 소극적이었던 여타 한국 게임단들에게 자극제가 됐다. 유사한 조

e스포츠 직업 설명서

직들을 게임단 내부에 갖춰야 한다는 생각을 하기 시작했다.

이제 막 마케팅 마인드를 갖추고 있는 한국 게임단들은 다양한 층위의 인물들을 영입하고 있다. 대기업 혹은 중소기업에서 산전수전 다 겪어 본 베테랑부터 대학을 갓 졸업한 신입 사원까지 마케팅 부서에 배치하고 있다.

게임단이 갖고 있는 마케팅팀 인원 충원의 기준은 참신한 아이디어와 도전 정신이다. e스포츠에서 본격적으로 마케팅을 시도해 본 적이 없기 때문에 고정 관념에 얽매이지 않는 것을 최우선 덕목으로 삼고 있다. 북극에서 난로를 팔고 아프리카에서 냉장고를 파는 식의 당연한 생각보다는 북극에서 냉장고를, 사막에서 온돌을 팔겠다는 당돌한 아이디어를 높이 산다. e스포츠라는 산업이 영글지 않았다는 게 마케팅 부서가 갖고 있는 가장 큰 위험 요소이자 가장 큰 성과를 낼 수 있는 요인이다.

HARD CARRY

이종엽 젠지 이스포츠 마케팅 이사

이종엽 젠지 이스포츠 마케팅 이사는 외국에서 대학을 나왔다. 방송과 게임에 관심이 많아서 대학에서 매체생태학을 공부했고, SNS, 유튜브 등 새로운 미디어에 대해 논문을 썼다.

첫 직장 생활은 엔씨소프트 리니지 시리즈를 만든 게임 회사에서 시작했다. 외국에서 온라인 게임을 접한 뒤 한국에서 발생한 문화를 직접 배우러 돌아왔다가 자리를 잡았다. 이후 GM대우로 회사를 옮겨 브랜드 관련 업무를 담당했고 같은 회사 홍보실에서도 일했다. 광고 대행사를 거친 다음, LG애드 마케팅 전략실에도 몸담았다.

다시 게임 업계로 돌아오기로 마음먹은 건 LG애드 시절이었다. 광고 연구를 하던 어느 날, 지인 집에 놀러갔다가 우연히 블리자드 엔터테인먼트 코리아의 전략 보고서를 읽었다. 스타크래프트2의 한국 시장 론칭을 다룬 보고서였다. 수년 동안 마음속에 담아두기만 했던 게임 업계에 대한 그리움이 살아났고, 결국 블리자드 엔터테인먼트 코리아에 입사

이종엽 젠지 이스포츠 마케팅 이사. ⓒ 젠지 이스포츠

하기에 이른다. 이 이사는 여기에서 그 즈음 트위터, 페이스북 등 SNS가 한창 인기를 끌기 시작하는 것에 착안해 블리자드 공식 SNS를 운영하자는 아이디어를 냈고, 홀로 블리자드 코리아의 SNS 전략을 실행했다. 이것이 e스포츠 팀과 친분을 쌓는 계기가 됐다.

블리자드에서 스타2 론칭을 성공적으로 마친 뒤 이번에는 스마일게이트라는 게임 회사로 자리를 옮겼다. 이곳에서 월드 사이버 게임즈WCG의 부활을 비밀리에 준비하면서 글로벌 e스포츠 오거나이저들과 네트워크를 구축했다.

이 과정에서 e스포츠로 돈을 벌 수 있다는 확신을 가진 그는 젠지의 창업자인 케빈 추, 한국 지사장인 아놀드 허와 만나면서 같은 생각을 하고 있음을 깨닫고 젠지 이스포츠 마케팅 담당자로 합류했다.

TIP │ '마케팅팀=돈 벌어오는 곳'이라는 인식을 가져라

Q. e스포츠에 대한 관심은 언제, 어떻게 갖게 됐나?

A. WCG 팀장을 하면서 e스포츠에 대한 이해도가 높아졌다. WCG의 콘셉트가 다종목 국가 대항전이어서 여러 종목사와 외국의 e스포츠 팀들을 만날 기회가 있었다. 당시 나는 e스포

츠가 이벤트, 리그 등의 콘텐츠를 갖고 있지만 '사업의 실체가 없다'고 생각하고 있었는데, 페이즈 클랜이나 팀 리퀴드 등 e스포츠 팀을 꾸리고 비즈니스를 하는 회사들을 만나면서 '사업이 될 수 있겠다'고 생각이 바뀌었다.

그 시점에 젠지 이스포츠에서 비즈니스를 이끌 실무자를 찾고 있었고, 창업자 케빈 추를 만나 면접을 보게 됐다. 그 자리에서 젠지의 비전을 들었는데 마음에 와 닿았다. 케빈 추는 미국에서 투자를 이끌어냈지만, 한국에서 게임단을 꾸리고 e스포츠로 사업을 벌이는 이유를 이렇게 설명했다. "세계에서 가장 실력이 좋은 한국 선수들로 팀을 꾸리고, e스포츠 종주국인 한국을 성장시켜 젠지를 글로벌 프로 게임단으로 만들겠다." 그 철학에 매료됐다. 이런 사람들과 사업을 한다면 올인해도 되겠다 싶어 초기 멤버로 합류했다.

Q. 젠지 이스포츠의 마케팅 부서는 어떤 구조로 되어 있나?

A. 어떤 일이든 처음 시작할 때에는 한 사람이 많은 일을 해야 한다. 멀티태스킹에 능해야 한다. 초기에는 나 혼자 마케팅·홍보·기획·스폰서십 유치·영업 등을 다해내야 했다. 심지어 새로운 숙소와 연습실 부지를 구하기 위해 부동산을 돌아다니는 발품도 마다하지 않았다. 회사가 커지면서 담당 업무가 세분화됐

고, 여러 인원들에게 업무가 배분됐다.

현재 젠지 마케팅 부서는 마케팅팀과 홍보팀, 콘텐츠제작팀, 스폰서십영업팀 등 네 파트로 되어 있다. 팀이 나뉘어 있긴 하지만 함께 일하는 경우가 많다. 예를 들어, 메르세데스-벤츠 공식 딜러인 한성자동차와 스폰서십을 체결하는 일은 마케팅팀과 스폰서영업팀이 담당하고, 홍보팀은 이에 대한 보도자료를 작성해 언론에 전달한다. 콘텐츠제작팀은 사진과 영상 등을 제작해 SNS를 통해 소식을 알린다. 네 부서가 유기적으로 움직여야 효과를 극대화할 수 있다.

Q. 젠지 안에서 마케팅 부서의 위상과 역할은 무엇인가?

A. 대한민국은 e스포츠 2.0 시대에 접어들었다고 할 수 있다. 이전까지 e스포츠 문화를 만들고 경기력이 뛰어난 선수들을 앞세워 종주국이라는 타이틀을 유지했지만, e스포츠 산업을 잘하는 나라는 아니었다. 애석하게도 내가 속한 젠지 게임단도 외국 자본이 만들었다.

예전에는 팀과 선수만 있으면 프로 게임단으로 인정받으면서 존재할 수 있었다. 감독이 팀을 진두지휘하면서 영업을 했고, 한두 명의 스태프가 간단한 보도 자료를 작성하거나 SNS로 팬들에게 소식을 전하는 수준이었다. 이제는 달라졌다. 마케팅 영역이 강조되면서 다각화, 세분화돼 가고 있다. e스포츠 종목이 많아지기도 했지만 프로 게임단의 규모가 커지면서 예전처럼 운영하면 자본력에서 뒤처질 수밖에 없다.

간단히 말하면 마케팅 부서는 팀을 운영하는 비용을 벌어 오고 관리하는 조직이다. 단장이 선수단을 이끌어 성적을 내는 등 일거리를 만들어 오면, 마케팅 부서는 화려하게 포장하고 널리 알리며, 이를 통해 팬을 유입시키고 돈으로 만들어내는 역할을 한다.

TIP | 고정 관념을 깨려는 시도는 언제나 환영

Q. 마케팅에서 중요한 것은 타깃 설정이라고 생각한다. e스포츠는 1020세대의 전유물이라는 평가가 있는데, 마케팅 대상으로 삼기에는 연령대가 낮지 않나?

A. 중요한 포인트다. 연령별 타깃에 대해 이야기하기 전에 젠지라는 게임단의 특징을 먼저 언급해야 이해가 빠를 것이다. 젠지는 대기업이 아닌 벤처기업이다. 든든한 뒷배가 없다는 게 약점이지만, 빠른 의사 결정을 통해 과감하게 시도할 수 있다는 게 강점이다.

인구가 3억 명이 넘는 미국에서 20대가 가장 좋아하는 스포츠

1위가 e스포츠다. 30대의 e스포츠 선호도는 34위이며 40대에서는 찾아보기가 어려울 정도로 순위가 낮다. 미국은 나이가 어릴수록 e스포츠만 본다. 야구, 농구, 미식축구 등 전통 스포츠에 속한 사람들이 갖는 고민이다.

한국은 1위가 야구다. 30대가 가장 좋아하는 종목 또한 야구다. 20대들이 가장 많이 보고 열광하는 종목 또한 야구이고, 그 다음이 축구다. e스포츠는 10대에서 3위 정도를 차지하고 있다. 이 조사에 따르면, 한국은 20년 정도 지나야 e스포츠가 산업으로서 가치를 발휘할 수 있다. 주류 스포츠가 되기 위해서는 더 많은 시간이 필요하다.

젠지가 겪었던 시행착오가 있다. 대한민국에서 e스포츠 팀을 만들면 곧바로 수익을 낼 수 있다고 생각한 것이다. 한국에서 게임을 취미로 갖고 있는 사람이 상당히 많다고 말하지만, 실은 30퍼센트를 넘지 않고, 그중 e스포츠를 좋아하는 사람은 30퍼센트 중에 20퍼센트 정도다. 게다가 한국의 전체 인구는 5,000만 명 정도밖에 되지 않는다는 한계를 갖고 있다.

흥미로운 사실도 있다. 충분한 소비 능력을 갖고 있는 40대 중 상당수가 e스포츠를 즐긴다는 점이다. 직접 플레이할 시간은 충분하지 않지만 리그를 시청하는 데에는 문제가 없는 연령층이다. 이들이 1020세대일 때 인기를 끌었던 스타1 리그를

젠지는 게임단 최초로 주류 업체와 함께 마케팅에 나섰다.

ⓒ 젠지 이스포츠

여전히 시청하고 있고, 요즘 대세인 LoL 리그에도 관심을 갖고
있다.

젠지는 3040세대를 마케팅 타깃으로 삼았다. e스포츠가 갖고
있는 문화 현상으로서의 특징을 마케팅에 활용하겠다고 생각
했다. 맥주·고급 승용차·게이밍 전용 의자 등의 브랜드와 협
업을 했고 성과를 만들어냈다.

Q. 어떤 시도를 했고 어떤 성과를 이끌어냈나?

A. 맥주 브랜드인 카스와의 협업이 가장 기억에 남는다. 국내외를
막론하고 게임단과 주류 업체가 함께 마케팅에 나선 것은 젠
지와 카스가 처음이다. 게임단과 게임사는 대체로 타깃 연령층
을 1020세대로 잡기 때문에 주류 업체 스폰서십을 받는 것 자
체를 꺼려한다. 우리는 그러한 고정 관념을 깨려고 시도했다.
철저한 법률 검토까지 거친 후 협업을 성공적으로 마무리했다.
우리 사례를 지켜본 게임사들이 적극적으로 문의해 왔다.

젠지가 시도한 엘리트 아카데미도 성공적이었다. 아카데미는
말 그대로 학원이다. 대부분의 프로 게임단이 아카데미 사업으
로 수익을 낼 수 있을 것이라 착각한다. 게임단의 지도자들을
활용해 학생과 일반인에게 게임을 잘하는 법을 가르쳐 주고 학
원비를 받으면 된다고 생각한다. 하지만 이런 식으로 학원을

운영하면 비즈니스가 안정적이지 않다. 소위 객단가가 낮다.

우리는 발상의 전환을 시도했다. 게임만 배우는 게 아니라 영어까지 가르쳐서 영어권 국가로 유학을 보낼 수 있다면 더 많은 인원을 모집할 수 있다고 생각했다. 미국 대학들 중에는 e스포츠 장학생을 모집하는 사례가 늘어나고 있다. 켄터키 대학교에서 요청이 오기도 했고, UC버클리 등 아이비리그 대학교들

e스포츠 장학생에 관심을 보이는 UC버클리 대학교. ⓒ Gettyimages

도 e스포츠 장학생에 관심을 보이고 있다. 젠지의 지도자 풀을 활용해 e스포츠를 가르치고, 강남 소재 유수의 어학원과 연계해서 영어 교육은 물론, 유학 코스까지 설계해 제공하는 과정을 만들었다. 그게 엘리트 아카데미다.

의자 업체인 시디즈와도 괜찮은 시너지 효과를 냈다. 게이밍 기어라고 하면 대부분 키보드와 마우스, 헤드셋 등을 생각하는데, 이 시장은 이미 포화 상태였다. 우리는 유명한 의자 브랜드 시디즈와 만나서 젊은 층을 공략하는 방법을 함께 연구했다. 시디즈는 '의자가 대학을 바꾼다'라는 문구로 광고를 진행해 왔는데, 게이밍 의자를 제작하면서 '의자가 티어를 바꾼다'라는 새로운 카피를 제시하면서 젊은 층에게 어필하는 데 성공했다.

TIP | 타 업계에서 일한 경험과 아이디어를 높이 산다

Q. 새롭게 도전하고 싶은 마케팅 영역이 있나?

A. 현재 e스포츠 선수들의 유니폼은 기존 스포츠 선수들이 입는 유니폼과 큰 차이가 없다. 앞으로는 프로 게이머들의 경기력을 끌어올릴 수 있는 기능성 유니폼들이 나올 것이다. 젠지는 최근에 푸마와 유니폼 계약을 체결했는데, 기능성 제품들을 연구

하는 과정에 선수들이 적극적으로 참여하기로 했다. 향후에는 선수들의 집중력을 높이는 데 도움이 되는 식음료 등을 개발하기 위해 국내외 식품 업계와도 제휴할 계획도 갖고 있다.

Q. 일반인의 생각을 뛰어넘는 성과를 만들어냈는데, 구성원들의 아이디어가 큰 역할을 했을 것 같다.

A. 마케팅 부서의 인원을 늘릴 때 e스포츠 업계의 현황을 잘 아는 사람을 뽑기도 했지만, 전혀 다른 분야에서 활동하던 사람들도 선발했다. 스포츠 의류 업계에서 일하던 사람도 있었고, 엔터테인먼트 회사에 다니다가 온 사람도 있다. 새로운 아이디어가 필요하다고 판단했고, 그래서 다양한 업계에서 전혀 다른 일을 했던 인물들을 뽑았다.

Q. 만약 젠지 마케팅팀에서 신입 사원을 뽑는다면 어떤 장점을 가진 인물을 선발하겠나?

A. "No"라고 말하지 않는 사람을 뽑겠다. 3개의 과제를 받았을 때, 하나는 실패해야 한다는 게 우리 생각이다. 일반 기업들은 다 해내야 칭찬하지만 우리는 실패의 경험을 높이 산다. e스포츠 구성원 중 99퍼센트가 "주류 업계와 스폰서십을 체결하는 게 말이 되냐?"라고 손사래를 칠 때 우리는 계속 도전했다. 많

이 넘어졌지만 기어이 협업에 성공했다. 목표를 높이 잡고 방법을 찾으려는 사람을 선호한다.

두 번째는 기본기다. 아무리 상상력이 빼어난 사람일지라도 업무 수행에 필요한 '국영수'를 갖추지 못하면 오래가지 못한다. 우리 팀은 외국 기업과의 협업을 자주 하기 때문에 영어 구사력이 좋아야 한다. 마케팅팀, 스폰서영업팀, 홍보팀은 상당한 수준의 영어 능력을 갖춰야 한다. 콘텐츠제작팀에서는 영어 능력보다는 제작에 필요한 실무 능력을 우선시한다. 부서마다 선호하는 능력이 다르지만, 일정 수준 이상에 도달해야만 입사할 수 있다.

기업의 핵심은 이윤 추구다. 기업이 가진 자원을 최대한 활용해 돈을 버는 것을 지상 과제로 삼는다. 마케팅은 이러한 기업의 목표를 달성하기 위한 하나의 수단이다. e스포츠의 주체인 프로 게임단의 마케팅 정책 또한 이윤 추구를 과제로 삼고 있다.

e스포츠로 돈을 벌고 이윤을 남기는 일은 쉽지 않다. 한국 스포츠 역사상 가장 먼저 프로 개념을 도입하고 가장 많은 팬을 보유한 프로 야구조차 흑자를 내지 못한다. 선수단 연봉, 운영비, 경기장 대관료 등을 팬들의 주머니에서 나오는 돈으로 충당하지 못하고, 적자 대부분을 모기업이 메꾼다. 대신 홍보 효과라는 무형의 자산을 창출한다는 변명 아닌 변명을 한다.

e스포츠는 프로 야구에 비해서 수익을 내기가 용이한 분야다. 선수단 연봉에 투입되는 자금의 규모가 크지 않고 팀 운영비 또한 야구보다 적다. 경기장 운영 또한 e스포츠 대회를 운영하는 게임사나 방송국이 담당하고 있어서 게임단이

신경 쓸 부분이 아니다.

하지만 마케팅 타깃층이 프로 야구나 프로 축구보다 협소하기 때문에 수익을 낼 수 있는 기회가 적다는 것은 위험 요소다. 이종엽 젠지 마케팅 이사는 "위험 요소를 기회 요소로 바꿀 가능성이 크기 때문에 e스포츠의 성장 요인은 여타 프로 스포츠보다 크다."라고 강조한다. 기존 스포츠들이 오프라인을 기반으로 마케팅 활동을 전개하고 있는 반면, e스포츠는 온라인이라는 무형의 자산을 갖고 있어서 기회가 더 많다.

2010년까지 e스포츠 마케팅의 핵심 타깃은 1020세대라는 인식이 지배적이었다. 게임을 직접 즐기는 세대여서 e스포츠에도 열성적으로 호응했다. 하지만 당시 마케팅 활동을 적극적으로 펼치지 못했는데, 1020세대의 구매력이 부족했기 때문이었다. 이제 2000년대 초 시작된 e스포츠의 역사가 20년이 넘어가면서 스타1에 열광했던 1020세대는 30~40대가 됐고 어엿한 사회인으로 자리를 잡았다. LoL을 직접 즐기기에는 나이가 들었지만 e스포츠가 무엇인지 굳이 설명하지 않아도 될 정도의 이해도를 갖고 있다. 승진이 빠른 사람들은 기업에서 의사 결정권을 쥐고 있는 자리까지 올라갔다. 다른 분야의 기업들과 마케팅을 진행하기가 수월해졌다는

e스포츠 직업 설명서

뜻이다.

게임단도 적극적으로 마케팅에 나서고 있다. 게임단은 프로 야구, 프로 축구와 다른 구조로 팀을 운영하고 있다. 대기업들이 직접 팀을 소유해 운영하는 게 아니라 독립 법인으로 만드는 추세다. 게임단의 '몸피'를 가볍게 해서 자생력을 확보하기 용이하게 구조를 바꾸고 있다.

2019년까지 SK텔레콤이 직접 운영했던 T1 게임단은, 미국 통신 기업인 컴캐스트와 500억 원씩 투자해 'SK텔레콤 CS T1'이라는 법인으로 모습을 바꿨다. SK텔레콤과 컴캐스트 모두 T1이라는 게임단에 5 대 5 지분을 갖고 있어서 공동으로 의사 결정을 내리지만, 운영은 독립 법인인 T1이 따로 하는 구조다. 모기업에서 자유로울 수 있고 의사 결정 단계를 최소화해 상황 발생 시 즉각적으로 대응할 수 있는 시스템을 갖췄다. 속도가 생명인 마케팅에서도 게임단이 자율적으로 신속하게 판단하고 결정할 수 있는 여건이 마련됐다. 아직까지 대기업이 직접 운영하고 있는 kt 롤스터 또한 법인 분리를 계획하고 있는 것을 보면, 가볍고 자유로운 조직 문화가 e스포츠 팀을 끌고 가는 데 중요한 요소로 보인다.

이종엽 이사의 말처럼 신선하고 창의적인 아이디어는 e스포츠 마케팅의 핵심이다. e스포츠 이외의 분야에서는 누군가 시도했지만 마케팅의 불모지였던, 신생아나 다름 없는 e스포츠 업계에서는 무엇이든 해 보겠다는 자세가 가장 중요하다. 그 시발점은 타깃 세대를 높이 잡는 일이다. 구매력이 떨어지는 1020세대가 아니라 2030세대, 나아가 3040세대까지 포섭할 수 있는 마케팅 전략이 필요하다. 다른 분야에서 마케팅을 경험했던 인재가 필요하기도 하지만, 새로운 아이디어로 무장한, 도전 정신까지 갖춘 젊은 피가 게임단 마케팅팀 안에서 어우러져야 한다.

게임단 또한 마케팅팀에서 일할 신입 사원들에게 전문가 수준의 식견을 바라지는 않는다. 마케팅 이론으로 무장된 사람이 성공하는 분야가 아니기 때문이다. 직접 부딪히면서 실패하는 과정에서 배우는 게 더 많기 때문이다. '될 때까지 해 보고 열릴 때까지 두드려 보자'라는 마인드를 갖추는 게 더 중요하다. 특히 마케팅에 대한 관심이 부족했던 e스포츠이기 때문에 신입 사원에게는 패기와 도전 정신이 필수다.

프로 게임단의 마케팅 부서에서 일하고 싶은 취업 준비생에게는 e스포츠에 대한 이해도가 우선 필요하다. 프로 게임단이 갖고 있는 특징을 알아야 필요 사항을 알 수 있으며, 어떤 분야와 손을 잡았을 때 'e스포츠다움'을 유지하면서 협업이 가능한지 판단할 수 있다. 그리고 프로젝트가 실패하더라도 새로운 아이디어를 또 내놓을 수 있는 맷집과 담대한 성격도 요구된다.

FEEDBACK

★ 급여 수준

신입 연봉은 중소기업 수준. 경력직은 협상하기 나름.

★ 취업 난이도

마케팅 전공자 및 영업 경력자도 우대. e스포츠에 대한 이해도가 높고 마케팅 경력을 갖고 있을 경우 취업 용이.

★ 향후 전망

e스포츠 분야에서 마케팅의 중요성이 강조되고 있어서 관련 인력을 다수 구하고 있음.

★ 업무 강도

일반 회사와 비슷함. 저녁 이후에 경기가 진행되는 e스포츠 업계이지만 '9 to 6'가 가능한 업무임.

★ 업무 만족도

상상의 나래를 펼쳐 특이한 분야와 협업을 이뤄냈을 때에는 큰 성취감을 얻을 수 있음. 일상에 젖어 든다면 지루하다고 느껴질 수도.

스카우트

e스포츠계의 정찰병

TUTORIAL

스카우트

업무 개요	팀에 최적화된 선수를 영입하는 일
급여 수준	연봉 3,300~4,000만 원(신입 및 경력직 연봉)
채용 방식	팀별 공개 채용

'스카우트Scout'는 정찰병을 뜻한다. 군에 다녀온 이들은 정찰병의 중요성을 잘 알 것이다. 행군의 선두에 선 정찰병은 본대를 위협할 만한 요인이 있는지 앞서 나아가서 본 뒤 핵심 정보를 본대에 제공한다. 정찰병이 그릇된 정보를 제공할 경우, 본대는 상대의 공격을 받을 수도 있고, 잘못된 길을 선택하면서 목적지에 늦게 도착할 수도 있다.

스포츠 업계에서 스카우트는 상대 팀 선수들 또는 리그에 들어오지 않은 후보군 가운데 우리 팀에 맞는 선수를 영입하는 일, 그리고 그 일을 담당하는 사람을 의미한다. 우리나라에서 '스카우터'라는 말로 표현하기도 하는데, 이는 영어의 뜻을 제대로 파악하지 못한 데서 비롯됐다. 요리사를 'Cook', 안내원을 'Guide', 조종사를 'Pilot'이라고 그대로 쓰는 것과 마찬가지로 스카우트라는 말 안에는 행위를 뜻하는 동사와 직업을 뜻하는 명사가 함께 담겨 있다.

영어 강의로 살짝 빠져나가려던 흐름을 바로잡아 보자. e스포츠에서 스카우트라는 직업은 최근에 생겨났다. 프로 선수를 지망하는 아마추어 후보군이 기하급수적으로 생겨나고 게임단 숫자가 대거 늘어나면서, 1명의 감독과 1~2명의 코치가 200~300명에 달하는 선수군, 나아가 아마추어를 포함하면 1,000명이 넘을 수도 있는 선수들의 정보를 모두 파악할 수 없기 때문에 스카우트라는 이름의 직군을 만들어냈다.

시간을 돌려 e스포츠 초창기로 가 보자. 스타1 시기에는 감독과 코치라는 직군에 대한 개념도 흐릿했다. 팀을 만들고 운영하는 최연장자 1명이 단장부터 지도자, 매니저까지 홀로 해내야 했다.

대기업들이 스타1 프로 게임단을 운영할 때에는 아마추어 선수들을 수급하는 시스템이 갖춰져 있었다. 상반기와 하반기에 각각 한 번씩, 1년에 두 번 드래프트 행사를 열어 팀이 필요로 하는 선수들을 수급했다. 드래프트 참가를 원하는 선수들은 한국e스포츠협회가 매달 개최하는 선발전에서 상위 입상해서 준프로 게이머 자격증을 취득해야 했다. 이 시기에는 아마추어로 이름을 날린다고 해서 프로 게임단에 곧바로 입단하는 일은 하늘의 별 따기였다. 프로 선수로 뛰기 위해서는 준프로 게이머 자격증을 먼저 획득하고, 드래프트를 통해 프로 게임단의 지명을 받아야 하는 과정을 거쳤다.

한국e스포츠협회가 체계적인 시스템을 마련해서 프로 게임단은 굳이 스카우트를 따로 둘 필요가 없었다. 감독과 코치가 시간이 날 때마다 준프로 게이머 선발전을 참관해서 눈에 띄는 선수들을 마음속에 정해 놓고 드래프트를 통해 뽑으면 됐다.

LoL 이라는 새로운 종목이 주류가 되는 과정에서 스타크래프트 때 운용되던 드래프트 시스템이 사라졌다. e스포츠는 종목이 바뀌면 기존 시스템을 초기화하는 경우가 많은데, LoL이 대세로 자리 잡는 과정에서 스타1이 채택한 드래프트 방식은 폐기됐다. LoL 팀을 운영하는 게임단의 기반이 취약하다는 이유였다.

LoL 팀들은 자기 입맛에 맞는 선수들을 직접 찾았고, 계약을 체결한 뒤 로스터에 올리면 자동적으로 선수로 등록되는 방식인 신고제를 택했다. 선수단이 직접 나서서 잘하는 선수들을 뽑을 수 있었기 때문에 리그 초창기에는 선수들의 이동이 매우 잦았다. 리그가 3개월 단위로 진행되면서 팀들은 계속 선수들을 물갈이하면서 리빌딩을 진행했다. 그래도 될 정도로 팀에 들어가고 싶어 하는 선수들도 많았다.

2015년부터 LoL 리그의 운영 방식에 변화가 생겼다. 2012년부터 2014년까지 토너먼트 방식으로 대회가 열렸지만,

2015년부터 정규 시즌과 포스트 시즌이 분리 운영됐고, 선수 등록 기간도 6개월 혹은 1년 단위로 늘어났다. 게임단과 선수 모두 안정적으로 대회를 소화할 수 있는 발판이 마련됐다.

농부들이 가을걷이를 끝으로 1년 농사를 마무리하고 내년을 준비하듯 프로 게임단도 월드 챔피언십이라는 행사를 마치면 내년을 위한 주춧돌을 놓는 작업을 시작한다. 감독, 코치 등 지도자들이 물갈이될 때도 있지만 대부분 선수들과의 계약을 종료하면서 리빌딩에 돌입한다. 코칭스태프와 사무국이 혼연일체가 되어 내년 팀 목표를 달성할 수 있는 선수들을 영입하기 위해 나서지만 시간과 자본은 항상 부족하다.

이렇게 3~4년을 보내다 보니 게임단들은 스카우트라는 별도의 직군을 만들어서 프로부터 아마추어까지 선수 정보를 사전에 파악하고 나섰다.

가장 먼저 스카우트 시스템을 도입한 팀은 젠지 이스포츠다. 젠지는 기자, 코치, 사무국 등을 두루 경험한 손창식을 스카우트로 선임했고, 2020 시즌을 앞두고 '비디디' 곽보성과 '라스칼' 김광희 등을 영입하는 데 성공했다. FA 시장에서 대어를 낚은 젠지는 2020년 LCK 스프링 정규 시즌 1위를 차지했고, 월드 챔피언십 8강까지 진출하면서 스카우트 파

e스포츠 직업 설명서

위를 실제로 경험했다.

젠지의 성공 사례는 다른 팀에도 영향을 주고 있다. 2020 시즌 좋지 않은 성적을 거뒀던 한화생명e스포츠는 코칭스태프와 선수단을 대거 개편하는 과정에서 2019년 한화생명에서 주전 서포터로 활약하던 '키' 김한기를 스카우트로 선임했다. 김한기는 소위 3군으로 불리는 육성군의 코치까지 겸업하면서 코칭스태프와 사무국의 교집합 역할을 할 것으로 보인다.

아직까지 모든 팀들이 스카우트를 고용하고 있지는 않아서 어떤 방식으로 채용되는지, 어떤 경력을 가져야 하는지 가늠하기가 쉽지 않다. 젠지처럼 e스포츠 업계에서 다양한 직업을 거치면서 발이 넓은 인물을 스카우트로 고용할 수도 있고, 한화생명처럼 선수 출신을 뽑아 코치와 병행시킬 수도 있다.

하지만 대부분의 팀들이 스카우트의 필요성을 분명히 느끼고 있어서 팀 컬러에 부합하는 '경력자'를 채용할 것으로 보인다. 스카우트를 보유하고 있는 다른 프로 스포츠 종목처럼 경기를 보는 눈과 선수들의 특징을 빠르게 간파할 수 있는 변별력을 갖춘 선수 출신들을 기용할 가능성이 크다.

HARD CARRY

손창식 젠지 이스포츠 스카우트

손창식 젠지 이스포츠 스카우트는 e스포츠 업계에서 다양한 직업을 거쳤다. 2012년 e스포츠 전문 매체인 〈포모스〉에서 기자 생활을 시작했고, 2015년에는 중국 프로 게임단인 오마이갓OMG에서 코치로 1년 동안 선수들을 지도했다. 계약 종료 후 한국에 돌아와 〈포모스〉에 재입사했지만 게임단 일을 직접 배우고 싶어서 롱주 게이밍의 사무국에 입사했다. 2017년 여름에 〈인벤〉에 입사하면서 기자 생활을 다시 시작한 그는 2019년 젠지 이스포츠의 LoL 스카우트로 취업했다. 스카우트라는 직업이 확실하게 뿌리를 내린 상황이 아니기에 손 스카우트가 어떻게 활동하는지 많은 게임단들이 주목하고 있다.

Q. e스포츠 업계에서 스카우트라는 직업을 개척하고 있는 선구자다.

A. 그렇게 거창하게 수식어를 달아주면 인터뷰를 진행하기가 어

손창식 스카우트. ⓒ Inven

렵다. 모든 팀들이 필요성을 알고 있지만 채용하기 어려워하는 파트인데, 젠지는 e스포츠를 야구, 축구, 농구처럼 전문적으로 키울 수 있고, 그래야 한다는 생각을 갖고 있는 게임단이기에 이 보직을 만들었다.

Q. 전문 기자와 코칭스태프, 프런트 등을 두루 경험했다.

A. e스포츠가 좋아서 프로 게이머를 지망하다가 e스포츠학과가 있는 청강문화산업대학교에 진학했다. 군 복무를 마친 뒤 실습 차원에서 참가한 행사에서 전문 기자로 활동해 볼 생각이 있느

냐는 제안에 덜컥 〈포모스〉에 입사했다. 기자 생활을 하면서도 게임을 직접 할 수 있다는 이점을 활용해 랭크 점수를 올리다 보니 서포터 포지션에 대한 전문성을 인정받아 중국 팀의 러브콜을 받았다. 당시에는 중국 팀들이 한국 지도자, 선수 들 중에 의견만 맞으면 영입하려던 시기여서 OMG라는 팀에 들어가 1년 가까이 선수들을 지도했다. 1년 만에 한국에 돌아왔는데, 중국 팀들이 어떻게 생활하는지 경험했기 때문에 이번에는 한국 팀의 운영법을 배우고 싶어 롱주 게이밍 사무국 직원으로 들어갔다. 팀 사정으로 인해 오래 일하지 못하고 또 다시 기자로 복귀했지만, 기자와 코치, 프런트의 경험이 스카우트라는 독특한 직업을 갖게 된 배경이 됐다고 생각한다.

Q. 세 직업의 장점들을 두루 갖춰서 스카우트로 일하게 된 것인가?

A. 그렇다고 할 수 있다. 기자는 사람을 만나는 일이 주 업무여서 인터뷰, 숙소 탐방 등을 통해 게임단 구성원들과 쉽게 친해질 수 있다. 중국에서 코치 생활을 할 때 서포터 전담이었는데 원거리 딜러와 호흡을 맞춰야 하는 포지션이어서 두 명의 주전 선수들을 유심히 관찰했고 그들이 필요로 하는 것이 무엇인지 간파할 수 있었다. 처음에는 중국어를 하지 못해서 어려움이 있었지만, 나중에 중국어가 익숙해지면서 기본적인 대화가 이

뤄지다 보니 금세 친해졌다. 사무국 직원으로 일할 때에는 팀 운영을 위한 행정 절차가 어떻게 전개되는지 공부한 덕분에 스카우트로 활동하면서 넘지 말아야 하는 선, 규정 등을 숙지할 수 있었다.

Q. 중국에서 코치로 일하는 게 쉽지 않았을 것 같다. 특히 언어가 익숙지 않아서 원하는 바를 정확하게 전달하기가 어려웠을 것 같다.

A. 그보다는 당시 OMG 멤버들이 너무 화려해서 부담이 컸다. 특히 원거리 딜러 'Uzi' 지안지하오는 전 세계적으로 실력을 인정받은 선수였고, 그를 보필해야 하는 서포터 'Cloud' 후젠웨이와의 호흡까지도 강화해야 하는 미션이 있었다. 통역관을 사이에 두고 매일 1시간 이상 이야기를 나눴다. 다들 뛰어난 피지컬 능력을 갖고 있었지만 벽이 있는 것 같았다.

개인적으로는 지안지하오와 대화하면서 무엇을 원하는지 듣는 시간이 의미가 있었다고 생각한다. 플레이 방향을 들으면서 그 안에 담겨 있는 심리를 파악하려고 했다. OMG를 나온 뒤에 'Cloud' 후젠웨이에게 "지안지하오의 대모 같았다."라는 평가를 들었을 때 뿌듯했다. 그 뒤로 지안지하오가 실력에다 마인드까지 갖춘 선수가 된 것을 보면서 내 커뮤니케이션 방향이

틀리지 않았다는 자부심이 생겼다.

Q. 국내에 돌아와서는 기자, 사무국 등 여러 업무를 경험했다.

A. 나에게 잘 맞는 일을 찾기보다는 무엇을 하는 게 내 커리어, 혹은 업계에 의미를 더할 수 있을지에 초점을 맞췄다. 기사를 쓰는 일은 해 봤고, 팀 운영을 맡는 사무국 업무를 하면서 선수단의 생리를 파악했다. 특히 선수들에게 무엇이 필요한지 의견을 듣고 한발 앞서 나가려고 노력했던 일이 기억이 난다. 이 과정에서 선수들과 친분을 쌓았고 선수들이 진짜 원하는 것들을 파악할 수 있었다.

TIP | 스카우트에게 중요한 건 선수와의 친분

Q. 그러한 경험들이 스카우트 업무에 어떻게 도움이 됐나?

A. 스카우트는 다른 팀에 소속되어 있거나, 프로 선수로 데뷔하기 전 단계 선수들의 능력을 파악하고 우리 팀으로 데려오는 직업이다. 선수들의 능력치를 평가하는 기준과 프로그램들이 다양하게 갖춰져 있고 데이터베이스로 만들어 놓기도 했지만 결국 스카우트는 선수의 마음을 사야 한다. 기자, 코칭스태프, 프런트 업무를 하면서 선수들과 친분을 쌓았고 그 덕

분에 e스포츠 분야에서 스카우트를 할 수 있는 기반을 닦았다고 생각한다.

Q. 구체적인 사례를 알려주면 취업 준비생들에게 직접적인 도움이 될 것 같다.

A. 킹존 드래곤X 사무국에서 일할 때 친분을 쌓은 선수 2명을 젠지 이스포츠로 영입한 이야기를 하면 쉽게 이해가 될 것 같다. 당시 주전으로 활약하던 미드 라이너 '비디디' 곽보성에 대한 이야기부터 하겠다. 곽보성은 훈련이 끝나면 산책을 하면서 생각을 정리하는데, 내가 거의 따라 나갔다. 30~40분 정도 동네를 걷다가 맛집에서 야식을 먹으면서 마무리하는 루틴을 갖고 있었다. 2020 시즌을 앞두고 영입 전략을 펼칠 때에도 똑같은 패턴으로 만났다. 계약이 끝나는 시점에 전화했고, 산책한 뒤 야식을 먹으며 젠지가 갖고 있는 비전과 방향성을 설명했다. 곽보성은 다른 선수들과 비교되는 것 자체를 싫어하는 스타일이어서 팀에 합류했을 때 그가 만들어낼 수 있는 시너지에 대해서만 부각시켰다.

곽보성을 영입할 때 감성적, 경험적으로 접근했다면, 톱 라이너인 '라스칼' 김광희에게는 조금 다른 방식을 택했다. 김광희가 풀타임 주전으로 활약한 지 1년밖에 되지 않았지만 젠지에 가장 필요한 인물이라는 사실을 논리적으로 이야기했다.

Q. 프로 선수가 되고 싶은 아마추어를 영입하는 방법은 또 다를 것 같다.

A. 주전급 선수들을 영입하는 일은 친분과 경험, 패턴 등 인간적 관계가 동반돼야 한다. 다양한 어종이 존재하는 바다에서 낚시를 할 때 특정 물고기를 잡기 위해서는 물고기가 좋아하는 미끼와 낚시법을 써야 하는 것과 마찬가지다. 아마추어 영입은 도구가 다르다. 낚시가 아니라 그물을 쓰는 것에 비유하면 딱 들어맞을 것 같다. 다른 프로 스포츠와 달리 e스포츠는 학교에서 배울 수가 없다. 전문 용어로 "학원 스포츠 기반이 없다."라고 하는데, 그 때문에 그물로 선수들을 긁어모은 뒤 우리 팀 스타일에 맞게 가르쳐야 한다.

순위권에 올라와 있는 그룹들과 온라인에서 대화를 나누고 오프라인 테스트를 거친다. 개인 능력도 중요하지만 팀 게임에 대한 이해도, 인성 테스트, 개별 면담 등도 포함되어 있다. 이를 통과하면 아마추어 연습생으로 합류하고 자체 육성 과정을 통해 프로가 될 수 있다.

TIP | 비선수 출신 스카우트의 '안목'은 다양한 경험이 좌우

Q. 선수를 가르쳐서 성장시키는 코치의 일과 스카우트의 일은 무엇이 다른가?

A. 도입 초기 단계라서 e스포츠 스카우트의 업무를 두부 자르듯이 할 수는 없다. 지도자와 스카우트 모두 선수의 성향, 능력을 간파하는 인사이트를 갖춰야 한다. 스카우트는 선수를 보는 눈을 갖춰야 하지만 선수를 가르치지는 말아야 한다. 같이 일하는 사람들의 영역을 확실하게 지켜 줘야 한다는 의미다.

스카우트가 선수를 발굴하고 추천하는 데 주력한다면, 코칭스태프는 영입한 선수를 육성, 운영하는 쪽에 책임감을 갖고 있다고 할 수 있다. 개인적으로는 아마추어든, 주전이든 내가 선발한 선수가 팀에 속한 뒤에는 거리를 두려고 노력하는데, 팀 생활은 지도자들의 영역이라고 생각하기 때문이다.

선수 보는 안목을 기르는 가장 좋은 방법은 시간을 오래 투자하는 것이다. 많은 경기를 보고 선수들의 플레이를 분석하며 직접 대화를 나누는 게 가장 좋은 방법이다. 다른 프로 스포츠에서 스카우트로 나서는 사람들이 선수 출신이라는 점은 시사하는 바가 크다. 몸으로 뛰면서 보고 느낀 것들이 축적되면서 선수의 미래를 내다보는 능력으로 발전한다. e스포츠의 경우에는 역사가 짧기 때문에 선수 출신 스카우트가 이제 막 등장하고 있다. 그래서 나처럼 기자, 코치, 프런트 등 다양한 경험을 했던 사람이 스카우트로 활동할 수 있다. 스카우트라는 직업이 안정성을 갖는 날이 오면 선수 출신이 대부분 자리를 차지할 것이다.

Q. 지원 부서와의 교감도 중요할 것 같다.

A. 스카우트는 선수 영입에서 최종 결정권자가 아니다. 우리 팀의 색깔과 목표를 알고 있고 가장 적절한 인재를 추천하는 역할을 해야 하지만, 회사 혹은 팀의 사정에 따라 영입 결과가 달라질 수 있다. 젠지 이스포츠는 지사장, 단장 등 선수 영입을 결정하는 자리들이 있고, 감독 및 코치들도 의견을 개진할 수 있도록 열린 정책을 펴고 있다. 내가 추천한 선수가 반드시 영입되어야 한다고 고집을 부리다 보면 의사 결정 과정을 왜곡할 수도 있다.

SHOW ME THE MONEY

2020년 초 방영된 야구 드라마 '스토브리그'는 야구인들의 희로애락과 갈등을 현실적으로 그려내면서 호평을 받았다. 스포트라이트를 받는 프로 야구 선수들에 대한 이야기도 극적이었지만, 이들과 함께 생활하는 사장, 단장, 지도자, 프런트, 스카우트, 기자 등 다양한 직업이 갖고 있는 특징과 성취, 고뇌 등을 읽을 수 있었다.

'스토브리그'에 등장하는 스카우트들은 독특한 시선을 갖고 있다. 선수로 성공했든, 성공하지 못했든 야구에 대한 식견에 있어 둘째가라면 서러운 이들은 중고교 시절부터 눈독을 들였던 선수들을 자기 팀으로 끌어오기 위해 별의별 방법을 다 쓴다. 물론 사회적으로 물의를 일으키고 지탄을 받는 방법을 사용하다가 적발되기도 한다.

손창식 스카우트도 이 드라마를 꼬박꼬박 챙겨 봤다. 야구와 e스포츠가 공통점이 없지만, 드라마 속 야구 스카우트들이 갖고 있는 노하우와 분석 능력, 사람을 끌어들이는 방법 등에 대해 배울 점이 많았기 때문이다.

손 스카우트는 드라마를 보는 내내 부럽다는 말을 달고 살았다. "내가 뽑은 선수가 더 좋은 성과를 냈다.", "선수 보는 눈은 내가 더 정확하다."라며 스카우트끼리 싸울 수 있는 분위기 자체가 부러움의 대상이었다. e스포츠 스카우트가 겪는 어려움이 매우 많지만, 가장 큰 어려움은 스카우트를 직업으로 가진 사람의 수가 절대적으로 적다는 점이다. 스카우트는 프로 선수는 물론, 아마추어 선수까지 후보군을 만들어내야 한다. 그러기 위해서는 선수 정보를 수집해야 한다. 가장 좋은 방법은 경기를 지켜보는 일이다. 즉, 물리적인 시간이 필요한데 스카우트 인원이 절대적으로 부족해 만족스런 데이터를 확보하기가 어렵다.

e스포츠 선수들이 배출되는 경로가 일정하지 않다는 것도 어려움 중 하나다. 야구는 프로 선수로 성장하는 코스가 정해져 있다. 리틀 야구 혹은 초등학교 야구를 통해 4~5학년에 선수 생활을 시작하고 중학교와 고등학교를 거치면서 포지션이 정해진다. 학교별로 지도자가 존재하기 때문에 코칭스태프를 통해 사전 정보를 취합한 뒤 선수들을 직접 눈으로 확인하면 검증을 마칠 수 있다.

하지만 e스포츠는 학원 스포츠 단계가 존재하지 않는다. 학교에서 인정해 주지 않을 뿐만 아니라 아마추어 선수들을 따로 모아 지도하는 체계가 최근에 생기기 시작했기 때문에 사전 정보를 입수하기가 거의 불가능하다. 경기 분석관도 존재하지만, 스카우트보다는 코칭스태프와 더 가깝기 때문에 도움을 받기가 쉽지 않다.

스카우트 업무는 1년 내내 진행된다. 정규 시즌이나 포스트 시즌이 진행되는 동안에 스카우트의 업무는 매우 바쁘게 돌아가지 않는다. 앞서 언급한 태부족인 인원, 아마추어까지 커버해야 한다는 부담만 덜면 스카우트는 정찰병이라는 뜻처럼 정보 수집에 집중한다. 영입 후보군을 정하고 예상 몸값을 설정하는 일 등을 상시적으로 진행한다.

스카우트가 진가를 발휘하는 시기는 드라마 제목처럼 '스토브리그'다. e스포츠는—LoL 중심이지만 다른 종목도 크게 다르지 않다—세계 대회인 월드 챔피언십 진출 팀이 결정되는 10월부터 본격적인 스토브리그에 돌입해 12월 말까지 1군 주전과 백업 선수들의 라인업을 구성한다. 본격적인 영입 작전은 11월 중순부터 시작되지만 10월부터 정보를 수집해 놓지 않으면 선수들의 계약이 대거 종료되는 11월에 허탕을 치는 경우가 다반사다.

선수들은 계약 기간이 남아 있는 동안에는 원 소속 게임단의 허락을 받지 않는 한 다른 팀과 접촉할 수 없다. 시즌이 마무리된 시점인 10월이라 하더라도 다른 팀 스카우트와 선수가 만날 경우 사전 접촉Tampering 의심을 받을 수 있다. 탬퍼링으로 징계를 받는 순간 해당 팀과 스카우트, 선수는 평생 씻을 수 없는 오점을 남긴다. 스카우트가 스토브리그에 살얼음판을 걷지 않으려면 1월부터 9월까지 치밀하게 계획된 물밑 작업을 통해 정보를 확보해 놓아야 한다. 그래야만 스토브리그에 따뜻하게 군불을 쬘 수 있다.

스카우트라는 직업은 모든 프로 스포츠에 존재한다. 야구의 본고장인 메이저리그는 훌륭한 선수가 있다는 소문이 들리면 한국까지 스카우트를 특파한다. KBO 리그가 중계될 때 선글라스를 쓴 채 스피드건과 노트북을 자리에 깔아 놓고 선수들을 골똘히 쳐다보는 외국인의 모습이 보이면 "○○○ 선수를 보기 위해 스카우트가 현장에 왔어요."라는 멘트가 심심치 않게 들린다. 글로벌 선수 선발 시스템이 갖춰진 축구 또한 리그가 진행되는 세계 각지에 스카우트를 보낸다.

e스포츠의 경우, 스카우트라는 직업이 도입된 지 얼마 되지 않았지만 수요는 엄청나게 늘어나고 있다. e스포츠 업계의 숙원 사업 가운데 하나가 정식 스포츠로 인정받는 것이고 이를 위해 게임단들은 다른 프로 스포츠에서 사용하고 있는 시스템을 열심히 벤치마킹하고 있다. 그 가운데 하나가

스카우팅 시스템이다. 게다가 LCK에 프랜차이즈 시스템이 도입되면서 하나의 게임단이 1군은 물론, 2군, 3군, 육성군까지 꾸리는 사례가 늘어나고 있어서, 선수 보는 눈을 가지고 있고 영입 노하우까지 갖춘 스카우트를 원하는 팀은 앞으로 계속 늘어날 것으로 보인다.

하지만 선수 보는 눈과 영입 노하우가 하루아침에 생겨날 수 없다. 생애 첫 직장을 구하는 취업 준비생이 스카우트가 되기는 쉽지 않다. 프로 선수를 경험했거나 손창식 스카우트처럼 e스포츠 업계의 다른 직업을 통해 경험치를 끌어올린 사람들이 스카우트로 전직할 가능성이 높다. 최근 프로 게임단들이 전력 분석관이라는 포지션을 만들어 비선수 출신 분석관을 영입하고 있는데, 게임을 좋아하고 수치화 작업에 능한 이공계생들에게 적합한 직군이다. 전력 분석관으로 경험을 쌓은 뒤 스카우트로 직업을 바꾸는 것도 추천한다.

FEEDBACK

★ 급여 수준

본봉은 중소기업과 비슷하지만 성과를 냈을 때 인센티브가 크다.

★ 취업 난이도

e스포츠 업계에 네트워크를 갖추지 못했다면 지원 불가능.
분석 능력이 있다면 지원은 가능.

★ 향후 전망

e스포츠 관련 직업이 세분화되고 있어 향후 미래는 밝은 편.
팀마다 유망주 발굴에 힘쓰고 있음.

★ 업무 강도

10~12월은 지옥의 일정. 언제 잠들고 언제 일어나는지 모른다.
평소에는 유망주 발굴에 집중하는 편이라 수월함.

★ 업무 만족도

아무리 둔한 사람이라도 1군 영입전은 날마다 변수가 생기므로
예민해진다. 아마추어 유망주 발굴 시 뿌듯하고 보람차다.

리그 기획자

e스포츠의 판을 짜는 사람

리그 기획자

업무 개요	e스포츠 종목사 소속으로, 대회를 기획하며 운영한다
급여 수준	신입 초봉 3,000만 원 수준(경력직 우대)
채용 방식	회사 채용

e스포츠와 일반 스포츠 종목의 차이를 이야기할 때 가장 먼저 언급되는 것이 '권리의 유무'다. 일반 스포츠는 누가 만들었는지 유래가 존재하기는 하지만 누군가의 소유물은 아니다. 야구를 창안했다고 알려진 미국의 애브너 더블데이에게 MLB나 KBO가 대회 개최 허락을 받지 않으며, 농구를 고안한 제임스 네이스미스에게 NBA가 권리에 대한 대가를 제공하지 않는다.

e스포츠는 다르다. 게임을 기반으로 대회를 열어 경쟁을 펼치는 e스포츠는 게임 개발사, 배급사가 명확하게 존재하기 때문에 소유권이 확실하다. 게임 도입 화면의 하단부에는 'Copyright'라는 문구와 해당 게임을 개발하거나 퍼블리싱하는 회사의 이름이 적혀 있다.

e스포츠 종목으로 전 세계적인 인기를 끌고 있는 게임은 리그 오브 레전드(라이엇 게임즈), 도타2(밸브), 카운터 스트라이크 시리즈(밸브), 콜 오브 듀티 시리즈(액티비전), 스타크래프트 시리즈(블리자드 엔터테인먼트), 오버워치(블

리자드 엔터테인먼트), 플레이어언노운스 배틀그라운드(펍지 주식회사), 피파 온라인(EA 스포츠), 카트라이더(넥슨), 왕자영요(텐센트), 클래시 로얄(슈퍼셀) 등이다. 괄호 안에 표기된 회사들이 이 게임을 개발한 주인들이다. 제3자가 이들 게임을 활용해서 대회를 만들고 스폰서를 영입하는 등 상업 활동을 하기 위해서는 '주인들'에게 허락을 받아야 한다. 일정 부분 반대 급부를 제공해야 하는 경우도 있다.

슈퍼콤, 패미컴 시절 게임을 즐기던 사람들은 퀘스트를 모두 클리어하거나 최종 보스를 잡아내면 끝이었다. 하지만 인터넷의 발전으로 게임이 양방향을 넘어 다방향으로 서비스되기 시작하고 실시간 대전이 가능해지면서 게임을 활용해 서로 대결을 펼치는 방식의 대회가 열리기 시작했고, 이것이 e스포츠로 발전했다. 게임 회사가 대회를 여는 것 자체를 e스포츠로 여기던 시절에는 단기 마케팅 효과를 노리려는 상업 행위로 받아들여졌다. 하지만 스타1과 카트라이더 등의 게임으로 e스포츠 대회가 꾸준히 열리고, 이를 통해 스타1에서 임요환, 홍진호, 박정석, 이윤열 등 4대 천왕이 등장하고, 카트라이더에서는 천재와 황제의 모든 면모를 갖춘 문호준과 같은 스타플레이어가 등장하면서 e스포츠는 제대로 궤도에 올랐다.

e스포츠 직업 설명서

2000년부터 2010년까지 방송사와 한국e스포츠협회 등의 조직이 주도해서 게임의 e스포츠화를 시도했다. 하지만 이후에는 개발사로서의 권리를 소유한 게임사들이 직접 e스포츠 리그를 관장하고 있다. 지적 재산권을 갖고 있는 게임사들은 내부에 e스포츠 운영 조직을 별도로 갖추어, 각 국가별 또는 대륙별 대회를 기획하고, 이들이 한자리에 모이는 글로벌 대회도 선보이면서 성장하고 있다.

전 세계적으로 가장 잘 정돈되고 관리된 리그를 갖고 있는 e스포츠 종목은 LoL이다. 한국, 중국, 북미, 유럽 등 4개 메이저 지역에서 상시 리그를 운영한다. 베트남, 동남아시아, 터키, 일본, 오세아니아, 라틴 아메리카, 브라질, 러시아 등에서도 리그를 진행하고 있다. 1월부터 3월까지 스프링 시즌을 개최한 뒤 4월에는 각 지역의 스프링 우승자가 모여 대결하는 미드 시즌 인비테이셔널을 진행한다. 5월부터 8월까지 서머 시즌을 운영하고 지역에 따라 선발전까지 치른 뒤 9월 하순부터 11월까지 월드 챔피언십을 진행한다. 12월에는 올스타전을 개최하면서 LoL e스포츠의 1년은 마무리된다.

마지막까지 살아남은 한 명이 승리하는 배틀 로열 방식을 채택한 FPS 게임으로 전 세계적인 인기를 얻고 있는 플레이어언노운스 배틀그라운드이하 배그도 글로벌 e스포츠 대회를 꾸준히 개최하고 있다. LoL의 경우, 센트럴이라고 불리는 미국이 주도권을 갖고 각 지역을 이끌고 있지만, 배그의 경우는 한국에 헤드쿼터가 존재한다. 한국에서 내리는 의사 결정에 따라 전 세계에 퍼져 있는 배그 e스포츠 조직이 움직인다.

배그 e스포츠 리그는 각 지역별로 3회의 대회를 개최한다. 상위 포인트를 얻은 팀들이 각 지역을 대표해서 연말에 열리는 글로벌 챔피언십에 참가한다. 배그 프로 게임단이 많은 한국·중국·북미·유럽 지역이 메이저 지역으로 꼽히고, 일본·대만·동남아시아·라틴 아메리카 등에서도 여러 팀들이 참가한다. 각 지역에서 열리는 대회가 끝나면 1개월가량 휴식기가 주어지는데, 이때에는 배그의 허락을 받은 제3의 조직들이 개최하는 대회가 짧게 진행된다.

1년 동안 전 세계가 유기적으로 움직여야만 연말에 열리는 월드 챔피언십이 무리 없이 진행된다. 월드 챔피언십이 끝나면 팬들은 이듬해에 열리는 새로운 시즌까지 2~3개월 동안 지루하게 기다려야 하지만, 리그 기획자들은 그때부터 고민과 야근을 시작한다. 한 해 동안 어떻게 리그를 이끌어 갈 것이며, 최종 대회는 어디서, 어떤 형식으로 열고, 새로운 시도는 어떤 것을 해 볼지 등을 내부에서 논의한다. 어느 정도 가닥이 잡히면 각 지역별 리그 담당자들의 의견을 듣고 수정, 보완한 뒤 1년 계획을 정한다.

최고 수준의 의사 결정이 이뤄진 뒤에는 로컬 기획자들이 바통을 이어받아 업무를 진행한다. 지역 대회에 참가할 팀의 수를 확인하고, 대회를 진행하고 방송으로 송출할 방송사도 선정한다. 지역만이 갖고 있는 특징을 규정에 반영해야 하는지도 논의해야 한다. 참가 팀과 선수들을 대상으로 바뀐 규정을 설명하고 공통 소양 교육도 진행한다.

실제 시즌에 돌입하면, 리그 기획자들은 대회 운영과 관리에 집중한다. 현장을 모니터링하며 선수들이 불편함을 느끼지 않는지, 팀들의 요구 사항은 무엇인지, 방송은 제대로 송출되는지, 팬들의 반응은 어떤지 일일이 확인하고 보완하는 일을 한다.

리그 기획자가 되기 위해서는 게임과 스포츠 모두를 알아야 한다. 해당 게임을 속속들이 알고 있어야 선수와 팀 들이 전하는 요구 사항을 제대로 파악하고 대응할 수 있다. e스포츠 대회를 시청하는 사람들의 호불호 또한 게임을 알아야만 파악할 수 있다. 재미있어 하는 부분은 더욱 강조하고 지루하게 느끼는 부분은 수정해야 보는 재미도 강화할 수 있다.

스포츠에 대한 지식도 필요하다. e스포츠만의 특징을 갖고 있지만 대부분의 대회 포맷은 전통 스포츠에서 가져왔기 때문이다. 야구, 농구, 배구에는 정규 시즌과 포스트 시즌이 존재하고, 축구는 정규 시즌만 진행한 뒤 승점과 골득실, 다득점 등으로 순위를 가린다. 4명이 한 조를 이뤄 컷오프 방식으로 대회를 여는 골프, 철저한 토너먼트 시스템을 표방하는 테니스 등 스포츠에는 다양한 포맷이 존재한다. 스포츠 종목별 대회 방식의 특징과 장단점을 파악하고 있어야 e스포츠 리그 기획자들은 자신의 리그를 기획할 때 다양한 아이디어를 내놓을 수 있다.

한국에서 활동하고 있는 e스포츠 리그 기획자들은 그리 많지 않다. 수많은 게임 회사 가운데 e스포츠 대회를 운영하고 있는 곳이 많지 않고, 심지어 글로벌 대회를 진행하는 곳은 다섯 손가락 안에 꼽는다. e스포츠 리그 기획을 해 본 사람이 많지 않아서 경쟁사의 스카우트 표적이 되어 이직하는 경우도 많다.

펍지 주식회사 소속으로 중국 리그를 기획, 운영하고 있는 신승재는 국제e스포츠연맹을 거쳐 스마일게이트에서 크로스파이어 스타즈를 운영하다가 펍지 주식회사로 이직했고, 펍지 주식회사의 김우진 e스포츠 팀장은 라이엇 게임즈 코리아의 e스포츠팀 출신이다. 라이엇 게임즈에서 발로란트의 e스포츠화를 추진하고 있는 신지섭 리드는 라이엇 게임즈에서 일하다가 펍지 주식회사로 건너갔고 또 다시 라이엇 게임즈로 돌아간 케이스다.

HARD CARRY

임수라 PUBG 이스포츠실 매니저

e스포츠 역사는 짧지만 게임사들은 e스포츠 리그의 중요성을 잘 알고 있다. e스포츠의 장점은 게임을 즐기는 이용자들에게 최고 레벨의 선수들의 플레이를 전해 주면서 보는 재미를 선사한다는 것이다. 각 종목별로 스타플레이어를 배출하면 롤모델로 삼아 프로 게이머를 꿈꾸는 사람들이 생겨나면서 게임의 수명이 자연스럽게 길어진다.

펍지 주식회사에서 e스포츠 리그 기획자로 일하고 있는 임수라 또한 스타플레이어 출신이다. 스페셜포스라는 FPS 게임으로 프로 리그가 생기면서 MBC게임 히어로에 드래프트됐는데, 남성 게이머들과 어깨를 나란히 할 정도로 실력이 빼어났다. 코치 자리를 맡았을 때에도 후배들을 다독이면서 상위권을 유지하는 지도력을 발휘했다.

스페셜포스 리그가 사라진 뒤에는 한국e스포츠협회에 들어가 행정가로 변신했다. 임수라는 전국 아마추어 e스포츠 대회 등의 운영을 맡으면서 리그 기획자로서 기반을 닦았다.

이후 한국이 개발해 전 세계적으로 히트시킨 배그의 한국 지역 기획자로 자리를 옮기면서 후배 프로 게이머들이 뛸 영역을 넓히고 있다.

TIP | 기획부터 운영까지 다 하는 자리

Q. 간단한 자기 소개를 부탁한다.

A. 배그 리그의 한국 지역 매니저로 2020년까지 활동했고, 2021년부터 글로벌 리그 오퍼레이션 매니저를 맡은 임수라다.

Q. 리그 기획자는 무슨 일을 하는지 모르는 분들이 많을 것 같다. 자세하게 알려 달라.

A. 말 그대로 리그를 기획하는 사람인데, 단순히 기획에서 끝나지 않고 운영, 관리, 조율 등을 모두 하는 자리다. 선수들이 경기할 수 있는 대회를 만들고, 우승컵을 들어 올린 팀이 세리머니를 하고 빠져 나갈 때까지 모든 것을 맡는 사람이라고 보면 된다. 기획 업무는 전체의 30~40퍼센트 정도를 차지하며 나머지는 현장 운영에 신경 쓴다.

Q. 업무 루틴도 궁금하다.

A. 펍지와 라이엇 게임즈, 블리자드 엔터테인먼트 모두 비슷할 텐데 글로벌 e스포츠 대회를 운영하는 게임사들은 10~11월에 내년 일정을 짠다. 배그는 한국이 개발한 게임이기 때문에 한국 오피스가 중심이 되어 전 세계 리그를 관장한다. 각 지역별 대회 포맷을 정하고 글로벌 파이널 날짜를 맞춘다. 펍지가 자체적으로 운영하는 대회도 있지만, 서드 파티가 운영하는 대회를 위한 시간도 배정한다. 2020년에 누구도 예상하지 못한 코로나19 바이러스라는 변수가 생겨서 전 세계적으로 스케줄이 뒤죽박죽이 돼 애를 먹었다.

Q. 글로벌 리그 오퍼레이터로서의 업무를 이야기해 준 것 같다. 로컬 담당자가 하는 일은 조금 더 디테일할 것 같다.

A. 한국 지역 담당자는 지역의 리그 스케줄을 조율하고, 방송사와 팀을 챙기면 된다. 주차별 일정을 정하고, 대회를 진행할 날짜와 시간을 방송사와 조율하며, 장소까지 세팅한 뒤에 팀들에게 방식과 일정을 공유한다. 대회 포맷과 참가 팀 숫자에 따라 변동 사항이 생길 수도 있어서 글로벌 오퍼레이션 팀과 한국의 게임단과 계속 연락을 취하고 상황을 파악해야 한다. 개막 직전까지 해야 할 일이 엄청나게 많다.

대회가 열리면 그때부터는 이전과는 다른 방식으로 일을 한다.

현재 리그 기획자로 일하고 있는 임수라는 역동적으로 변모하는
e스포츠계의 특수성을 반영하듯 직업을 바꿔 왔다. ⓒ 임수라

이전까지는 전화기를 붙잡고 연락을 돌리는 경우가 많았다면, 이제는 현장에서 방송사, 게임단들과 직접 대화를 나눠야 한다. 현장 운영팀으로 전환된다는 뜻이다.

Q. 리그 기획자가 되기 전에는 어떤 일을 했나?

A. FPS 게임인 스페셜포스를 통해 e스포츠 업계와 인연을 맺었다. 스페셜포스 프로 리그라는 대회가 생겼는데, MBC게임 히어로라는 팀이 여성인 나를 선수로 영입했다. 1년 정도 선수로 활동하다가 코치로 전향, 선수들을 지도했다. 2012년 한국e스포츠협회에 행정직으로 입사하면서 아마추어 대회 기획과 운영을 경험했다. 2014년부터 LoL에 참가하는 팀들을 관리하는 업무를 맡았다. 2017년 협회를 떠나 카카오게임즈로 이직했는데 공교롭게도 이 회사가 펍지의 한국 지역 서비스를 맡았다. 1년 동안 아마추어 대상으로 랜파티, 온라인 대회 등을 기획했고 실력을 인정받아서 펍지 주식회사로 이직했다.

Q. 선수, 지도자 출신이 행정가로 변신하는 게 쉽지 않았을 것 같다.

A. 어릴 때부터 게임에 전념했던 사람들이라면 행정가로 전환하는 일이 쉽지 않았겠지만, 나는 프로 게이머가 되기 전에 여러

위 MBC게임 히어로에서 프로 게이머로 활약했던 임수라(앞줄 왼쪽에서 네 번째).
아래 한국e스포츠협회에서 일하던 시절, 2013년 인천에서 열린
실내 무도 아시안게임에 선수들과 함께 참석했다. ⓒ 임수라

사회 생활을 거치면서 일머리를 조금 배워서 어느 정도 따라갈 수 있었다. 프로 게이머로서 경기에 전념할 때와 행정가로 바뀐 자리에서 업계를 볼 때 시야가 완전히 다르다는 걸 느꼈다. 열심히 배웠다.

한국e스포츠협회에 입사하고 나서 처음으로 운영을 맡은 대회가 전국 아마추어 e스포츠 대회였다. 스페셜포스 등 팀 경기와 스타크래프트와 같은 1 대 1 게임, 서서 즐기는 모바일 게임 등이 종목이었다. 세 종목 모두 특징이 다른데, 네트워크 환경, 경기 설비, 장비 등에 대해 제대로 파악하지 못하면서 경기장의 세팅이 이상하게 됐다. 종목사의 항의를 받았고 하루 내내 다시 재정비한 끝에 무사히 대회를 치렀다. 종목마다 선호하는 세팅이 있다는 것을 깨달은 계기였다.

Q. 배그 리그의 현황을 알려 달라.

A. 우리 회사는 2018년부터 본격적으로 e스포츠 대회를 열었다. 상반기에는 방송사들이 대회를 기획했고 회사에서 승인하는 방식으로 테스트 형식의 대회를 열었다. 하반기부터 펍지가 주도적으로 나서면서 주관 방송사 선정부터 대회 방식 확정, 게임단과의 연락 등을 모두 하고 있다.

Q. 3년가량 진행된 배그 리그를 보면 매년 방식에 변화를 준다. 어떤 과정을 거치나?

A. 배그 e스포츠의 구도는 다른 e스포츠 종목과 비슷하다. 각 지역마다 1년에 3회 정도 대회를 연다. 이 대회에서 얻은 포인트를 기반으로 11월 정도에 글로벌 챔피언십을 개최한다. 외부 파트너사들이 여는 서드 파티 대회는 지역 대회 사이에 발생하는 휴지기에 열린다. 지역에서 시즌별로 대회가 열리지만 최종적으로는 글로벌 챔피언십에서 우승하는 팀이 그해 전 세계에서 가장 강한 팀이 되는 구조다.

TIP | 관계자들의 아이디어와 클레임을 경청하고 새 방식 찾는다

Q. 새로운 방식을 도입할 때 아이디어를 어디에서 얻나?

A. 배그 리그는 초반부터 결정할 것이 많았다. 1인칭과 3인칭 두 가지 방식 중에 무엇을 택할지, 라운드 숫자는 몇 개로 정할지, 포인트를 어떻게 배분해야 교전 중심의 플레이가 나올지 등 감안할 것이 많았다. 그러다 보니 매 시즌 포인트 산정 방식, 룰 등이 계속 바뀌었다. 시즌 중에도 여러 관계자들이 다양한 아이디어를 전하고 클레임을 건다. 리그 기획자는 이러한 피드백을 어떻게 더 나은 방향으로 적용할지 고민해야 하는 자리다.

Q. 로컬 매니저부터 글로벌 오퍼레이터까지 많은 경험을 갖고 있는데 기억에 남는 대회가 있나?

A. 로컬 매니저로 참가한 2019년 미국에서 열린 펍지 글로벌 챔피언십이 가장 많이 생각난다. 1개월가량 대회가 진행됐는데, 한국 선수들이 음식 등의 문제로 엄청나게 힘들어 했음에도 불구하고 악조건을 훈련량으로 극복한 젠지 이스포츠 선수들이 정상에 올랐다. 국제 대회에서 한국 지역의 명예를 걸고 출전한 선수들이 우승컵까지 거머쥐었을 때 팀 소속이 아닌 로컬 매니저이지만 짜릿한 성취감을 느꼈다.

Q. 리그 기획자이기도 하지만 운영자이기도 하다. 리그가 순탄하게 진행되기 위해서는 팀들과의 소통이 중요할 것 같다.

A. MBC게임 히어로의 스페셜포스 팀 코치를 해 봤기 때문에 팀의 입장을 잘 안다. 팀은 선수들의 컨디션 유지를 최우선으로 생각하고, 다른 팀들과 동등한 대우를 받길 원한다. 로컬 운영자 시절 게임단들의 클레임을 많이 받으면서도 공평무사하게, 중립적으로 대하려고 노력했다.

TIP | 스포츠 경영 관리사 시험 추천

Q. 리그 기획자가 갖춰야 할 요건이 있나? 특정 분야의 전공이 필요한가?

A. 스포츠 행정과 경영 관련 지식이 있으면 도움이 된다. 한국e스포츠협회에서 일하던 시절부터 전통 스포츠와 관련된 공부를 많이 했다. e스포츠도 대회 포맷이나 운영법은 전통 스포츠에서 따올 수밖에 없기 때문이다. 당시 팀장의 권유로 스포츠 경영 관리사라는 시험을 통과해서 자격증을 갖고 있는데, 자격증 자체가 도움이 되기보다는 공부한 내용이 리그 기획자로 활동하는 데 도움이 됐다. 최근에 후임 직원은 골프 업계에서 활동하다가 왔는데 나와 같은 자격증을 갖고 있었다.

Q. 배그 리그가 전 세계에서 열리는 글로벌 리그이다 보니 외국어 능력도 갖춰야 할 것 같다.

A. 외국어 능통자는 항상 우대한다. 영어는 대부분 어느 정도 수준으로 구사한다. 중국어를 할 줄 아는 분들을 조금 더 선호한다. 글로벌 대회를 진행하다 보면 다양한 국가에서 선수들을 초청하기 때문에 국가별로 통역사를 구하지만 중국어와 영어를 할 줄 아는 직원이 있는 것과는 또 느낌이 다르다.

Q. 리그 기획자가 되고 싶은 사람들에게 해주고 싶은 조언은?

A. 최우선 조건은 게임을 좋아해야 한다. 펍지 주식회사는 기본적으로 게임을 개발하는 회사다. 게임 회사이지만 의외로 게임을 좋아하지 않는 분들이 꽤 있다. e스포츠 리그 기획자가 게임을 잘할 필요는 없는데, 게임을 속속들이 잘 알아야만 게임단들과 의사 소통이 된다. 경기 안에서 일어나는 사소한 일들이 선수들에게는 고충이 될 수 있고 장애물이 될 수 있다. 그리고 시청자들의 눈높이를 맞추기 위해서도 기획자는 게임을 잘 알아야 한다. 하나의 게임을 열심히 보는 시청자들은 프로페셔널이라고 봐도 무방하기 때문에 그들의 니즈를 맞추려면 게임을 잘 알아야 한다.

게임단의 말을 들어야 하고 게임단에게 알려줄 것도 많기 때문에 의사 소통 능력과 자세를 갖추는 것도 중요하다. 갑을 관계가 아니라 동반자여야 하고 중립적이고 공정해야 한다.

e스포츠를 통해 게임의 수명이 길어질 수 있다는 사실을 여러 사례를 통해 깨달은 대부분의 게임사들은 e스포츠를 염두에 두고 게임을 개발하고 있다. e스포츠와는 거리가 멀다고 알려진 MMORPG 다중 접속 역할 분담 게임 분야의 게임들도 2 대 2, 3 대 3 등의 모드를 삽입하면서 e스포츠화를 시도하고 있다. 펄어비스의 '검은 사막'이 대표적이다. 또, 컴투스가 개발한 '서머너즈 워'와 슈퍼셀의 '브롤스타즈'와 같은 모바일 게임도 e스포츠 리그를 꾸준히 열고 있다. 이와 같은 트렌드에 비해 e스포츠 리그 기획자는 턱 없이 모자라다. 수요가 엄청나게 많다는 뜻이다.

리그 기획자는 리그 방식을 만드는 최상위 결정자이기도 하지만, 현장에서 선수들과 팀들의 의견을 경청해야 하는 최하위 의견 수렴자가 돼야 한다. 최상위 결정자의 역할을 성공적으로 해내기 위해서는 풍부한 상상력을 가져야 하지만, 사례와 현실에 기반해야 한다. 리그에 새로운 요소를 접목시키는 것도 중요하지만, 의사 결정권자들을 설득해야 한다.

그러기 위해서는 이미 성공한 스포츠 종목들의 사례를 공부할 필요가 있다.

게임사의 트렌드와 마케팅 방향을 간파하는 통찰력도 갖고 있어야 한다. 특히 글로벌 리그 기획자의 경우에는 떠오르는 시장이 어디인지, 자사 게임의 이용률은 어떻게 되는지 수시로 체크하고 대회 참가 지역과 팀을 결정해야 한다.

예를 들어 보자. 스마일게이트라는 국내 게임 회사가 개발, 서비스하고 있는 FPS 게임인 '크로스파이어'는 글로벌 e스포츠 대회인 CFS 크로스파이어 스타즈를 매해 열고 있다. 하지만 한국 대표는 CFS에 참가할 수 없다. 크로스파이어를 한국에서 서비스했지만 다른 게임에게 주도권을 내주는 바람에 시장 점유율이 떨어졌다고 판단한 스마일게이트는 CFS 참가 지역 목록에서 한국을 제외했다. 대신 라틴 아메리카와 중동 등 다른 게임에서는 등한시했던 지역의 팀들에게 TO를 배정했다.

라이엇 게임즈의 LoL도 비슷한 사례를 갖고 있다. 15~30세의 인구 비율이 월등히 높은 베트남에서 게임을 좋아하는 인구가 늘어나고 있다는 통계가 발표되자 라이엇 게임즈는 LoL 월드 챔피언십에 참가하는 베트남 지역 팀을 늘렸다. 물론 베트남 대표로 출전했던 LoL 팀들이 국제 경쟁력을 갖고 있다는 사실을 입증했기에 가능한 결정이었다.

팀과의 적극적인 커뮤니케이션도 리그 기획자가 수행해야 하는 업무다. 글로벌 포맷과 일정이 결정된 이후, 해당 지역의 리그 기획자는 현지 상황에 맞춰 적용해야 한다. 참가하는 팀들과 수시로 의견을 교환해야 하고, 어떤 방송사가 대회를 촬영하고, 어떤 플랫폼을 통해 송출할지 결정해야 한다. 대회를 진행하는 과정에서 다종다양한 문제가 발생할 경우 팀과 선수들, 시청자들이 제기하는 클레임을 귀담아듣고 적극적으로 수정하는 자세를 보여야 한다. 의견 수렴 작업이 진행되지 않으면 해당 종목의 선수와 팀, 팬 들은 조금씩 줄어들고 결국에는 리그 기획자의 '밥줄'이 끊길 수도 있다.

리그 기획자는 e스포츠 경력을 갖고 있는 사람들이 지원하기 좋은 포지션이다. 임수라의 경우처럼 선수와 지도자, 행정가로서의 경력을 갖고 있다면 최상의 조건이다. 최근에는 프로 게이머나 지도자처럼 현장 경험을 가진 사람들 중에서도 리그 기획자를 선발하고 있다.

한국e스포츠협회가 2020년 처음 시행한 e스포츠 산업 인력 양성 교육에 참가하는 것도 방법이다. 협회는 전문 인력 과정을 따로 편성해 대회 기획 및 운영, 매니지먼트, 마케팅, 1인 미디어 교육 등 리그 기획자를 꿈꾸는 인원들에게 도움이 될 만한 교육 코스를 운영하고 있으며 수료증을 발급하고 있다.

다른 스포츠 분야에서 경력을 쌓은 사람도 e스포츠 리그 기획자가 될 수도 있다. e스포츠가 지향하는 바가 정식 스포츠화이기 때문에 스포츠에 능통하다면 환영하는 분위기다. 스포츠 업계에서 일한 경험이 없더라도 스포츠 경영 관리사 등의 관련 분야 자격증을 취득한다면 취업에 도움이 될 수 있다.

★ 급여 수준

신입 초봉은 게임사 기준 적용. 경력직 입사는 회사와 협의.

★ 취업 난이도

e스포츠 경력자를 우대했으나 신입으로 뽑는 경우가 늘고 있음.

★ 향후 전망

게임사들이 e스포츠로 만들 수 있는 게임을 개발하려는 의지를 밝히고 있기에 수요 증가.

★ 업무 강도

비시즌에는 기획, 시즌 중에는 현장 관리를 해야 하기에 비교적 높은 편.

★ 업무 만족도

다양한 클레임을 수용해야 하기에 스트레스를 받기도 하지만 대회를 마칠 때마다 성취감은 상당히 높다.

한국e스포츠협회

e스포츠 행정가

한국e스포츠협회

업무 개요	선수 관리, 리그 운영, 정부 및 유관 기관 협력 사업 추진
급여 수준	2,400~2,600만 원 (2020년 정규직 초봉 기준)
채용 방식	수시 채용
홈페이지	www.e-sports.or.kr

한국e스포츠협회Korea e-Sports Association, KeSPA는 국내 e스포츠 생태계를 구축하고 발전시키는 역할을 하는 비영리 사단 법인이다. 문화체육관광부가 유일하게 인가한 정식 e스포츠 단체로서, 1999년 한국프로게임협회라는 이름으로 발족됐 다가 2003년 한국e스포츠협회로 간판을 바꾸었다.

협회는 e스포츠 선수들의 권리와 이익을 지키고, e스포츠 의 밑바탕을 튼튼히 하여 이를 활성화하는 데 초점을 맞추 고 있다. 정부·지방 자치 단체·유관 기관과 협력해 e스포츠 사업을 실행하거나, 프로 게임단·종목사·선수를 양성하고 운영을 조율하며, 아마추어 대회를 개최한다. 또 e스포츠 종 목을 관리하고 국제 교류를 추진하기도 한다. 지난 2018년 자카르타-팔렘방 아시안게임에서 e스포츠가 시범 종목으로 채택된 후에는 프로와 아마추어 선수 관리, 정식 체육 종목 추진이 협회의 주 업무가 됐다.

2020년 기준으로 협회의 전체 직원 수는 19명. 그중 13명 이 정규직이고, 나머지 6명이 계약직이다. 그간 협회는 정기적으로 공채를 진행한 전례가 없다. 이유가 있다. 살림살이가 빠듯한데다 매년 진행하는 사업에 변수가 많기 때문이다. 협회의 연간 운영 예산은 회원사 회비, 문화체육관광부가 배정하는 e스포츠 사업 관련 국고 지원, 기타 사업 수익 등에서 나오지만, 절대 풍족하지 않다. 그래서 구인 공고 전부가 계약직 직원을 찾는 내용이다. 그나마 계약직으로 입사했다가 정규직으로 전환되는 사례가 가뭄에 콩 나듯이 나오고 있고, 협회 경험을 바탕으로 동종 업계로 진출할 수 있다는 건 위안거리다.

계약직의 경우, KeG대통령배 아마추어 e스포츠 대회, KeSPA컵, e스포츠 명예의 전당 시설 운영 등 협회의 연간 사업 내용에 따라 수시로 채용한다. 채용 과정은 서류 심사, 면접 순으로 이루어진다. 단, 국제 교류 등 글로벌 사업 관련 분야의 채용은 영어 회화 능력이 필수여서 서류 심사를 통과한 이들은 1차로 전화 면접을 치러야 하고, 그다음 대면 면접을 본다.

협회의 부서는 대외협력팀과 사업팀으로 나뉜다. 대외협력팀은 다시 산업지원파트와 홍보파트로, 사업팀은 사업기획파트와 경기운영파트로 세분된다.

산업지원파트는 정부를 비롯한 유관 기관과의 협력 업무를 맡고, e스포츠를 정식 체육 종목으로 만드는 일을 추진한다. 홍보파트는 미디어와 커뮤니티 관리, SNS 홍보를 담당하고, 매년 대학생들에게 e스포츠 업계를 관찰하고 취재할 기회를 부여하는 'KeSPA 대학생 리더스'를 운영한다.

사업기획파트에서는 협회 주관 대회 및 행사를 총괄한다. KeG 및 KeSPA컵이 여기에 속하며, e스포츠 공인 PC방 지정 관리도 업무에 포함된다. 경기운영파트는 공인 심판 관리, 선수 운영, 프로 게임단과의 커뮤니케이션을 담당한다.

협회 업무는 주로 책상 앞 문서 작업이 대부분을 차지하지만, 주말·공휴일·하계 시즌·방학 때에는 e스포츠 행사가 자주 열리기 때문에 해당 시기에는 외근 및 출장이 집중된다.

HARD CARRY 1

이승연 산업지원파트 과장

이승연 과장은 협회에서 10년 이상 일한 소위 '장기근속자'
다. 처음에는 홍보파트에 입사했지만, 지금은 산업지원파트
에서 일하고 있다. 문화체육관광부·대한체육회·서울시·교
육청 등 정부 기관 및 지방 자치 단체, 그리고 유관 단체와
함께 진행하는 협회 사업은 반드시 그의 손을 거친다. 현재
는 초등학생 아들을 둔 워킹맘이기도 하다.

TIP | e스포츠를 '산업'으로 바라보는 시각 필수

Q. 협회에 입사하게 된 계기는 뭔가?

A. 첫 직장이 방위 산업체였다. 그곳에서 홍보를 담당했다. 우리
   나라가 잘하는 것을 널리 알리고 싶었는데, 정작 방위 산업 분
   야는 마음껏 홍보할 수 없었다. 예를 들어, 일부 무기류는 기밀
   사항이라 공개 자체가 안 됐다. 아쉬움 속에 이직을 고민하던
   때, 구직 사이트에서 협회 채용 공고를 보게 됐다. 우리나라가

이승연 대외협력팀 산업지원파트 과장. ⓒ이승연

e스포츠 종주국이라는 점, e스포츠가 세계에서 주목받을 만한 콘텐츠라는 점이 눈에 확 띄었다. 면접 때 e스포츠 홍보대사가 되겠다는 포부를 밝혔는데 그게 먹혔다(웃음).

Q. 현재 몸담고 있는 산업지원파트에서는 어떤 일을 하나?

A. 주로 정부와 연계된 e스포츠 사업을 추진한다. 대표적으로는 'KeG'가 있다. 전국 단위의 대통령배 아마추어 e스포츠 대회인데 문화체육관광부가 주최하고, 협회가 주관하는 연례 행사

다. 또한 문화관광체육부와 한국콘텐츠진흥원KOCCA이 개관한 'e스포츠 명예의 전당' 시설 관리도 협회가 위임받아 운영중이다.

산업지원파트에서는 문서 작업이 타 부서에 비해 좀 깐깐하다. 관련 기관이 원하는 형식에 맞게 사업 배경과 예산 산출 근거 등을 제시하며 꼼꼼하게 문서를 작성해야 하기 때문이다. 예컨대, 정부나 지방 자치 단체 후원의 아마추어 e스포츠 대회를 개최하려면 예산 확보가 우선이다. 돈을 받아 내려면 사업계획서를 상세히 작성해야 한다. 나랏돈을 쓰는 것이니 해당 사업이 왜 필요한지를 근거와 명분을 문서 안에 넣어야 한다. 여기에 대회 운영에 필요한 인건비, 물품구입비 등 세부 항목을 하나하나 나열해서 투명성도 강조해야 한다. 실무자가 주도면밀할 수밖에 없다.

게다가 다른 스포츠에 비해 역사가 짧은 e스포츠는 기존에 구축된 데이터가 많지 않아서 정부에서 요청하는 자료를 준비하려면 담당자가 정보를 수집하려는 노력도 해야 한다. 또, 정부 관계자는 업무 순환을 이유로 자주 바뀌는데, 이들의 업무 이해를 도와야 신속하게 사업을 진행할 수 있다. 따라서 문구 하나, 숫자 하나에도 설득력을 지닐 수 있는 문서 작업 센스가 있어야 한다.

의무 사항은 아니지만, 기본적으로 e스포츠 저변을 넓히기 위한 수단이라고 생각하면 힘들어도 포기가 안 된다(웃음). 간혹 정부나 기관 관계자가 우리 자료를 보고 고마움이나 격려를 표시하면 보람을 느낀다.

Q. 원래 홍보파트에서 일한 것으로 알고 있다. 자리를 바꾼 이유는 무엇인가?

A. 홍보 파트에 있는 동안 타 팀 동료들을 보며 생각의 변화가 있었다. 동료 직원들이 대회를 기획하고, 현장을 뛰어다니며 경기를 운영하고 지휘하는 모습을 보면서, '내가 직접 e스포츠 판을 짜보면 어떨까' 싶었다. e스포츠는 현장의 생동감이 남다르다. e스포츠 분야에서 일하고 싶다면 경기 현장을 꼭 체험해 보길 권한다.

Q. 홍보 업무와 달라서 어려웠던 점이 있었나?

A. 이미 만들어진 결과물을 알리는 홍보파트에 비해 산업지원파트는 결과물을 만드는 부서다. 그래서 늘 현장의 고민들과 마주할 수밖에 없다. 대회를 기획할 때는 어떤 종목을 선정하고, 운영 예산은 얼마여야 하는지 합당한 근거를 제시해서 제안서를 만들어야 한다. 또, 참가사나 기관을 섭외해서 원하는 날짜

까지 기획된 내용을 실행에 옮겨야 한다.

앞서 말한 문서 작업이 협의나 증빙을 위한 수단으로서 중요하다면, 정부나 기관 담당자 등 외부 관계자와 의사 소통을 잘해야 하는 것도 꽤 까다로운 업무다. 협회가 매년 주관하는 KeG를 예로 들자면, 이 대회는 아마추어 저변 확대가 목표다. 협회가 전체 대회를 총괄하지만, 지역 예선이나 본선은 지방 자치 단체가 맡아서 한다. 여기에서 각자의 목표가 엇갈리기도 한다. 어떤 지역은 지역 경제 활성화 차원에서 대회를 치르고 싶어 하고, 또 다른 지역은 지역 문화 축제로 대회를 꾸미고 싶어 한다. 이럴 때 협회가 나서서 각 지방 자치 단체나 기관의 의견을 수렴하고 공공의 목표를 수립하도록 의견 조율자 역할을 해야 한다. 소통이나 공감 능력이 반드시 필요하다.

Q. 협회 입사 전에 e스포츠에 관심이 있었나?

A. 사실 나는 e스포츠를 잘 모르고 들어왔다. 내가 입사할 당시 e스포츠가 지금같은 인지도를 갖고 있었다면, 나는 경쟁자들에게 밀려 합격하기 어려웠을 것이다. 현재는 협회를 비롯해 e스포츠 관련업에 종사하려면 기본적으로 게임과 e스포츠를 잘 알거나, 또는 좋아해야 취업할 때 유리한 점수를 받을 수 있을 것이라고 본다.

대통령배 아마추어 e스포츠 대회 같은 경우, 지방 자치 단체와 중앙 정부 사이에서
협회가 조율자 역할을 해야 한다. ⓒ한국e스포츠협회

Q. 협회에 입사 지원서를 낼 때 유의할 점은 무엇인가?

A. 간혹 e스포츠를 좋아한다는 '팬심'만으로 협회에 지원하는 경우가 있다. 그러면 적응하기 힘들다. 종종 지원자 중에 협회가 국내 인기 리그인 LCK 관련 업무를 담당하는 줄 알고 좋아하는 선수를 만날 수 있겠거니 기대하는 경우를 본다. 협회가 LCK에 심판을 파견하거나 출전 선수를 관리하고 있지만, 그건 일부 업무일 뿐이다. 협회 업무의 대부분은 아마추어 활성화, e스포츠 저변 확대에 있다. 그들을 만날 확률보다 정부나 지방 자치 단체 관계자, 아마추어 게이머들과 소통할 일이 더 많다는 것을 유념했으면 한다.

Q. 협회 직원으로서 갖춰야 할 소양이 있을까?

A. 협회가 20년 이상 '유일한 e스포츠 공인 기관'의 지위를 유지해 왔지만, 사업 영역에 비해 전문 인력도 부족하고 운영 체계도 미흡한 면이 있다. 대단한 것을 기대하고 입사했다가 그런 환경 때문에 실망하는 동료들을 봤다.

그런데 이 점을 꼭 알았으면 좋겠다. e스포츠는 애초에 없었던 문화다. 이 분야에 관심 있는 사람들이 모여서 개척해 낸 시장이다. 게임에서 파생된 문화라는 특징도 있다. 이 때문에 다른 스포츠하고는 확연히 다르고, 이를 전제로 산업의 틀을 만들어야 한다. 또한 e스포츠에 대한 기성세대의 인식도 여전히 낮다. 결론적으로 e스포츠 산업은 아직까지 갈 길이 멀다. 그래서 나처럼 오래 근무한 협회 직원들은 일종의 사명감이 있다. e스포츠 생태계를 우리 힘으로 만들고 유지해야 한다는 그런 책임감이 있다. 그 밑바탕엔 e스포츠에 대한 애정과 열정이 있다.

Q. e스포츠 행정가를 꿈꾸는 이들에게 조언을 한다면?

A. 협회가 재정 자립도가 높지 않아서 경력직 직원이 잘 들어오지 않는다. 그래서 신입 사원을 트레이닝해서 협회의 여건에 맞게 전문 인력으로 키운다. 이 때문에 대다수의 신입 사원들이 e스포츠의 특수한 환경을 이해하고 적응하는 데 시간이 걸린다. 상황이 이러니 외부에서는 협회가 실제로 무슨 일을 하는지 더 모를 수밖에 없다. 우리는 프로와 아마추어를 포함해 e스포츠라는 산업 전체를 아우르며 다양한 사업을 추진한다. 그나마 최근에는 '풀뿌리부터 e스포츠를 살피자' 등 산업적인 견해를 가진 지원자들이 종종 있어 놀란다. 이처럼 e스포츠 성격을 잘 알고 그에 맞는 사업 아이디어를 발굴해 낼 수 있는 도전자들이 있었으면 좋겠다.

HARD CARRY 2

김세민 사업기획파트 주임

김세민 주임은 'KeSPA 대학생 리더스' 6기를 수료했다. 리더스의 전신인 'KeSPA 대학생 기자단'에서 우수 활동자로 선정돼 협회 인턴십 기회를 얻었다. 그리고 반년가량 인턴 생활을 거친 후 정규직에 채용됐다.

지난 20년간 협회에서 정규직 채용 기회가 많지 않았다는 사실을 떠올린다면, 김세민 주임이 얼마나 큰 행운을 잡았는지 쉽게 이해가 될 것이다. 하지만 모든 걸 운으로만 치부할 수는 없다. 협회가 그에게 손을 내민 이유가 있다. 협회에서 그의 별명은 '킹세민'. 꼼꼼한 업무 처리 능력으로 조직의 신임을 얻고 있기 때문이다.

TIP | 'KeSPA 대학생 리더스'는 e스포츠계로 가는 지름길

Q. 협회 정규직 채용이 거의 없는데 기회를 잡았다.

A. 정말 운이 좋았다. 인턴 생활을 함께한 동기 중에는 글쓰기

김세민 사업기획파트 주임. ⓒ 김세민

능력도 출중하고, e스포츠도 나보다 훨씬 더 잘 알았던 분이 계셨다.

인턴 직원이었을 당시, 협회 기획국 직원 한 분이 퇴사하면서 갑자기 자리가 생겼다. 그래서 구직 사이트에 채용 공고가 올라가기 전에 협회 분들에게 일하고 싶은 의지를 적극적으로 어필했다. 다행히 대면 면접을 통과해 지금의 자리에 오게 됐다. 대학생 기자단 활동을 했던 동기들 대다수가 e스포츠 쪽으로 진로를 정하고 싶어 했지만, 협회를 비롯해 정규직으로 취업할 수 있는 곳이 극히 드물어 게임사나 다른 콘텐츠 관련 직업군으로 전향했다. 어쩌다 e스포츠 현장에서 동기들을 마주칠 기회가 있는데, 행사에 단기 계약직으로 고용된 경우였다.

Q. 도대체 '대학생 리더스' 과정은 어떻게 알고 지원한 건가?

A. 대학에서 국어국문학을 전공했고, 게임과 e스포츠에는 큰 관심이 없는 평범한 대학생이었다. 어느 날 시험 기간에 같이 공부하던 동기가 롤드컵 중계를 보고 있어서 같이 시청했는데, 경기 룰을 모르는데도 재미있었다. 우리나라 선수들끼리의 결승전이었는데도 해외 팬들이 열광하더라. 그 모습이 무척 멋있어 보였다. 그때 진로를 e스포츠계로 정하면 어떨까 싶었다. 내 장점이 글을 쓸 줄 아는 것이니 'e스포츠 대외 활동'으로 폭을

좁혀서 알아 보았다. 검색을 해 보니 기자단 모집 뉴스가 눈에 띄었고, 지원해 봐야겠다고 생각했다.

Q. '대학생 리더스'에 발탁된 노하우를 좀 알려달라.

A. 1차 서류 전형을 위해 자기 소개서, 본인이 작성한 기사, 자유로운 형태의 블로그 글을 제출해야 했다. 나는 e스포츠라고는 LoL만 들어 봤을 정도로 무지했다. 우선 제출은 해야 해서 오피지지OP.GG, 게임 전적 데이터 서비스 사이트와 같은 온갖 인터넷 자

료를 뒤지고, 경기 VOD도 보면서, 각 팀별로 서포터 플레이어들이 자주 쓰는 챔피언을 분석하는 기사를 작성했다. 그때부터 친구와 동생의 도움을 받아 게임을 배우고 플레이하기 시작했다. 사실 특별한 노하우는 없었다. 기사 한 꼭지였지만 보기 쉽게 이미지도 만드는 등 정성을 다했다. 그런 점을 좋게 봐 주신 것 같다.

Q. 협회 업무에 만족하나?

A. 사실 '대학생 리더스'로 활동할 때, 인턴 사원으로 일할 때, 협회 정식 직원으로 실무를 마주할 때의 온도차는 엄청나다. 정규직 직원이 되기 전에는 협회가 엄청난 권위를 가진 기관인 줄 알았다. 실제는 대회 하나를 준비하기 위해 종목사의 승인을 받아야 하고, 참가자 CS 고객 서비스를 신경 쓰는 등 주최자이면서 보조자였다. 매번 대회를 준비할 때마다 이 과정이 되풀이되면서, 간혹 사업이 진행되지 않을 때 실망을 꽤 한다.
하지만 우리는 e스포츠를 알리는 숨은 일꾼이라고 생각한다. 프로보다는 아마추어 사업에 초점이 맞춰져 있고, 그렇다 보니 학생·가족·일반인이 참여할 수 있는 e스포츠 이벤트나 대회를 자꾸 연구하게 된다. 협회가 주관하는 행사에 참여하는 분들이 즐거워하는 모습을 보면 목적을 달성한 것 같아 뿌듯하다.

또한 협회 조직이 정예화되어 있기 때문에 업무의 자율성을 존중하는 분위기이다. 개인의 노력에 따라 전문성을 쌓을 수 있다는 이야기다. 협회 직원이 향후 여타 e스포츠 분야로 진로를 정할 때 큰 도움이 될 것이다.

Q. 협회 지망생에게 팁을 준다면?

A. 많은 게임을 접해 보고 e스포츠로서 가능성이 있는지 안목을 키우면 좋을 것이다. 배그도 활성화되기 전에는 '이렇게 리그를 만들면 되겠다' 하는 누군가의 생각에서 e스포츠가 시작됐을 것이다. 게임을 플레이하면서 리그를 예상해 보고, 붐업은 어떻게 할지 아이디어를 가진 분이라면 환영이다.

SHOW ME THE MONEY

축구나 야구와 같은 전통 스포츠와 달리 e스포츠는 아직까지 프로 리그를 따로 구분하여 관리하지 않는다. 유일하게 정부 인가를 받은 협회가 프로와 아마추어를 통합하여 국내 e스포츠를 총괄한다. 그에 비해 전문 인력과 운영 예산은 턱없이 부족하다. 당연히 짜임새 있고 세심한 행정을 펼치기가 어려운 구조다. 이 때문에 협회에서는 말 그대로 '일당백'의 역할을 할 인재를 찾고 있다.

지난 2014년부터 운영되고 있는 'KeSPA 대학생 리더스'는 협회가 e스포츠에서 활약할 전도유망한 인재들을 모으고 그들에게 기회를 주는 프로그램이다. 이 프로젝트는 젊은 세대의 시선으로 e스포츠를 알리고 스스로 배우게 함과 동시에, 이를 통해 대학생들이 e스포츠 직업군에 대해 고민하는 기회를 주고자 마련됐다.

리더스로 선정된 대학생들은 반년 동안 다양한 e스포츠 행사를 취재하고, 관계사를 탐방할 수 있으며, e스포츠 유명인을 패널로 섭외해 강연을 듣는 등 산업 전반을 두루 체험

e스포츠 직업 설명서

할 수 있다. 일반 기업의 인턴십을 떠올리면 이해하기 쉽다. 다만 대학생 리더스에서는 e스포츠 대외 활동을 통한 콘텐츠 제작에 따라 소정의 고료가 지급된다.

대학생 리더스로 선정되기 위해서는 서류 및 면접 전형을 통과해야 하는데, 최근 4년간 평균 모집 경쟁률이 7 대 1 수준으로 높은 편이다. 2019년도에는 70명이 지원해 9.5 대 1의 경쟁률을 기록했다. 리더스에 지원하는 대학생들의 전공 분야는 다양한 편이다. 협회에 따르면, 해를 거듭할수록 지원자의 전공 분야가 사회체육, 스포츠마케팅, 경영학 등 산업 관련 전공으로 전문화되어 가는 추세다.

냉정히 말해 '대학생 리더스'를 수료해도 협회에 입사할 수 있다고 단언할 수 없다. 하지만 이 활동 경험이 취업 준비에 꽤 도움이 된다. 리더스 출신인 김세민 주임에 따르면, 현재 e스포츠 분야 기관이나 기업의 신입 공채 모집이 극히 드물지만, 게임사나 엔터테인먼트 콘텐츠 기업에 취업한 동기들이 몇몇 있다. e스포츠가 게임으로부터 파생된 산업이고, 게임 기업 입장에서는 e스포츠 콘텐츠가 홍보나 마케팅의 일환이면서 오프라인 게임 문화로도 볼 수 있기 때문에 리더스 출신들의 경험이 채용에서 가산점이 되는 것으로 보인다.

확실한 건, '대학생 리더스'가 취업 준비생이 쉽게 접할 수 없는 다양한 형태의 e스포츠 실무를 밀접하게 보고 배울 수 있는 유일한 교육 프로그램이라는 사실이다. 자신의 적성이 이 분야에 맞는지, 안정적인 근무 환경인지 스스로 판단할 수 있기 때문에 e스포츠로 진로를 확정하는 데 현실적인 도움이 된다.

또, 정규직 직원 채용을 '아직' 많이 하지 않더라도 협회 자체는 e스포츠계에서 밥벌이를 하고 싶어하는 이들에게 훌륭한 등용문이다. 인턴 사원이더라도 선수 관리에서부터 대회 운영 기획, 정부 및 유관 기관 대응 매뉴얼 등 전방위적으로 실무를 익힐 수 있다. 정직원이 되는 행운을 거머쥔다면 파트별로 세분화된 업무를 숙지한 상태에서 일을 하기 때문에 더욱 다양한 경험을 쌓을 수 있다.

이는 추후 e스포츠와 관련된 다른 진로를 택할 때 강점이 된다. 실제로 e스포츠 업계에는 협회 출신 인력이 상당수 포진되어 있다. 이들은 게임단 관리직부터 에이전시, 종목사, 국제 교류 단체 등 다양한 분야에서 활약하고 있다. 특히 종목사가 협회의 대회 운영 능력을 신뢰하는데, 이 때문에 협회 직원 중 일부는 이 경험을 발판으로 펍지나 라이엇 게임즈 내 e스포츠 사업팀으로 전직하기도 한다.

협회 직원이면서 영어나 중국어 등 외국어가 능통하다면 해외 e스포츠 관련 기업이나 단체에서 러브콜을 받는다. 현재 북미와 유럽을 비롯한 여러 나라에서 e스포츠를 스포츠로 인식하여 제도를 마련하고 산업화에 총력을 기울이며 문화 조성에 앞장서고 있다. 가까운 중국만 해도 정부 차원에서 e스포츠를 국가 체육 종목으로 지정하고, 학원 체육화와 지역 연고제를 통해 산업 차원으로 이끌려 노력하고 있다. 이 나라들이 공통적으로 주목하는 시장이 한국이다. 이들은 한국을 e스포츠 종주국으로서 선수, 리그, 방송, 팬덤 등 기본 인프라를 갖춘 나라로 보고 있다. 그래서 각국 정부나 기업을 막론하고 e스포츠에 관심 있는 해외 주체들은 공식적인 루트를 통해 협회에 자문을 요청한다. 기본기와 경험치를 가진 한국의 e스포츠 인적 자원 역시 해외에서 탐을 낼 수밖에 없다.

협회 경력을 가진 이들이 세계 무대에서 활동할 수 있는 여건은 또 있다. 바로 협회 주도로 발족된 '국제e스포츠연맹 IeSF' 때문이다. 이미 국제올림픽위원회 IOC의 경우, 글로벌 e스포츠 표준화 때문에 협회와 국제e스포츠연맹에게 자문을 구하고 회의에 참석을 요청했는데, 향후 e스포츠가 올림픽에서 정식 종목으로 채택되는 과정에서 협회와 국제e스포츠연맹의 역할이 더욱 커질 수밖에 없다. 따라서 어학 능력이 출중한 협회 출신이라면 IOC와 같은 국제 스포츠 단체에서 일할 수 있는 기회를 잡을 수 있을 것이다.

10년 이상 협회에서 e스포츠 대외 커뮤니케이션을 담당했던 리코에이전시 김종성 팀장은 "협회는 프로와 아마추어 선수 관리 체계와 시장 생태계를 구축하는 업무가 핵심이다. 공신력을 가진 기관인 이곳에서 아마추어 대회 개최, 국가대표 선발, 정부 관련 행사 진행, 체육 종목화 등을 추진하면서 네트워크를 쌓고 실무를 익히다 보면 e스포츠 분야에서 경력을 쌓고자 하는 개인에게는 정말 큰 도움이 될 것이다."라고 귀띔했다.

★ 급여 수준

중소기업 수준

★ 취업 난이도

취업문도 좁은데 정보라도 많았으면…

★ 향후 전망

경력만 쌓으면 이 분야 전문가는 '나야 나!'

★ 업무 강도

배우랴, 일하랴, 만들랴. 바쁘다 바빠

★ 업무 만족도

'페이커'도 우리 관할! 자부심 뿜뿜

심판

게임을 스포츠로 만들어 주는 명품 조연

TUTORIAL

심판	
업무 개요	공인 아마추어 대회 및 프로 리그 경기 판정 및 운영
급여 수준	경기당 10~20만 원
채용 방식	KeSPA 연 1회 모집 및 교육 과정 이수
홈페이지	www.e-sports.or.kr

e스포츠 경기장에서 어두운 유니폼을 입고, 마이크가 달린 헤드셋을 착용하며, 무표정한 얼굴로 경기석 뒤에 서 있는 이를 본 적이 있는가. 간혹 방송국 스태프로 오해를 받는 이 사람. 바로 e스포츠 심판이다.

e스포츠 심판은 선수들과 가장 가까운 곳에서 자리 잡으며 처음과 끝을 함께하는 사람이다. e스포츠 경기가 공정하고 원활하게 진행될 수 있도록 판정을 내리는 일이 e스포츠 심판의 주된 임무다. 심판 유무에 따라 경기의 질이 달라질 정도로 e스포츠에서 꼭 필요한 구성원이다.

e스포츠 심판은 축구와 야구 종목의 심판과 비슷하면서도 다르다. 경기 시작 전 준비 사항들을 점검해 선수가 경기에 집중할 수 있도록 하고, 경기에 들어가면 규칙대로 진행되도록 하되 돌발 상황이 발생하면 상황을 살펴서 진행 여부를 결정한다. 여기까지는 기존 스포츠 심판들과 별반 다를 게 없다.

e스포츠 심판에게 기존 스포츠 심판이 수행하는 본질적

역할인, 경기 승패를 확정하는 일은 다소 부가적이다. e스포츠는 게임 내에 승패를 판정하는 프로그램이 탑재되어 있어서 심판이 개입할 여지가 별로 없다. e스포츠 심판은 경기 및 대회 운영자 역할까지 한다. 예를 들어, 선수의 경기용 PC 세팅을 돕는데, 운영 체제나 소프트웨어 문제가 발생하면 이를 해결한다. 종목이나 대회 규모, 성격에 따라 다르지만 때로는 경기 데이터를 수집하는 기록원의 역할도 수행한다. 이렇다 보니 e스포츠 심판은 경기 외적인 요소에 신경 쓸 수밖에 없다. 종목으로 지정된 게임의 룰과 대회 규정을 잘 알아야 하는 것은 기본이고, 컴퓨터 운영 체제나 소프트웨어 등 컴퓨터 프로그래밍을 어느 정도 다룰 줄 알아야 한다.

그렇다고 e스포츠 심판이 본연의 역할을 등한시하는 것은 아니다. e스포츠 초창기에 경기와 방송 중계를 동시에 시작한 탓에 시청자들에게 공정하고 그럴싸한 대회 진행 모습을 보여줘야 해서 심판이 '연출용'으로 여겨진 때가 있었지만, 그때나 지금이나 e스포츠 심판의 중요한 임무는 '원활한 진행'과 '공정한 판정'이었다.

2021년 현재, e스포츠 심판은 한국e스포츠협회 경기국 소속이다. 견습 심판을 포함해 20여 명이 활동하고 있다. e스포츠 심판은 협회에서 필요에 따라 모집 공고를 내는데, 1차

서류 전형, 2차 면접 전형을 통과하면, 일정 교육 프로그램을 이수한 뒤 이론 및 실기 평가를 치른다. 심사 기준 이상이어야만 심판 자격을 받는다. 심판은 활동 경력에 따라 견습 심판·2급 심판·1급 심판으로 나뉜다.

HARD CARRY 1

유동구 심판

유동구 심판은 2007년부터 e스포츠 현장에서 심판직을 수행해 현재 이 분야에서 가장 오래된 경력을 자랑한다. 또한 2012년 12월 한국e스포츠협회 정직원으로 합류해 경기운영 파트에서 재직 중이다. 경기운영파트는 심판을 관리하는데, 그가 심판 교육을 담당하고 있다. e스포츠 심판 지망생들에게는 유 심판이 본보기상이라고 해도 과언이 아니다.

TIP | 자신의 결정을 뚝심 있게 밀어붙일 수 있다면 OK

Q. e스포츠 심판 양성 과정이 궁금하다.

A. 심판을 무제한으로 양성할 수 없어서 일정 기간 동안 모집 공고를 내고 지원자 신청을 받는다. 서류 전형과 대면 면접을 통과해야 교육생 자격을 얻는다.

2020년부터 협회는 e스포츠 심판 양성 프로그램을 실시하고 있다. 기본적으로 e스포츠 종목 규정 이해, 심판 수행과 리더십,

e스포츠 직업 설명서

유동구 심판. ⓒ 한국e스포츠협회

대회 운영을 위한 하드웨어의 이해, e스포츠 종목별 이해와 경기 장비 세팅 등을 배운다. 기존 스포츠 심판 교육 매뉴얼과 조금 다르다. 여기에 실제 상황을 가정한 가상 교육 및 현장 실습 오리엔테이션도 진행한다. 교육은 보름 정도 걸리는데, 해당 프로그램을 모두 이수해야 필기 및 실기 시험을 치를 수 있다.

Q. 심판 등급은 어떻게 결정하나?

A. 현재는 견습 심판으로 시작할 수 있는데, 1년 정도 활동을 하면 2급 심판으로 올라갈 수 있는 자격이 부여된다. 2급 심판에서 최상위 심판인 1급 심판으로 올라가려면, 2년 정도 활동한 경력과 함께 일정 경기 수에 파견된 경험이 필요하다. 상급 심판이 되려면 대회 및 종목 규정에 대한 이해는 기본이고, 현장을 얼마나 많이 경험했는지가 최우선 조건이다.

1급 심판이 됐다고 계속 자격을 유지할 수 있는 것은 아니다. e스포츠 심판으로 꾸준하게 활동하지 않으면 자격이 정지될 수 있다. 1년 정도 단위로 급수 유지를 위한 교육을 진행하고 자격을 갱신하도록 하고 있다. 최근 협회는 e스포츠 산업 전문 인력 양성 차원에서 심판이나 지도자 교육 프로그램을 보다 체계화하고, 전문화하는 중이다. 이에 따라 세부적으로 심판 등급 조건을 더욱 강화하기 위해 조정하고 있다.

A. 심판이라면 당연히 공정성과 평정심을 잃지 않아야 한다. e스
포츠 심판은 게임 외적인 요소 때문에 벌어지는 현상에 대해
옳고 그름을 판정한다. 자신의 결정에 확신이 있어야 하고, 그
러기 위해선 규정과 룰을 잘 숙지하고 있어야 한다.

과거 스타1 프로 리그 심판으로 활동했을 때 한 프로 팀이 폭
설 때문에 당일 경기에 30분가량 지각을 해서 실격패를 준 적
이 있다. 규정상 천재지변이 있으면 경기 지연이나 협회 검토
를 선언할 수 있는데, 그렇게 하지 않았다. 이유가 있었다.

당시 상대 팀은 실격패를 당한 팀보다 먼 거리에서 경기장으로
이동했음에도 불구하고 일찍 도착해 대기하고 있었다. 그러한
정황을 따져서 단순 지각으로 판단하고 실격패를 줬다.

해당 팀은 물론이고, 팬들의 질타가 엄청났다. 특히 생방송으
로 진행되는 경기여서 방송국이 가장 큰 피해를 봤다. 급하게
사과 방송을 내보내야 했고, 현장 관중들을 돌려보내야 했다.
개인적으로 마음이 무거웠지만 규정을 어길 수 없다는 생각
에 뜻을 굽히지 않았다. 결과적으로 훗날 경기에 선례로 남았
다고 생각한다.

Q. 협회 일도 같이 하게 된 이유는 무엇인가?

A. e스포츠 심판은 단순히 경기를 관장하는 것뿐 아니라 운영자의 역할도 함께할 수 있는 게 매력이다. 경기 안팎으로 현장을 두루 살펴야 하기 때문에 그 순간만큼은 리더라고 할 수 있다.

협회에 들어가겠다고 결심한 것은 대회 운영과 심판 관리를 체계적으로 배우기 위해서였다. 지금도 그렇지만, 한국은 e스포츠 전문성을 만들어가는 상황이었고, 해외에서도 좋은 표본이 되리라고 생각했다. 그 대열에 나도 동참하고 싶은 마음이 컸다고 할까. 정식으로 협회에 입사해 협회 주관 대회를 기획하고 운영하는 경험을 쌓은 덕분에 현장에서 심판 일을 할 때 돌발 상황에 빠르게 대처할 수 있게 됐다. 또, 공정하게 경기를 치를 수 있도록 규정도 보강했다. 지금은 견습 심판들을 관리하면서 현역의 경험을 공유할 수 있어서 보람을 느낀다.

Q. e스포츠 심판을 꿈꾸는 후배들에게 어떤 말을 하고 싶은가?

A. 사실 e스포츠 심판은 명예직이다. 고정 급여를 받을 수도 없다. 경기당 심판 등급에 따라 최대 20만 원 선에서 차등 지급을 받는 게 전부다. 그래서 대회가 많고 적음에 따라 심판 수당도 영향을 받는다. 일부 심판들은 생계를 위해서 부업을 갖고 있다. 어떤 측면에서 보면 e스포츠 심판은 자신의 노력이 잘 드러나

유동구 심판은 협회에서 e스포츠 심판 지망생 교육을 담당하고 있다.

ⓒ 한국e스포츠협회

는 직업이 아니다. 경기가 순조롭게 진행되면 심판 덕분이라고 말하지 않는다. 오히려 실수로 경기가 중단되기라도 하면 심판에게 책임을 묻는다. 이 때문에 e스포츠 심판이 되고자 한다면, 멘탈이 정말 강해야 한다. 흔들림 없이 규정에 따라 판단하는 결단력이 필요하다.

백승윤 LCK 심판장

한국e스포츠협회와 종목사인 라이엇 게임즈는 2019 LCK 시즌부터 공정하고 안정적인 대회 운영을 위해 LCK공동심판위원회를 발족했다. 매 경기 6명의 LCK 전문 심판을 파견하기 위해서다. 심판장을 비롯한 총 5명을 협회에서, 기술 심판장 1명을 종목사인 라이엇 게임즈에서 파견하는 형태다. 백승윤 심판장은 협회 소속 LCK 전문 심판으로 4년 정도 출장 경험을 가졌다.

TIP | 전문 심판의 기회도 있다

Q. e스포츠 심판이 된 계기가 무엇이었나?

A. 스타1 때부터 e스포츠 리그를 보는 걸 좋아했고 관심이 많았다. 관련 일을 해 보고 싶다고 생각했는데, 우연찮게 e스포츠 커뮤니티를 통해 이에스게임즈e스포츠 서비스 개발 기업에서 e스포츠 전문가 양성 교육을 진행한다는 정보를 얻게 됐다. e스포츠 실

무 경험을 가진 전문가를 초청해 강연을 하는 것이었고 고용노동부의 지원을 받아 무료로 들을 수 있었다. 당시 강연자가 e스포츠 대행사 대표님이셨는데, 대회 운영 요원 경험을 해 보라는 제안을 주셔서 심판으로 입문하게 됐다. 당시 아마추어 대회 운영을 하면서 협회 경기국 관계자 분을 만났고, 현장에서 e스포츠 심판으로 활동하는 선배들을 보면서 해 보고 싶다는 생각이 들었다.

Q. 협회 면접 시 주의할 사항이 있나?

A. e스포츠 심판이 되려면 우선 팬 마인드부터 버려야 한다. 나처럼 e스포츠가 좋아서, 프로 게이머나 팀에 관심을 갖다 보니 이 분야에서 일할 방법을 찾는 경우가 적지 않을 것이다. 실제로 면접을 보면 자신도 모르게 팬의 마음이 튀어나오는 경우가 있다. 적당히 관심을 갖는 것은 괜찮지만 특정 팀과 선수 언급, 불필요한 정보를 장황하게 늘어놓아 면접의 본질을 흐리기도 한다.

e스포츠 정황, 특히 대회나 리그에서 벌어지는 상황들을 잘 관찰하는 세심함이 필요하다. 예컨대, 야외 경기의 경우에 컴퓨터 열기 때문에 덥거나 하면 선수들이 땀으로 인해 마우스를 놓치기도 한다. 경기 중 선수들의 컨디션이 어떤지 잘 살펴서

백승윤 LCK 심판장. ⓒ 한국e스포츠협회

그에 맞게 경기 환경을 만들어 주는 것도 우리의 일이다. 경기
가 어떻게 진행되고 있는지 파악하는 것도 심판의 능력이지만
경기 외적인 부분들도 살필 수 있는 통찰력이 자신에게 있는지
고려해서 면접에 임하길 권한다.

Q. 심판직을 잘 수행하려면 어떤 노력이 필요한가?

A. e스포츠 심판이라면 어느 정도 모든 게임들이 어떻게 플레이
되고 e스포츠 리그는 어떤 방식으로 운영되는지 알고 있어야
한다. 특히 선수들이나 팀 관계자들을 상대하는 경우가 많기
때문에 규정을 이해하기 쉽게 설명할 수 있어야 하고, 커뮤니
케이션 기술도 필요하다.

Q. LCK 전문 심판이 되려면 어떻게 해야 하나?

A. 협회에서 제공하는 현 심판 선발 프로그램에 응해야겠지만, 현
재로서는 별도로 LCK 전문 심판을 정기적으로 선발하는 과정
은 없다. 다만, LCK 외에 2부 리그 운영이 활성화되면 해당 대
회를 관장하는 심판을 채용할 확률은 높다. 그렇게 된다면 협회
의 심판 모집 절차에 따라 참여할 수 있는 기회가 있을 것이다.
LCK 전문 심판이라면 기본적으로 게임의 규칙을 잘 알아야 하
고, 경기 진행 룰도 파악하고 있어야 한다. 나의 경우는 심판이

되기 전부터 LoL을 즐겨 했었고, 리그를 많이 본 경험을 어필했는데 첫 출장 기회를 LCK로 할 수 있게 됐다.

Q. LCK 심판이 타 종목 심판과 다른 점이 있나?

A. 협회에서 파견하는 LCK 심판은 총 5명이다. 심판장인 나를 비롯해 상급 심판이 배치된다. 종목사인 라이엇 게임즈와 협업이 중요하기 때문에 해당 심판진은 연간 단위로 활동 계약을 맺는다. 2020 시즌부터는 LCK 전문 심판들이 보다 안정적으로 활동할 수 있도록 경기당 보수를 지급하는 방식이 아닌, 최소 연봉 수준의 월급제로 보수를 지급하고 있다. 단, LCK 전문 심판은 다른 직업을 겸직하지 않는 조건이다.

Q. 비시즌에는 무엇을 하나?

A. LCK 전문 심판들은 경기가 없는 시즌에는 한국e스포츠협회로 출근한다. 정규 시즌 동안 퍼즈Pause, 게임 정지 사례를 수집해 정리하고 심판 교육생 강의 자료 등을 만든다. 이외에도 선수 전적 관리 등 경기국 보조 업무를 수행한다.

Q. 심판으로서 보람이 있다면?

A. 개인적으로는 e스포츠를 좋아하기 때문에 수준급 선수들의 멋

진 경기를 현장 가까이에서 볼 수 있다는 것 자체가 영광이다 (웃음). 간혹 선수들이 지나가는 말로라도 PC 세팅을 도와줘서 경기가 잘 풀렸다고 인사하는 경우가 있는데, 그럴 때 가장 큰 보람을 느낀다.

Q. e스포츠 심판으로서 바람은 무엇인가?

A. 앞으로 다양한 종목의 e스포츠 대회가 많이 열릴 것이다. 그렇게 되면 심판 수요는 더 늘어날 것이기 때문에 지금보다 더 나은 근무 환경과 양성 제도가 만들어졌으면 좋겠다.

간혹 어린 선수나 경험이 적은 코치진이 우리를 방송국 스태프로 오인하고, "저기요!"라고 부르거나 가볍게 대하는 경우가 있다. 권위를 내세우겠다는 이야기가 아니다. 우리 스스로도 노력해야겠지만, e스포츠 심판과 그 역할을 주변에서 제대로 알아줬으면 한다. 특히 동료나 후배 들이 그런 점 때문에 현장에서 많이 힘들어 한다.

하지만 e스포츠 현장에서 경험을 쌓으면 심판직을 그만두더라도 경기 운영이나 종목 관리 등 이 분야에서 진로를 결정할 때 많은 도움이 될 것이라고 생각한다.

SHOW ME THE MONEY

국내 주요 e스포츠 리그인 LCK 리그의 심판 규정을 보면 아래와 같은 내용이 있다.

'심판은 경기 전후 또는 중간에 발생하는 모든 경기 관련 문제, 문의 및 상황에 대한 결정을 내릴 책임이 있다. 심판이 규정 내에서 내린 판정은 절대적인 효력을 가지며, 심판은 판정에 대해 최우선적인 책임이 있다.'

e스포츠의 경우 게임 내에서 발생하는 일들은 시스템적으로 설정해 놓은 프로그램이 판정하기 때문에 심판이 왜 필요한지 의문이 나올 수도 있다. 그러나 경기 외적인 요소에 의해 문제가 생겼을 경우 규정을 숙지하고 있는 심판이 정확하게 판단하고 정리할 수 있어야 한다. 그래야 선수들이 경기력을 유지하고 관중들에게는 공정하다는 인식을 줄 수 있다.

LCK가 6명의 심판진 가운데 종목사 소속의 기술 심판장을 별도로 둔 것도 보다 명확하고 객관적인 판정을 내려 경기가 원활하게 진행되도록 하기 위해서다. 기술 심판장은 경기 중 발생하는 게임 내 기술적 문제를 잘 알고 있어야 하고, 그 원인이 어디서 온 것인지 분석할 수 있어야 하기 때문에 프로그래밍과 같은 소프트웨어 분야에 전문 지식을 갖춘 사람이어야 한다.

그러나 모든 종목이 기술 심판을 두는 것은 아니다. 아직까지 e스포츠는 전 종목에 걸쳐 충분한 인프라를 갖추지 못하고 있다. 앞으로 e스포츠가 정식 스포츠로 인정을 받는 단계에 이르면 e스포츠 심판 공급을 체계적으로 관리할 것으로 보인다.

향후 e스포츠 심판 수요는 더 많아질 것이다. 협회는 2020년에만 두 차례에 걸쳐 심판 교육생 모집을 실시했다. 이중 한 번은 지방 자치 단체와 연계해 지역 e스포츠 아카데미를 진행했다. 참가자는 e스포츠 교양, 심판 수행, 실무 등을 배우고, 자격 취득을 위한 시험을 치르는 형태로 심판 입문 과정을 거쳤다. 협회는 이같은 프로그램이 활성화될 것이라고 내다보고 있다. e스포츠에 대한 대중의 관심이 높아지면서 지방 자치 단체별로 아마추어 대회 개최 건수가 크게 늘었고, 앞선 사례처럼 협회에 위탁 교육을 의뢰해 지도자 및 심판 등 관련 산업 인력을 키우고 있기 때문이다. 이와 함께 LCK 외에 타 종목 리그도 늘어나는 추세다.

실제로 2019년 협회는 e스포츠 종목 중 하나인 '오디션'의 1호 공인 심판을 배출했다. LCK 심판들처럼 종목별 특화 심판을 점차 양성하겠다는 계획이다. 그렇다고 해서 이들 심판이 특정 종목에만 활동하는 것은 지양한다는 방침이다. 대회가 늘어남에 따라 심판을 찾는 수요가 많아지면 이들의 활동 폭을 넓히는 게 효율적이라는 판단에서다. 현재 협회는 심판 교육 과정에서 지원자들이 협회 산하 종목 선정 기관에 등록된 전 종목의 룰을 배우도록 하고 있다.

영어 소통이 능숙하다면 국제 심판에 도전해 볼 만하다. e스포츠는 해외 교류전이 활발하고, 향후 올림픽과 같은 국제 대회에서 e스포츠가 정식 종목으로 채택된다면 반드시 필요한 직업군이다. 현재 이성원 심판이 협회 소속 국제 심판으로 활동하고 있는데, 협회에서 인력을 늘리기 위해 교육 프로그램을 개편 중이다.

e스포츠 심판에 대한 관심은 점점 커지는 추세다. 2020년 심판 모집 경쟁률은 평균 2 대 1로 예년보다 높아졌다. 흥미로운 점은 지원자 중 일부는 e스포츠 진로 탐색 차원에서 심판 교육을 받기도 한다는 점이다. 그래서인지 대학생 및

취업 준비생부터 일반 직장인까지 다양한 계층의 사람들이 모여들었다. 지원 연령대 역시 20대 중반부터 30대 초반까지 고르게 분포되어 있다. 심판 지원 자격은 미성년자 이상이면 학력, 경력 무관하게 누구나 지원 가능하고, 군필자는 우대하고 있다.

과거에는 여성 공인 심판이 존재했고 지금도 지원자가 더러 있지만, 남성 지원자 비율이 압도적으로 높은 편이다. 굳이 그 이유를 따지자면 근무 환경 때문이다. e스포츠 심판은 경기가 끝날 때까지 서 있어야 한다. 또, 저녁 늦게까지 경기가 이어지는 일이 빈번하다. LCK 심판의 경우 낮밤이 바뀐 생활을 할 수밖에 없다. 이 때문에 현역 심판들은 체력 관리가 필요하다고 입을 모은다.

의외로 심판 중에 선수 출신은 많지 않다. 가장 큰 이유는 아이러니하게도 아직까지 e스포츠 심판이라는 직업과 이들의 역할을 잘 모르는 프로 게이머들이 많아서다. 선수들은 은퇴 후 미래로 자신의 경력을 충분히 활용할 수 있는 코치나 게임단 프런트를 흔히 떠올린다.

경제적인 측면도 심판계 진입을 망설이는 이유다. 아울러 제도의 문제도 있다. 20대 초중반에 프로 경력을 마치고 군 입대를 하는 프로 게이머들이 심판 자격을 획득해도 군 복무 동안에는 자격 갱신을 할 수 없다. 협회는 앞으로 선수들이 은퇴 후 진로 결정을 할 때 고민을 덜 수 있도록 심판으로 전환할 수 있는 기회를 세심하게 마련할 예정이다.

FEEDBACK

★ 급여 수준

LCK와 같이 고정직이 아니라면 정말 박봉이다.

★ 취업 난이도

교육 과정 수료는 쉬워도 경쟁은 점점 치열.

★ 향후 전망

정식 스포츠로 인정받는 그날까지 달려~

★ 업무 강도

체력과 정신력 모두 강인해야 버틸 수 있다.

★ 업무 만족도

e스포츠가 스포츠다울 수 있는 명품 조연!

리그 PD

e스포츠 콘텐츠의 마에스트로

리그 PD

업무 개요	e스포츠 리그 설계, 중계 방송 제작, 게임 프로그램 기획 및 연출
급여 수준	연봉 2,500만 원~4,500만 원 이상
채용 방식	방송국 공채 또는 조연출 수시 채용

e스포츠는 독특한 스포츠다. 화려한 조명이나 BGM과 같은 방송 연출이 첨가되지 않으면 보는 재미가 떨어진다. 어쩌면 e스포츠라는 문화 자체가 게임 방송국의 손을 거쳐 정착했기 때문일 수도 있다. 당시 게임 방송국 PD들은 어떻게 하면 게임 고수들이 펼치는 한판 대결을 흥미진진하게 시청자들에게 전달할 수 있을지 고민을 거듭했다.

그리하여 대결 방식부터 경기 룰까지 리그를 설계하는 한편 방송 스튜디오를 경기장으로 세팅하기에 이른다. 무대 양쪽 가장자리에는 머신들의 조종석을 연상케 하는 경기 부스를 설치하고, 무대 중앙에는 중계진의 좌석을 배치했다. 리그 PD의 생방송을 알리는 큐 사인이 떨어지면 빠른 템포의 록 음악이 배경으로 깔리며 출전 선수들이 출연한 오프닝 영상이 송출됐다. 그와 동시에 대회 시작을 알리는 캐스터의 우렁찬 목소리가 들렸다. 초창기 e스포츠 리그에 출전했던 프로 게이머들은 흡사 우주복 같은 의상을 입고 방송에 출연했다.

이렇듯 리그 PD는 e스포츠 콘텐츠 제작의 정점에 서 있는 사람이다. 리그를 설계하는 것은 물론, 이를 중계하는 총괄 제작자이고, 이와 관련한 영상 프로그램을 기획하고 연출한다. 특히 게임 방송에 쇼의 요소를 집어넣어 e스포츠를 스포츠와 엔터테인먼트가 결합된 '스포테인먼트'가 되도록 하는데 중요한 역할을 한다. 리그 PD의 위치와 역할은 기존 방송국의 스포츠 PD와 비교하면 더욱 명확해진다. 그들은 대회 중계를 위해 대회 자체를 주최하지 않는다. 하지만 리그 PD는 중계를 위해 대회 콘셉트와 방식을 직접 만든다.

리그 PD는 e스포츠 문화를 창조하는 사람이다. 게임 대결이라는 소재 하나만으로 10만 관중을 집결시킬 수 있는 파워 콘텐츠 제작자다. 2004년 7월 부산 광안리 해수욕장에서 열린 '스카이 프로리그 2004' 결승전을 찾은 관람객의 수가 무려 10만 명이었다. 이는 방송 제작 노하우를 알아도 할 수 없는 일이다. 게임과 e스포츠 모두를 알아야 가능한 프로젝트다.

신입 리그 PD 채용에서 학력은 중요하지 않다. 방송 전공 여부도 묻지 않는다. 게임과 e스포츠에 대한 관심이 있으면 면접을 통해 선발한다. 그렇다고 기회의 문이 넓은 것은 아니다. 종목사나 인터넷 방송사에서 기존 인력에 공백이 생길 때 PD 모집 공고를 내기도 하지만, 1년에 한 번 있을까 말까다. 경력직 리그 PD 채용에서는 게임 방송 제작 경험을 가진 타 방송사 PD를 우대한다. 스포츠나 예능 경험을 가진 PD들도 종종 지원하는 편이다.

게임 전문 방송국이 있던 시절에는 인기 종목 외에도 비인기 종목, 이를테면 게임사들이 마케팅 명목으로 이벤트 대회를 개최하는 건수가 적지 않아서 리그 PD의 수요가 꽤 있었다. 하지만 전문 채널이 사라지면서 그런 기회도 줄어버렸다.

지금은 라이엇 게임즈와 같은 종목사가 대회 주최를 맡고 있기 때문에 방송 본부를 내부에 신설해 리그 PD와 같은 관련 인력을 정규직으로 채용하고 있다. 그게 아니라면 아프리카TV나 VSPN과 같은 방송 스튜디오를 보유한 플랫폼사들이 자체적으로 리그를 진행하기 위해 PD를 채용한다. 경력직을 우대하며 대부분 정규직으로 일한다.

e스포츠 방송계에서 공채로 선발되지 않는 한, 대다수 신입들은 PD가 되기 전 과정인 조연출을 맡으며 실무를 익힌다. 예컨대 e스포츠 리그에서 조연출은 중계진과 출연 선수들을 보조하거나, 영상이나 자막을 확인하고, 현장에서 필요한 방송 물품 관리와 세팅은 물론, 촬영 편집까지 방송과

관계된 잡다한 일들을 처리한다.

현역 PD들에 따르면, 조연출을 할 때 이 분야가 자신의 적성에 맞는지 확인하면서 가장 많이 그만두는 시기라고 한다. 그렇다 보니 e스포츠 방송계에서 조연출 단계에서부터 정규직으로 선발하는 경우는 드물다. 계약직 조연출을 뽑아 PD로 전환시 정규직으로 채용하는 게 일반적이다.

e스포츠 제작 조연출 지원 경쟁률은 종목에 따라서도 차이가 난다. LCK와 같은 인기 종목의 리그 조연출은 50 대 1이 넘어가지만, 다른 종목은 10 대 1 정도 수준이다.

배다솔 리그 PD는 국내 e스포츠 시장에서 가장 인기 있는 LoL 대회를 두루 섭렵한 이 종목 전문가다. 조연출로 e스포츠 방송 일을 시작해 아마추어 리그부터 대학/직장인 리그, 프로 리그까지 다양한 주체와 성격을 지닌 대회를 운영하고 제작한 경험이 있다. 배다솔 PD는 2018년부터 라이엇 게임즈가 LCK를 직접 주관하기 시작하면서 이곳 소속으로 리그 제작에 전념하고 있다.

TIP | 일단 방송계 취업부터! 적성 파악은 그다음!

Q. 어떻게 PD가 됐나?

A. 게임을 취미로 좋아했지만 이 분야 PD가 되겠다고 생각한 적은 없었다. 영상학을 전공해 영화계에서 일하고 싶었는데, 배급사나 투자사로 취업이 안 돼서 뭐라도 경험을 쌓아야겠다 싶었다. 2013년 당시에 LoL이 e스포츠로 인기를 끌기 시작하던

때라 관심을 갖고 있었는데, 무슨 용기가 났는지 나이스게임
TV에 무작정 메일을 보냈다(웃음). 기본적인 내용이 담긴 이
력서와 대학 때 만든 포트폴리오 영상을 함께 첨부해서 말이
다. 며칠 지나서 연출을 담당하시는 PD님이 전화를 주셨고 면
접을 본 뒤 인턴으로 취직했다.

Q. 일방적으로 메일을 보내서 합격하는 것이 흔한 사례는 아니다.

A. 그렇다. 운이 좋았다. 당시에는 라이엇 게임즈가 대회를 주관
하지 않고 외주를 맡기는 형태로 e스포츠 리그가 진행됐기 때
문에 PD를 비롯한 중계를 할 수 있는 방송 인력이 필요했다.
한편으로는 e스포츠계가 아직까지 채용 정보를 알 수 있는 방
법이 많지 않고, 직업군 관리도 체계적이지 않기 때문에 어떤
루트로든 개인이 취업할 수 있는 활로를 만드는 것도 방법이라
고 생각한다. 지금까지 함께 일한 동료들의 사례를 보면 일단
이쪽으로 취업을 해서 경력을 쌓은 뒤 적성에 맞는 분야를 나
중에 선택하는 경우도 많이 봤다.

Q. 인턴은 무슨 일을 하는가?

A. 3개월 정도 인턴 생활을 했던 것 같다. 방송사마다 다르겠지만
나의 경우는 짧았다. 그러고 나서 조연출이 됐다. 실무 경험을

방송사에 무작정 이력서를 보내 인턴으로 취직한 배다솔 PD. ⓒ 라이엇 게임즈

익힌 지 얼마 안 돼서 리그와 관련된 자투리 방송을 혼자서 제작기도 했다. 규모가 작은 방송사여서 내가 빨리 실무에 투입돼야 하는 사정도 있었다. 그렇다 보니 입사하자마자 너도나도 일을 알려주어서 잡다하지만 빠르게 업무를 익힐 수 있었다. 학교 때 영상 편집 기술을 배운 것이 도움이 많이 됐다. 처음으로 혼자 작업한 것이 '입롤의 신'이라는 프로였는데 기획부터 출연자 섭외, 소품 제작까지 직접 했다.

Q. 혼자서 다 맡아 하려면 체력적으로 힘들었을 것 같다.

A. 체력 문제보다 생활 사이클이 완전히 달라져서 처음에 적응하는 데 어려움을 겪었다. 리그가 진행되면 저녁 경기 중심으로 돌아가서 낮밤이 바뀐 생활을 할 수밖에 없다. 보통 개막 전후가 제일 바쁘다. 매일 열리는 경기의 패턴은 같지만 초반에는 OAP온 에어 프로모션나 경기 패턴을 어떤 콘셉트로 갈지, 어떤 방식이 좋을지 정해야 한다. 아, OAP는 채널의 성격을 결정하는 채널 네트워크 디자인, 프로그램의 예고편, 각종 이벤트 홍보용 영상을 말한다. 그런 부분을 고민하고 준비하다 보면 밤을 샐 때도 많다. 지금은 조금 익숙해졌지만 인턴 생활하고 몇 년 동안은 친구 만나기도 힘들었다. 낮밤이 바뀐 생활도 그렇고, 주말에 쉴 수 없어서 지인들과 만날 약속을

e스포츠 직업 설명서

잡기가 쉽지 않았다.

Q. 리그 제작을 혼자서 담당하기까지 얼마나 걸렸나?

A. 홀로 리그 제작 메인을 맡게 되기까지 1년 반이 걸렸다. 내 경우는 방송국이 작았기 때문에 일찍 기회가 찾아왔다. 보통은 4년에서 5년 정도 경험을 쌓아야 가능하다고 본다.

TIP | 전 연령대 아우르는 소통 능력은 필수

Q. 영상학을 전공했다. 실무를 하면서 구체적으로 어떤 도움이 됐나?

A. 촬영, 편집, 콘텐츠 구성 등을 배웠는데 방송 제작 실무에는 당연히 도움이 된다. 작은 방송사일수록 직접 카메라를 잡고 촬영해야 할 때가 많다. 특히 리그 생방송 때 방송 스태프들과 커뮤니케이션하는 데 한결 수월했다. 카메라 구도라든가 촬영 전문 용어가 있는데 이론적으로 배워둔 것이 담당자들과 소통할 때 편했다. 하지만 전문적으로 배우지 않아도 인턴 경험을 쌓으면서 충분히 익힐 수 있는 것들이다.

Q. 리그 PD로서 갖춰야 할 소양이 있나?

A. 방송인으로서는 e스포츠에 대한 관심이나 게임에 대한 관심이 꼭 필요하다. 특히 이 분야를 좋아해야 한다. 관심이나 애정이 없다면 일을 할 때 이해를 할 수 없어서 어려움이 많을 것이다. 특히 우리의 일이 콘텐츠를 만드는 것이기 때문에 시청자들의 니즈를 파악하려면 꼭 스스로 관심이 있어야 한다.

리그 PD로서는 의사 소통 능력을 반드시 갖춰야 한다. 리그를 생방송으로 진행하다 보면 정말 수많은 사람들과 의견을 조율해야 한다. 대회에 출전하는 미성년 선수부터 50~60대 카메라 감독님까지 연령대도 다양하고 대화 주제도 각각 다르다. 그렇다 보니 이들의 의견을 청취하고 내 생각을 잘 정리해서 말하는 것이 필요하다. 또 외주 제작사와 협업할 일도 많기 때문에 통솔력 측면에서 소통 능력이 중요하다.

Q. 리그를 제작할 때 가장 중요하게 생각하는 것은 무엇인가?

A. 어떻게 하면 시청자들이 이 경기를 재미있게 볼 수 있을까 고민한다. 사실 모든 스포츠가 마찬가지인데 경기 내용이 재미있으면 그게 최고지 않나? 경기 내용은 PD가 어떻게 할 수 없기 때문에 경기 외적으로 예고편을 만든다든지, 경기 내적으로는 현재 어떤 선수가 잘하고 있는지 데이터를 갈무리해서 보여준다든지, 경기 내용이 재미가 없더라도 시청자가 다른

수많은 방송 관계자와 함께 일하는 리그 PD는 의사 소통 능력이 매우 중요하다.

ⓒ 라이엇 게임즈

곳으로 눈을 돌리지 않고 지속적으로 관심을 가질 수 있게 하는 것이 포인트인 것 같다. 최근에는 데이터 연출력을 중요하게 생각하고 있다. 천적 관계나 선수가 보유한 스탯게이머의 능력치를 숫자화한 체계을 입체적으로 보기 쉽게 시각화하는 것 등이다.

Q. 방송사에서 종목사로 자리를 옮겼다. 달라진 점은 있다면?

A. 회사 구조가 다르다. 방송사는 방송을 위해 돌아가는 시스템이라서 방송을 제작하는 데 수월하다. 반면 종목사는 게임사이기 때문에 장단점이 있다. 장점이라면 우선 e스포츠도 전적을 비롯해 데이터가 굉장히 중요한데, 그런 자료를 구하는 것이 쉽다. 또 게임 저작권이 이미 해결된 상태이기 때문에 방송용으로 꾸밈이 필요할 때 자료 사용이 수월하다. 이전 방송사에 있을 때는 일일이 종목사에 자료 사용처를 밝히고 허가를 받아야 했다. 그런 과정이 없어져서 좋다. 단점이라면 방송에서 보여지는 회사의 이미지랄까, 그런 부분이 중요해서 다른 부서와의 조율이 많아졌다. 예를 들어 회사 건물을 촬영하려면 사전에 협의를 해야 한다.

Q. 연봉을 비롯한 대우는 어떤가?

A. 라이엇 게임즈는 게임 회사 중에서도 직원 복지나 근무 환경이 좋기로 알려진 곳이어서 이직을 결정할 때 큰 고민을 하지 않았다. 연봉은 인터넷 방송사에 있을 때보다 올라간 게 사실이다. 그러나 PD로서 연봉을 많이 받고 싶다면 공중파나 지상파의 공채 PD 선발에 도전하는 것이 좋을 것이다. 아무래도 게임 방송사보다는 일반 방송국 공채 PD의 연봉이 훨씬 높다고 알려져 있다.

TIP | 조연출의 문은 늘 열려 있다

Q. 신입 채용 기회가 많지 않다. 들어갈 수 있는 방법을 알려 달라.

A. 사실 신입 채용은 종목사에서는 없다고 봐야 한다. 아프리카 TV와 같은 플랫폼사나 바나나컬쳐와 같은 외주 제작사들은 경력을 선호하는 편이다. 그러나 조연출은 기회가 있다. 업무 강도 때문에 힘들어서 그만두기도 하고, 적성에 안 맞아서 중간에 떠난 사람도 많다. 당장 PD로 입문할 수는 없지만 조연출로 방송 경험을 쌓다 보면 채용 기회가 열릴 수 있다.

그나마 다행인 점은 게임단에서 콘텐츠를 만들다 보니 이곳과 연계해서 일할 기회가 조금씩 생기고 있다는 것이다. LCK가 프랜차이즈화가 되면서 게임단들이 콘텐츠 제작에 더욱 관심을 보여 기회가 더 확대될 것이라고 본다.

Q. 외국어 실력은 어느 정도 필요한가?

A. 영어가 능숙하면 무조건 좋다. e스포츠는 국가대항전이나 글로벌 대회가 많은 편이다. 또, LCK를 시청하는 글로벌 팬들의 숫자도 많아서 이들의 니즈도 신경 써야 한다. e스포츠 시청자가 인터넷에 친화적이어서 정보력도 뛰어나고 커뮤니티 교류도 활발해 방송 제작자도 영어 소통이 필요하다.

무엇보다 글로벌 대회가 열리면 해외 방송 제작자와 중계 방식 등을 협업해야 하는 경우도 있기 때문에 통역을 두고 일하는 것보다 PD가 직접 대화하는 것이 능률면에서 좋다. 특히 코로나19 때문에 온라인 중계가 필수가 되면서 각 지역 제작자들 간에 랜선 협업이 잦아졌다.

Q. 기존 리그 PD들이 개인 방송으로 확장하는 사례가 있다.

A. e스포츠가 다른 스포츠에 비해서 제작 환경이 어렵지 않다. 인터넷과 PC만 있으면 작게라도 리그를 만들 수 있지 않나. 스트리머가 개인 방송으로 리그를 여는 등 e스포츠가 활성화돼 있기 때문에 리그 PD가 이를 전문으로 하는 개인 방송을 만드는 것은 쉽다. 더욱이 지금 미디어 추세가 텔레비전에서

벗어나는 방향으로 간다. 방송사가 아닌 새로운 플랫폼이 계속 만들어질 것 같다. 그러다 보면 리그 PD들의 수요도 늘 것이라고 생각한다.

SHOW ME THE MONEY

리그 PD는 일반 스포츠 PD처럼 중계 방송을 제작하지만 리그를 직접 운영할 수도 있다는 점이 크게 다르다. 야구나 축구는 협회나 연맹이 대회를 운영하고 진행 사항을 결정하는 권한을 갖지만 이를 중계하는 방송국에게는 책임이 없다.

그러나 e스포츠 분야에서 리그 PD는 대회 운영과 밀접하게 연관돼 있다. 최근에는 종목사인 라이엇 게임즈가 리그 주관을 총괄하면서 대회 운영과 중계 영역이 구분되고 있지만, 아프리카TV와 같은 플랫폼사가 리그를 개최할 경우 대회 운영을 겸하기 때문에 리그 PD의 업무 영역에 속한다. 뿐만 아니라 생방송으로 진행되는 경기 중에 벌어지는 사건과 사고에 대해서도 리그 PD가 관여한다. 예컨대, 기계적 결함 때문에 경기가 중단되면 방송국이 책임을 지고 PC를 다시 세팅해 줘야 한다.

그렇다 보니 e스포츠 리그를 성공적으로 치르면 리그 PD의 '몸값'은 올라갈 수밖에 없다. e스포츠의 흥행 원인을 게임의 인기에서도 찾을 수 있지만, 방송사가 리그를 어떻게 설계하고 운영하느냐에 따라 시청자 수도 달라지기 때문이다. 또한, 스타1 리그 때부터 e스포츠 리그의 필수 항목으로 자리 잡은 OAP 작업은 리그 PD의 제작 역량을 보여 주는 사례다. 시청자들에게 해당 리그에 대한 기대감과 호감을 주기 위한 것으로, 리그 PD의 기획력과 연출력이 바탕이 돼야 한다. 그래서 리그 PD는 매 시즌 똑같이 반복되는 리그에 조금이라도 새로운 요소를 첨가해야 하는 창작의 고통도 감수해야 한다.

현재 현역에서 활동하고 있는 리그 PD의 숫자는 20명 안팎이다. 40대 후반이면 실무에서 손을 놓고 제작 총괄로 가거나 외주 제작사를 차린다. 매일 낮밤이 바뀐 생활 때문에 체력이 따라주지 않기 때문이기도 하고, 그 즈음이면 안정적인 근무 환경을 찾는 까닭이다. 게임 관련 마케팅사나 홍보대행사의 고위 관리직으로 전직하는 사례도 있다. 게임사 입장에선 e스포츠가 마케팅이나 홍보 측면에서 활용되기 때문에 리그 PD의 노하우를 높게 평가한다. 그래서인지 현역 리그 PD들은 라이엇 게임즈나 펍지와 같은 대형 게임사 출신들의 전망을 밝게 본다. 회사 내부에 있으면서 인적 네트워크를 쌓을 수 있고 관련 정보도 빠를 것이라는 기대 때문이다.

리그 PD로 오래 살아남으려면 스스로 콘텐츠 경쟁력을 키우는 수밖에 없다. JTBC 소속 김하늘 PD는 "국내외를 가리지 않고 스포츠 중계를 열심히 챙겨 보고, 시청자가 좋아할 만한 소재를 벤치마킹해 보면서 끊임없이 노력해야 한다."라고 조언한다. e스포츠가 워낙 트렌드와 감각에 예민한 분야이기 때문에 계속해서 관심을 가지고 연구하지 않으면 시청자의 니즈를 따라갈 수 없어서다.

e스포츠 방송계에서만 15년 경력을 지닌 그는 프로그래밍이나 영상 그래픽 작업을 배워 가면서 스스로 경쟁력을 키웠다. 김하늘 PD 역시 전문적으로 방송 제작 교육을 받은 인재는 아니다. 그의 전공은 연기다. 그렇다 보니 첫 직장인 곰TV에서 계약직 조연출로 입사해 2년 뒤 PD 명함을 받기까지 리그 방송 제작에 관한 A부터 Z까지 꼼꼼히 점검하는 한편, 혼자 작업할 수 있는 역량을 끊임없이 테스트했다고 한다. 오랜 경력으로 이 분야 전문가가 됐지만 지금도 e스포츠 관련 개인 방송을 운영할 정도로 자기 관리에 열심이다.

김하늘 PD는 후배들에게 영어 실력을 꼭 키우라고 권한다. "e스포츠 리그 제작 기술이 국내와 해외가 다르다. 이제는 대회 규모가 커지고 중계 스케일도 그에 맞춰 따라가다 보니 해외 방송국과 협업하는 일이 매우 잦아졌다. 자막을 송출하는 기기 등 방송 장비도 다르기 때문에 기술 관련 커뮤니케이션을 할 때가 많아서 의사 소통 능력이 필수가 돼가고 있다."

리그 PD는 우리나라에서 만들어진 직업군인 까닭에 리그 설계나 중계와 관련된 콘텐츠 제작 노하우를 따라갈 전문가가 해외에는 아직 많지 않다. 영어 좀 할 줄 아는 e스포츠 1세대 리그 PD 중에는 중국이나 유럽 쪽에 스카우트 제의를 받고 외국으로 건너간 사례도 있다. 영어 능력자라면 리그 PD의 문은 더욱 넓어진다.

FEEDBACK

★ 급여 수준

조연출은 최저 시급부터. PD 진급이 관건

★ 취업 난이도

비빌 언덕은 방송국뿐. 일단 아무 데라도 들어가자!

★ 향후 전망

영어 가능자라면 해외 진출도 노려볼 만~

★ 업무 강도

리그 개막 전후 밤샘 작업은 당연, 시즌 중에는 올빼미 생활

★ 업무 만족도

광안리 10만 관중은 우리가 해낸 것이다!

e스포츠 중계의 눈, 옵저버

e스포츠계에서 옵저버는 '게임 연출가'로도 불린다. 이들의 역할은 스포츠 중계방송의 카메라맨과 같다. 옵저버는 스타크래프트 리그를 중계방송하면서 e스포츠에 없어서는 안 될 직업으로 자리 잡았다. e스포츠가 가능한 종목이라면 게임 내 인터페이스 창에서 관전 모드를 허용하는 기능을 탑재하고 있는데, 선수가 이 모드를 실행하면 옵저버는 말 그대로 관전자의 입장에서 경기 진행 상황을 지켜볼 수 있다. 그의 시선이 바로 시청자들에게는 경기 화면이 된다. 전략 게임이었던 스타크래프트의 경우 옵저버가 대결에 참가한 양 선수의 플레이 화면을 경기 진행 상황에 따라 임의로 비춰 줌으로써 시청자들의 이해를 도왔다.

LoL과 배그 같은 게임은 경기에 참가하는 게이머가 각각 10명에서 수십 명에 이르기 때문에 동시다발적으로 치러지는 대결이라 멀티플레이를 한꺼번에 관전하는 것이 불가능하다. 이에 따라 옵저버는 관전자의 입장에서 경기 진행 상황을 이해하기 쉽도록 비춰 줘야 하는 것은 물론, 선수의 심리나 전술을 미리 파악해 교전이 이뤄지는 순간을 매의 눈으로 잡아내는 능력이 필요하다.

그래서 옵저버들에게는 맵 리딩게임 내 지도를 보고 얻을 수 있는 정보와 상황을 바탕으로 이후 전개를 예측하는 것 실력이 매우 중요하다. 옵저버의 시선으로 경기를 본다는 것은 그의 주관적인 판단에 따라 시청자의 감명도 달라질 수 있다는 사실을 의미한다. 옵저버는 각각 선수

옵저버는 e스포츠 시청자들의 재미를 배가시키는 역할을 한다. ⓒ 라이엇 게임즈

의 경기 진행 화면을 적재적소에 비춰줌으로써 박진감 넘치는 경기가 될 수 있도록 '인게임 연출'을 하는 것이다.

이와 같은 직업적인 특성으로 인해 옵저버가 되려면 일단 게임을 해박하게 알아야 한다. 게임을 잘 안다는 것은 플레이를 잘하는 것만이 아니라 게임 내 캐릭터, 시스템, 부가적인 콘텐츠가 어떤 기능과 특징을 가지고 있는지 이론적으로 잘 알아야 한다는 의미다. 그래야 경기를 이해하고 예측할 수 있다. 물론 옵저버는 경기 진행 상황에 대한 빠른 판단이 요구되기 때문에 실제로 게임을 잘하는 고수라면 이 직업이 쉬워 보일 수도 있을 것이다. 그러나 빠른 상황 판단은 단순히 게임을 잘해서 갖춰지는 자질이 아니라 수많은 경기를 분석하고 숙지해야 가능하다는 것이 현역 옵저버들의 조언이다.

예컨대 게임 전개가 무척 빠른 선수의 경기 내용을 옵저버가 머리속에 모두 파악하고 있다고 해서 이를 화면에 전부 비춰 주면 일반 시청자 입장에서는 정신이 없을 수도 있다. 이 때문에 옵저버가 집중력을 잃지 않고 주요 장면을 캐치함으로써 이해를 돕는 것이다.

e스포츠가 발전할수록 화려한 중계 화면을 위해 옵저버도 팀 단위로 움직이는 추세다. LCK는 실시간으로 벌어지는 경기 화면을 잡아주는 메인 옵저버와 하이라이트와 리플레이 화면을 잡아주는 서브 옵저버 2명으로 구성된다. PKL펍지 코리아 리그은 여러 선수가 한 경기에 참여하는 게임의 방식으로 인해 옵저버 40명이 투입될 때도 있다.

생방송 중 옵저버는 리그 PD와만 소통한다. 메인 옵저버가 경기 화면을 잡아 주다가 리플레이가 필요한 상황이 발생하면 리그 PD가 무전으로 지시를 내리는 식이다. 그래서 e스포츠 중계방송이 성공적으로 이뤄지려면 리그 PD와 옵저버의 찰떡궁합이 필수다. 옵저버는 리그 PD의 소관이기 때문에 그의 말귀를 알아듣는 센스와 행동력이 요구된다.

옵저버는 프리랜서다. 종목사와 1년 단위로 리그 계약을 하거나 인터넷 방송사나 아프리카TV와 같은 플랫폼사가 대회를 주관할 때 일시적으로 고용된다. 그래서 LCK처럼 연간 단위 리그에 고용되지 않는 이상 전업으로 삼을 수 없는 애로 사항이 있다. 신입 옵저버의 경우 한 경기당 1만 원 정도를 받는다. LCK처럼 인지도가 있는 리그에 베테랑 옵저버라면 생계가 가능한 수준의 급여를 월급제로 받기도 한다.

옵저버는 별다른 트레이닝이 필요 없다. 마우스와 단축키 조작만 익히면 바로 실전에 투입된다. 결국 옵저버는 프로 게이머처럼 실력이 가장 중요하다.

현재 LCK 전담으로 활동하고 있는 이진세 옵저버는 체계적이면서 안정적으로 활동하기 위해 '조일 비전'이라는 이름으로 옵저버 전문 회사를 차렸다. 회사에 소속된 옵저버들의 스케줄 관리를 해주면서 팀 단위 활동으로 경쟁력을 갖추고 있다. 이진세 옵저버는 "나처럼 전업으로 일하는 동료들은 20명 정도다. 옵저버는 e스포츠가 활성화될수록 더욱 필요한 직업이기 때문에 지금보다 찾는 일이 더 많아질 것이다."라고 내다봤다. 아울러 그는 옵저버가 되고 싶은 친구들에게도 현실적인 충고를 아끼지 않았다.

"만약 옵저버가 되고 싶다면 비인기 종목부터 노려라. 비인기 종목은 옵저버가 없어서 희소 가치가 있다. 언젠가 방송국에서 꼭 찾기 마련이다. 그렇게 경험과 인맥을 쌓아 나가다 보면 인기 리그에서 마우스를 잡을 날이 꼭 올 거라고 믿는다."

방송 작가

e스포츠 스토리텔러

TUTORIAL

방송 작가

업무 개요	리그 관련 영상 자막 및 중계진 대본 작성, 선수 데이터 수집
급여 수준	편당 20~25만 원(신입 기준)
채용 방식	수시 채용

우리나라 e스포츠가 본격적으로 인기몰이를 하게 된 배경에는 방송국이 있다. 방송국은 e스포츠의 관전 재미를 배가시킨 일등 공신이다. 관중 앞에서 땀 흘리며 치열하게 승부를 결정짓는 일반 스포츠와 달리, e스포츠는 게임 화면에서 겨루는 경쟁이다 보니 중계 화면을 통해 선수들의 경기 모습을 송출해 시청자들의 몰입도를 높였다.

초창기 국내 e스포츠 리그는 게임 방송국이 중계뿐 아니라 직접 게임 대회를 기획하고 운영하는 주최사 역할도 했다. PD, 작가, 촬영 감독 등 방송 제작 전문 인력이 e스포츠 리그에 투입되어 대회를 하나의 방송 프로그램처럼 만들어 나갔다.

e스포츠 방송 작가는 이런 환경에서 탄생한 직업이다. 이들은 주로 대회 중계를 맡은 캐스터나 해설 위원의 대본을 만들어 주거나, 리그 오프닝 타이틀 영상 및 인트로 & 엔딩 영상 등에 들어갈 자막을 구상한다. 또한 생방송으로 진행된 경기 결과에 따라 승리 팀 선수의 인터뷰를 할 때, 아나운서

대본을 즉석에서 써 주기도 한다.

일반적으로 방송 작가라면 크게 드라마 작가나 예능 작가, 구성 작가로 나뉘는데, 대본만 작성하는 드라마 작가에 비해, 예능 작가와 구성 작가들은 출연자 섭외부터 촬영 세팅, 방송 주제에 맞는 아이디어 제시, 촬영 현장에서의 출연자 관리 등을 한다. 이뿐만 아니라 연출자와 편집 방향을 함께 고민하며, 영상에 자막을 넣는 등 방송 제작 전 과정에 참여한다.

과거 스타크래프트 시절, 온게임넷현 OGN에서 제작한 스타 리그 오프닝 영상들은 PD의 손에서 탄생된 것들이지만, e스포츠 방송 작가가 빚어낸 스토리텔링이 아니었다면 흥행하기 어려웠을 것이다. 해당 영상들은 지금도 유튜브나 SNS에서 회자될 정도로 인기와 관심을 끌고 있는데, '황제' 임요환이나 '폭풍' 홍진호 등 스타 선수를 배출하는 데 일조했다. 1~2분 내외의 짧은 영상이지만, 지금까지 방송 리그에서는 절대 빠질 수 없는 감초 콘텐츠로서 e스포츠 방송 작가가 차지하는 역할이 얼마나 중요한지 보여 주는 대표적인 사례다.

어떤 측면에선 방송국 구성 작가의 역할과 크게 다르지 않아 보일 수 있다. 하지만 e스포츠 방송 작가의 역할은 그 이상이다. 방송 중계를 전제로 하는 e스포츠 대회나 리그에서 빠질 수 없는 존재다. 더욱이 초기 e스포츠 방송 작가는 대회 기획부터 의견을 반영하는 것은 물론, 참가 선수 섭외, 출전 스케줄 관리도 맡아서 했다. 모든 경기를 생방송으로 치러야 하기 때문에 현장에서 중계진의 컨디션을 챙기기도 하고, 출전 선수들이 대기실에 도착하면 사전 취재를 통해 당일 경기와 관련한 생방송 대본을 작성하기도 한다. 과거에는 현장 방송 스태프가 모자라면 진행 요원이나 조연출 등 보조 역할도 했다. 그래서 어느 e스포츠 매체에서는 e스포츠 방송 작가를 두고 '대회 현장의 멀티플레이어'라고 소개하기도 했다.

특히 e스포츠는 볼거리가 필요한 방송과 각본 없는 드라마인 스포츠가 결합된 콘텐츠인 까닭에 e스포츠 방송 작가는 마치 양쪽의 의견을 조율하는 중재자처럼 보이기도 한다. 앞서 말한 오프닝 영상을 예로 들어 보자. 오프닝 영상을 제작하기 위해 출연진을 섭외하는 것도 작가의 일이다. 당연히 출연진은 선수들이지만 이들은 배우가 아니기 때문에 현장에서 발생하는 문제들을 e스포츠 방송 작가가 나서서 해결한다. 어린 선수들과 현장에서 촬영을 하다 보면 지나친 연출이나 장시간 촬영 등으로 인해 PD나 촬영 팀과 마찰을 빚을 수 있는데, 이를 중재하는 역할도 e스포츠 방송 작가의 몫이다. 평소 경기장에서 선수 및 팀 관계자와 얼굴을 마주하며 친분을 맺은 탓에 자연스럽게 e스포츠 방송 작가가 중재자를 자처하게 된 셈이다.

e스포츠 방송 작가의 스케줄은 방송 리그를 중심으로 돌아간다. 정규 리그 시즌일 때는 한창 바쁘게 일하다가 비시즌일 때는 상대적으로 한가해진다. 최근에는 리그가 다양해지고 그에 따라 경기 수가 늘어나면서, 메인 작가 외에 보조 작가를 두어 두세 명이 팀을 이뤄 활동한다. 리그 외에도 e스포츠 관련 예능 프로그램들이 잇따라 생겨나고 있어 e스포츠 방송 작가를 찾는 일이 잦아졌기 때문이다. 이런 프로그램도 리그와 함께 소화해야 하기 때문에 개인보다는 팀 단위로 활동하는 게 추세다.

기존 방송 작가 입문은 한국방송작가협회 또는 구성다큐연구회 홈페이지를 통한 지원이 일반적이다. 방송 아카데미 수료 후 그곳의 추천을 받거나, 학교의 추천을 통해 방송국에 들어가기도 한다. 더러 개인적인 인맥을 통해 지원하는 경우도 있다.

이에 비해 e스포츠 방송 작가 입문은 선택지가 다양하지 못하다. 현재 활동하고 있는 국내 e스포츠 방송 작가의 수는 20명 내외다. 과거 스타크래프트 종목으로 e스포츠 리그를 만들었던 1세대 작가들이 아직까지 현역으로 뛰고 있다. 현재 GSL글로벌 스타2 리그에서 일하고 있는 조인화 작가가 대표적이다. 현역 작가들은 모두 프리랜서인데, 방송 작가 아카데미를 수료했거나 정식으로 이와 비슷한 교육 절차를 밟고 지원하는 사례는 많지 않다.

e스포츠 작가 중엔 옵저버 출신도 있다. 옵저버는 게임을 플레이할 줄 알면서 방송에 적합한 화면을 알아보는 능력이 있어야 하기 때문에 e스포츠 방송 작가들이 전직을 제안하기도 한다.

가끔 방송국에서 채용 사이트를 통해 e스포츠 방송 작가 모집 공고를 내기도 하지만 지원자가 많지 않다. 일반 방송 작가들의 경우 e스포츠를 잘 모르기도 하거니와 e스포츠 방송 작가의 역할을 정확히 몰라서 지원 미달일 때가 더 많다는 게 방송 관계자의 얘기다.

따라서 현역 작가들이 보조 작가를 찾을 때는 옵저버처럼 e스포츠 방송계 주변에서 물색하는 경우가 상당수라고 보면 된다. e스포츠 중계 방식이나 흐름을 어느 정도 알고 있어서 작가로의 전환이 쉽고 적응도 빠르기 때문이다.

HARD CARRY

이진경 작가

이진경 작가는 e스포츠 방송 분야에서 20년 가깝게 일한 베테랑이다. 스타크래프트, 리그 오브 레전드, 피파 온라인 등 다양한 종목의 e스포츠 리그에서 메인 작가로 활동하고 있다. 최근에는 케이블 e스포츠 예능 프로그램 'e생기스쿨' 작가로도 일했다.

e스포츠 방송 역사의 산증인인 그녀는 현장에서 프로 게이머들의 성장과 아픔을 가장 가까운 곳에서 볼 수 있다는 점을 이 직업의 매력으로 꼽았다. 그들의 이야기를 e스포츠 팬들에게 보다 흥미롭고 생동감 있게 전달하고 싶다는 게 이 작가의 소망이다.

TIP | 글쓰기 실력보다 데이터 분석력이 중요

Q. e스포츠 작가가 된 계기는 무엇인가?

A. 사실 대학에서 지리학을 전공했다(웃음). 게임은 테트리스밖

이진경 작가는 e스포츠 방송 작가에게는 '보는 재미'를 극대화할 만한 것을
찾는 능력이 있어야 한다고 강조한다. ⓒ 이진경

에 몰랐다. 친구 소개로 게임 방송국에서 아르바이트를 하게 됐을 때도, 그런 전문 방송국의 존재 자체가 신기할 정도였다. 내가 했던 아르바이트는 생방송 프로그램 내 시청자 참여 코너에서 전화를 받는 것이었다. 지금 기억으로는 온게임넷에서 한창 게임 리그를 만들던 때다. 방송 작가가 부족했는지 어느 PD님이 아르바이트를 하던 나를 유심히 보시더니 작가를 한번 해보는 게 어떻겠냐고 권하시더라. 그래서 방송 작가로 입문을 하게 됐다.

Q. 대학 전공과 전혀 다른 분야인데 어려움은 없었나?

A. 고민할 사이도 없이 실무 경험을 익혔다. 지금 합류하는 초보 작가들도 마찬가지다. 리그 성격상 라이브로 바쁘게 돌아가고, 또 바로 대응해야 하는 게 우리 일이기 때문에 교육과 실무가 병행된다. 나의 경우, 드라마 작가 출신인 사수 언니가 있었는데, 그 밑에서 대본 작성 요령, 중계 화면 아래 자막의 키워드 헤드라인을 만드는 일 등 방송 작가의 기본 업무부터 익혔다. 사수를 따라다니면서 게임 관련 프로그램을 두 번 보조하고, 게임 리그에 한 번 정도 보조로 참여하면서 방송 운영 방식과 흐름을 대략 파악했다. 이후에 리그를 혼자 구성하는 것도 가능하게 됐다. 온게임넷 스타 리그 메인 작가로 입봉하기까지

약 반년 정도 걸린 것 같다.

Q. e스포츠 작가가 갖춰야 할 요건은 무엇인가?

A. e스포츠 작가를 하면서 느낀 점이 있다면 이 직업은 일반 방송 작가에게 요구되는 '글쓰기 실력'이 별로 중요하지 않다는 것이다. 각본이 짜인 드라마나 콘티가 있는 예능 프로그램이 아니어서, 출연자, 아니 선수들에게 가식을 강요할 수 없다. '이미지 메이킹'이라는 것이 제한적이라는 이야기다. 당일 경기에 대해서 선수에게 이렇게 해라, 저렇게 해라 지시를 내릴 수 없지 않나.

다만 '보는 재미'를 증폭시키기 위해 대결을 부각시킬 만한 데이터 분석 능력이 필요하다. 예를 들면, 예전에 임요환 선수와 홍진호 선수의 라이벌을 부각시켜 '임진록'이라는 타이틀을 만들었는데, 왜 이들이 라이벌 관계인지 중계진의 입으로 알기 쉽게 풀어내려면 우리의 역할이 중요하다. 또, 라이벌 관계가 된 두 선수의 활동 이력이나 경기 이외의 부분들을 보면서 키워드를 정리하는 것도 e스포츠 작가로서 갖춰야 할 능력이라고 볼 수 있다.

Q. e스포츠 작가의 일이 리그 PD와 어떻게 다를까?

A. 요리로 예를 들어보겠다. PD는 어떤 요리를 할지 큰 그림을 그린다. 그가 한식, 양식, 중식 중에 요리 장르를 고르면, 작가는 그에 맞는 요리를 구성한다. 인기 선수들이 출전하는 올스타전을 개최한다고 가정해 보자. 대회 콘셉트는 PD가 주도한다. 작가는 이에 맞춰 중계진과 출전 선수들을 섭외하고 타이틀 영상 등 디테일을 고민한다.

Q. 하루 일과는 어떤가?

A. 당일 대진이 나오면 그에 대한 대본을 쓴다. A팀과 B팀의 대결 히스토리를 찾아 보고, 자막에 넣을 키워드를 정리한다. 이렇게 해서 자막이 나오면 영상과 매치해 본다. 보통 오후 경기이기 때문에 그 전까지 이 작업을 완료한다. 현장에서는 경기 결과를 지켜보고 그에 맞게 인터뷰 질문을 즉석에서 작성한다. 요즘에는 유튜브나 트위치와 같은 MCN다중 채널 네트워크이 활성화돼 있어서 당일 경기를 요약한 클립 영상을 제작한다. 여기에 맞게 자막을 만들기도 한다. 경기가 있는 동안에는 하루도 빠짐없이 자막과 대본 작업을 해야 한다.

Q. 보통 저녁 늦게까지 경기가 치러진다.

A. 체력적으로 힘들다. 하지만 실시간으로 정보를 수집해 중계진

e스포츠 직업 설명서

멘트를 만들어 줘야 하기 때문에 경기가 끝날 때까지 현장에 있어야 한다. 퇴근 시간이 일정하지 않은 편이다. 야외 경기나 지방 출장이 있을 때는 외박을 할 때도 있다. 그나마 비시즌이 있기 때문에 그 기간에는 휴식을 취하고 여행을 간다. 하지만 메인 작가로 입봉하기 전까지는 잠시라도 쉬면 경력이 끊길 우려가 있다. 그래서 비시즌에도 틈틈이 다양한 경험을 쌓고 꾸준히 활동해서 이름을 알려야 한다.

Q. 리그 외에 할 수 있는 방송 제작 활동이 있나?

A. 최근에 e스포츠 예능 프로그램들이 많아져서 작가들의 생계에 도움이 많이 되고 있다. 비시즌에는 일감이 없기 때문에 수익도 제로인데 예능 프로그램에서 일하면서 비수기를 버틸 수 있게 됐다고 해야 하나. e스포츠 예능 프로그램들은 게임을 소재로 방송되기 때문에 장르나 플레이 방식, 게임 용어를 아는 게 필수다. 다양한 게임을 사전에 공부해야 한다.

예능 프로그램을 하다 보면 장점도 있다. 선수보다는 방송인이 출연진이고, 구성 회의나 녹화 관련 대본 작성 등 일반 방송 프로그램 제작과 결을 같이 하기 때문에 기존 방송 작가의 경험을 쌓을 수 있다.

e스포츠 방송 작가가 없다면 사실 e스포츠 방송 제작 자체가
힘들다. 그만큼 중요한 제작 인력이라는 의미다. ⓒ 이진경

TIP | 똑똑한 마니아라면 경쟁력이 있다

Q. e스포츠 방송 작가로서 경쟁력을 가지려면 어떻게 해야 하나?

A. e스포츠도 역사가 깊어지다 보니 시청자들의 안목도 높아졌다. 인터넷을 통해 정보를 수집하기 쉬운 세상이 아닌가. 가끔은 팬들이 더 전문가로 보인다. 야구처럼 특정 선수를 분석하는 글을 간혹 만나는데 놀랄 때가 많다. 우리가 시청자보다 더 높은 수준의 분석 능력도 갖춰야 하고, 일반인에게 없는 정보력도 필요하다는 생각을 한다.

데이터를 수집하는 '전적 작가'를 두는 이유도 그 때문이다. 철저히 중계진을 위한 자료를 만드는데, 게임 자체를 깊이 파야 나올 수 있는 자료다. 해당 종목에 심취한 '덕후'라고 볼 수 있다.

Q. 마니아를 어떻게 찾아내나?

A. e스포츠 현장에서 PD나 방송 관계자들에게 추천을 받는다. e스포츠 커뮤니티 같은 곳에서도 일반인이 올린 글을 보고 작성자에게 메일로 제안할 때도 있다.

전적 작가의 가치는 앞으로 더 높아질 것이다. 경기가 늘어날수록 데이터량도 방대해지기 때문에 중계진에게 그 내용을 필터 없이 한꺼번에 전달하면 방송에 무리가 온다. 전적 작가의 존재가 중요한 이유다.

Q. 일반 방송 작가가 지원하기에는 e스포츠 방송계가 어려운 분야인가?

A. 그렇지는 않다. 다만 e스포츠를 이해하려는 노력이 필요하다. 요즘에는 프로 게이머가 스트리밍 방송을 한다든지 워낙 많은 e스포츠 콘텐츠가 쏟아지고 있어서 신선한 아이디어가 필요하다. 더욱이 e스포츠를 좋아하는 연령대가 젊기 때문에 타깃층의 트렌드도 잘 알고 있어야 한다. 젊은 감각이 있어야 한다는 생각이다. 게임에 대한 거부감이 없다면 방송 작가 지망생들도 충분히 지원해 볼 수 있다.

Q. e스포츠 작가로서 어느 순간에 보람을 느끼나?

A. e스포츠는 어린 친구들이 시작한다. 수줍음이 많고 말도 잘 못하고 감정을 잘 표현하지 못하는 경우가 많다. 방송 작가는 이들을 잘 포장하는 게 숙제다. 경기는 잘할 때도 있고 못할 때도 있지 않은가. 성적만으로 선수 자신을 100퍼센트 다 어필할 수 없다. 그 외의 부분, 선수이면서 한 인간으로서의 모습을 스토리텔링하는 것이 나의 역할이라고 생각한다. 큰 비중을 차지하는 것은 아니지만 방송으로 그 선수의 인지도가 올라갔을 때 보람을 느낀다.

국내에서 가장 인기가 많은 LCK는 종목사가 대회를 주관하기 때문에 e스포츠 작가가 중계진 대본 작성 등 방송 제작 업무에 집중할 수 있는 환경이다. 이전처럼 작가 업무 외에 잡일을 돕는 경우가 줄었다는 의미다.

그렇다 보니 중계 방송의 질을 높이기 위한 차원에서 e스포츠 방송 작가의 업무도 전문화되어 가는 추세다. 단적인 예가 전적 작가의 탄생이다. 전적 작가는 말 그대로 선수들의 승률 기록 등 데이터를 수집하는 작가다. A팀과 B팀이 맞붙는 상황이라면, 양 팀의 이전 대결을 분석해 눈에 띄는 이슈를 발굴하거나, 상대적으로 어떤 부분에서 해당 선수의 경기력이 우세한지 자료를 찾아 중계진이 보기 쉽도록 정리한다. 현재 국내에는 두 명의 전적 작가가 활동하고 있는데 모두 방송 작가 출신이 아니다.

해당 분야의 필요성을 느낀 방송국에서 전담 인력을 만들면서 생성된 직업이어서 아직까지 명확한 채용 기준이나 이를 양성하기 위한 교육 기관은 없다. 그렇다고 기존의 e스포츠 방송 작가가 전적 작가로 전환되는 경우도 드물다. 오로지 선수들의 데이터만 관리하고 키워드를 수집하는 직업적인 특수성이 강해서다. 비인기 종목의 경우, 공식 전적을 찾기가 힘들기 때문에 전적 작가 개인의 수집 능력이 절대적으로 필요하다. 전적 작가 중에는 이같은 무기로 게임단 전력 분석관이나 오피지지 등 e스포츠 데이터 관리 업체로 이직하기도 한다. 아무래도 프리랜서보다는 연봉이나 근로 환경이 보장되는 기업체가 안정적인 까닭이다.

이진경 작가처럼 경력이 오래된 메인 작가를 제외한 보조 작가들에게도 고민이 있다. e스포츠 초창기보다 e스포츠 방송 작가 규모가 늘어나면서 관리 체계가 잡혀 리그를 한번 맡은 작가들이 메인 자리를 잘 내놓지 않기 때문에 막내 작가들이 메인 작가로 입봉하려면 평균 3년의 시간이 걸린다. 또, e스포츠 방송 작가를 채용하려면 기존의 작가가 그만두거나 새로운 리그가 만들어져야 하는데 이런 경우는 자주 일어나지 않는다. 취업으로 가는 길이 좁은 편이다.

그나마 희망은 있다. 최근 1~2년 사이에 e스포츠 리그가 많아지고 종목이 다양해지면서 부가적으로 파생되는 e스포츠 방송 콘텐츠들이 늘고 있기 때문이다. 현재로서는 e스포츠 방송 작가가 정규직으로 채용될 가능성이 낮지만 향후

e스포츠 직업 설명서

아프리카TV나 트위치와 같은 인터넷 미디어 플랫폼들이 게임 및 e스포츠 관련 프로그램을 늘리거나 대회 개최를 확대한다면 콘텐츠 경쟁력을 키우기 위해서라도 인기 작가를 영입하는 사례가 생겨날 것이라고 본다.

상황이 이러니 경력이 짧은 e스포츠 방송 작가들은 자신의 경쟁력을 키우기 위해 개인 방송에 뛰어든다. 영상 편집 기술을 배워서 프로그램 기획부터 자막 작업까지 나 홀로 한다. 최근에는 프로 게임단별로 소속 선수들의 일상을 담은 영상을 만들어 유튜브나 인스타그램에 올리는데 영상 퀄리티와 재미를 향상시키기 위해 e스포츠 방송 작가와 협업하거나 아예 제작을 맡기기도 한다. 한화생명e스포츠에서 진행하는 '힐링식당' 코너가 대표적인 예다.

이처럼 e스포츠 방송 작가들은 트렌드를 빠르게 인지하고 방송에 적용하는 능력이 필요하다. 이는 베테랑 작가들도 힘들어하는 부분이다. 나이가 들수록 후발 작가에 비해 트렌드에 반응하는 속도가 떨어져서다. 어느 메인 작가는 "자막 하나에도 대중들이 공감하고 e스포츠 팬들이 좋아하게끔 전달해야 한다. 하지만 글을 고민할 시간이 적다 보니 시청자의 피드백이라도 최대한 반영하려고 노력 중"이라고 고백했다.

FEEDBACK

★ **급여 수준**

리그가 롱런하면 대우도 안정적이다.

★ **취업 난이도**

취업 문은 좁지만 글 실력은 없어도 됨.

★ **향후 전망**

e스포츠 전문 크리에이터로 전환 가능.

★ **업무 강도**

리그 시즌과 비시즌에 따라 극과 극의 근무 환경.

★ **업무 만족도**

스타 리그 오프닝 영상이 아직도 회자되는구나~

게임 캐스터

e스포츠를 상징하는 목소리

TUTORIAL

게임 캐스터

업무 개요	e스포츠 리그 진행 및 정보 전달, 게임 관련 행사 진행 등
급여 수준	편당 10만 원~수백만 원
채용 방식	프리랜서

"경기를 시자아아아아아아아악~ 하겠습니다!!!"

e스포츠 팬이라면 누구나 한번쯤 들어 봤을 법한 목소리. 바로 게임 캐스터다. 전통 스포츠가 호루라기를 불며 경기의 시작을 알렸다면, e스포츠는 캐스터의 알림 멘트에 따라 시작을 알린다.

e스포츠는 게임을 플레이하는 선수의 모습을 계속 비출 수 없기 때문에 스포츠 본연의 생동감 넘치는 분위기를 담아내는 데에는 한계가 있다. 아울러 e스포츠는 경기 시간의 제한이 없다. 경기가 길어지면 한 시간 반을 훌쩍 넘길 때도 있다. 흥미로운 경기를 더욱 박진감 넘치게, 늘어지는 경기는 감칠맛 나게 시청자에게 전달하는 게 캐스터의 역할이다. 물론 이런 역할은 중계석에 함께 앉아 있는 해설 위원도 해야 한다. 하지만 캐스터는 중계진을 아우르고 이끄는 리더의 위치에 있다. 달리 표현하면, 'e스포츠 리그의 진행자'라고 할 수 있다.

현역에서 활동하는 캐스터 가운데 가장 오랜 경력을 자랑하는 전용준 캐스터는 'e스포츠계 유재석'이라고 불릴 정도로 이 분야에서 상징적인 존재다. 방송인 유재석의 이미지처럼 시청자들이 e스포츠를 보다 쉽고 편하게 볼 수 있도록 도와준다. 어려운 게임 용어를 알기 쉽게 풀어 준다거나 경기 진행 상황을 명확하게 전달한다. 예컨대, 경기 도중 중계창이 게임 화면을 비추는 동안 시청자는 볼 수 없는 선수의 표정을 읽고 말로 표현한다거나, 경기 진행이 더딘 상황에서 해설 위원의 설명을 유도함으로써 시청자의 이해를 돕는다. 때로는 e스포츠를 감동의 드라마로 몰아가는 역할도 한다. 승부를 판가름하는 마지막 대결에서 선수들과 함께 마치 끝을 향해 달리는 것 같은 샤우팅 화법으로 현장의 가득 찬 긴장감을 시청자들에게 전달한다.

게임 캐스터는 한번 입지를 굳히면 자리 이동이 쉽지 않다. '리그 오브 레전드'는 전용준, '스타크래프트'는 박상현, '카트라이더'는 성승헌 등 각 종목 리그에서 간판 캐스터의 목소리를 가장 먼저 떠올리기 마련이다. 일단 시청자 귀에 익숙해지면 리그 제작사에서 리그를 상징하는 목소리를 바꾸기가 쉽지 않다. 이 때문에 신인 캐스터에게 기회를 주는 일이 매우 드물다. 아예 새로 시작하는 e스포츠 리그라 할지라도 익숙한 얼굴과 목소리를 내세우려고 한다. 리스크를 줄이고 싶기 때문이다.

게임 캐스터는 일반 스포츠 캐스터와 소속부터 차이가 있다. 대다수 스포츠 캐스터는 지상파 스포츠 전문 채널 등 방송국과 전속 계약을 맺고 출연하는데, 게임 캐스터는 프리랜서가 압도적으로 많다. 게임 캐스터는 종목사나 아프리카TV와 같은 인터넷 미디어 플랫폼사와 계약을 맺는다. 계약 여부에 따라 대우와 활동 반경은 확연하게 다르다. 플랫폼사와 전속 계약을 맺는 경우는 연봉 형태로 월급을 받으면서 활동 성과에 따라 인센티브를 받는다. 물론 이는 경력이 최소 5년 이상 지난 게임 캐스터일 경우다. 또, 종목사와 계약할 때는 리그 경기 횟수로 임금을 받는다. 성승헌 캐스터의 경우 LCK 중계진이면서 카트라이더 리그에서도 메인 캐스터로 활동하는데 이는 종목사와 계약을 했기 때문이다.

리그 활동이 겹치는 경우는 거의 없다. 게임 캐스터들이 이를 지양하는 편이다. 피로가 누적되면 일에 영향을 미치는 탓이다. 현역 게임 캐스터들은 자기 관리에 철저한 편이다. 스케줄도 꼼꼼하게 체크한다. 간판 캐스터로 입지를 굳히면 안정된 수익이 보장되기 때문에 자리를 지키기 위해 더욱 최선을 다한다.

종종 나이스게임TV와 같은 중소 인터넷 플랫폼사에서 전속 게임 캐스터를 공개 모집하기도 한다. 나이, 경력과 무관하게 개인 방송 기획이나 방송 출연 유경험자를 우대하며 서류 면접, 심층 면접을 본다.

기존 스포츠 캐스터가 게임 캐스터로 진출하는 사례는 매우 드물다. 게임이나 e스포츠를 잘 알아야 할 뿐더러 일단 전직한다 해도 특유의 현장 분위기에 적응하지 못하는 경우가 훨씬 많기 때문이다. 스포츠 고유의 정형화된 캐스터 코멘트와는 달리 e스포츠는 젊은 세대가 보는 콘텐츠라는 점에서 상대적으로 가벼운 화법과 유쾌한 분위기로 진행을 이끄는 편이다. 따라서 게임 캐스터가 되려면 이 분야만의 고유한 직업적 특징과 적성을 인지하는 것이 중요하다.

HARD CARRY

박상현 게임 캐스터

박상현 캐스터는 스타1·2, 워3, LoL, 배그, 오버워치, 철권 등 다양한 종목의 e스포츠 리그를 두루 섭렵하면서 전용준, 성승헌을 잇는 간판 캐스터로 자리 잡았다. 단정한 외모에 개그맨 뺨 치는 유머러스한 화법, 성악을 한 듯 굵직한 목소리로 떡잎부터 준비된 게임 캐스터라는 평가를 받고 있다. 현재 게임 캐스터와 해설 위원을 한데 모은 주식회사 중계진의 수장이기도 하다.

TIP | 자신만의 진행 스타일을 찾아라

Q. MC 선발 대회는 어떻게 지원하게 됐나?

A. 벌써 17년 전 일이라…(웃음). 대학 졸업 무렵, 게임 채널에서 모집 공고 영상을 봤다. 호기심에 지원했던 것 같다. 서류 전형과 면접을 통과하고 난 후 MBC 연수원에서 2박 3일 동안 오디션을 봤다. 방송 진행 능력부터 순발력이나 장기 자랑 등 시간

전용준, 성승헌을 잇는 e스포츠 캐스터 박상현 (가운데).
ⓒ 데일리e스포츠

대별로 시험 과목이 있었던 것으로 기억한다. 특히 마지막 본선은 PD, 기자, 시청자, 네티즌 심사단으로 구성해 서바이벌 형식으로 최종 우승자를 가리는 형태로 녹화 방송했다. 나중에 안 사실인데 경쟁률이 1,800 대 1이었더라. 당시에는 유튜브 같은 인터넷 방송이 없고 오로지 TV로만 e스포츠를 시청할 수 있던 시절이었다.

Q. 1위까지 할 정도면 게임 캐스터가 적성에 맞았나 보다.

A. 캐스터란 직업에 관심이 있던 것은 아니었다. 다만 낯설지 않았다. 학교 공부가 끝나면 PC방에 가서 스타크래프트만 하던 시절이었기 때문에 e스포츠에 관심이 많았고, 게임 캐스터가 어떤 일을 하는 직업인지는 TV로 봐서 알고 있었다. 워낙 말하는 것을 좋아하는 성격이어서 적성에 맞았다는 것도 틀린 얘기는 아닌 것 같다.

Q. 서울예술대학교 방송연예과 출신이다. 진로에 도움이 됐나?

A. 음… 게임 캐스터란 부문에 한해서는 전공이 중요한 것 같진 않다. 다만 학과에서 화술이나 발성을 기본적으로 공부하기 때문에 방송할 때 도움이 된 것은 사실이다. 또, MBC게임 지원전에는 선배 도움으로 'VJ 특공대' 같은 프로그램에서 내레이

션을 하는 아르바이트를 했었다. 방송 제작 현장을 조금이라도 경험한 게 실전에서 도움이 많이 되는 것 같다. 캐스터나 아나운서를 지원하고자 한다면 사람들 앞에서 얘기도 많이 해 보고, 책도 소리를 내서 읽어 보고 이야기하면서 나의 생각을 입말로 잘 전달하는 연습을 해야 한다.

Q. 캐스터로 정식 데뷔하기 전까지 트레이닝은 어떻게 했나?

A. 방송사에서 따로 트레이닝을 하지 않는다. 선배들이 중계하는 모습을 참고하는 것도 한계가 있다. 무조건 따라하면 시청자들도 내가 누구를 흉내 내는지 금방 알아챈다. 그래서 나만의 진행 스타일을 찾는 게 중요하다. 스스로 모니터링을 많이 해서 단점은 고치고, 장점은 더 부각시킬 수 있도록 노력하는 수밖에 없다. 나는 초반에 내세울 만한 개성이 딱히 없어서 무조건 즐겁고 유쾌하게 가자고 생각했다. 그래서인지 처음 방송할 때는 가볍기만 하고 진행을 너무 못한다고 욕도 많이 먹었다(웃음).

Q. 첫 방송 때는 어땠나?

A. 스승도 없고, 당시엔 리허설도 없어서 무척 긴장했다. 경기가 진행되는 두세 시간 내내 거의 대본이 없다시피 했기 때문에

무슨 말로 이어가야 할지 막막하고 무섭고 떨렸다. 경기의 기승전결을 말로 전개하는 순발력이 필요하고, 경기가 늘어지면 재미있는 화제도 끌어내야 하는데 무척 헤맸던 걸로 기억한다. 여전히 긴장감은 늘 있다. 하지만 여러 경기를 방송하는 경험이 쌓이다 보니 지금은 상황에 따라 말이 자연스럽게 튀어나온다.

TIP | 평소에 방송 시뮬레이션 훈련을 해 보라

Q. 방송을 잘하기 위한 평소 습관이 있나?

A. 방송이 없을 때는 홀로 생각을 많이 한다. 시뮬레이션을 돌려 보는 거다. 해설자 두 명이 있을 때 이들의 캐릭터를 어떻게 몰아갈지, 그냥 중계만 하면 재미가 반감되기 때문에 재미의 포인트를 어떻게 둘까 등등 미리 리허설을 해 보는 거다.

개인적인 생각이지만 게임 캐스터는 나 혼자만 튀려고 해서는 절대 안 된다. 함께하는 중계진과 조화를 잘 이뤄야 한다. 그래서 해설 위원들과 평소에도 많이 친해지려고 하고, 방송 중에도 배려하려고 노력한다. 해설 위원들이 날카로운 분석을 했을 때 캐스터의 입장에서 한 번 더 강조를 한다든지…. 이런 것들을 시청자들에게 전달하면 화제가 될 때가 많다.

Q. 시즌 중에는 한창 바쁘겠다.

A. 리그 중에는 생방송이라는 긴장 속에 있으니 퇴근이 없는 느낌이다. 트렌드에 뒤처지면 안 되기 때문에 경기가 없는 날에도 유튜브를 많이 보고 사람들이 좋아할 만한 키워드나 화제를 생각해 둔다. 보통 저녁 경기가 많아서 최대한 늦게 일어나 생방송에 신체 리듬을 맞추려고 한다. 오후 7시에 생방송이면 두 시간 전에 경기장에 도착해 메이크업을 하고 식사한 뒤 리허설을 준비한다. 혹여 해외 경기를 받아 새벽 중계를 하면 생활 리듬이 뒤죽박죽이 될 때도 많다. 건강 관리, 식습관을 철저히 지켜야 한다.

Q. 주식회사 중계진을 설립했다. 이유가 뭔가?

A. 중계진만의 콘텐츠를 생산하고 싶었다. 개인 방송이 e스포츠에서 가장 중요한 플랫폼이 됐기 때문에 대중과 소통하면서 함께하고 싶다는 생각을 많이 했다. 특히 프로 게이머들은 선수 생명이 짧아서 은퇴 선수가 많은데, 스트리머로 활동하는 친구들에게 e스포츠를 하면서 방송도 하는 일종의 가교 역할을 하고 싶었다. '끝장전'이나 'BJ멸망전' 등과 같은 e스포츠 대회가 대표적인 예다. 은퇴했지만 선수에게는 제2의 진로를 찾는다는 점에서, 팬들에게는 추억을 떠올리게 한다는 점에서 좋은

주식회사 중계진의 콘텐츠 중 하나인 '끝장전' ⓒ 중계진

의도를 가지고 콘텐츠를 만들어 나가고 있다.

Q. 수익이나 성과는 어떠한가?

A. 지금 9명이 활동하고 있는데, 오히려 이들이 개인 활동 수익
중 일부를 갹출해서 회사 살림살이에 보태고 있다(웃음). 중계
진 사무실을 방송을 위한 작은 스튜디오로 만들었는데, 설치
비용이나 방송 장비를 구입하는 데 필요한 돈을 소속 멤버들이
나눠서 내는 상황이다. e스포츠 콘텐츠를 만들고 싶다는 순수
한 의도로 기획된 회사이기 때문에 매출보다는 이곳에서 선수
들과 이벤트를 펼칠 수 있고, 중계진들이 리그 방송 외의 매력
을 뽐낼 수 있는 공간을 마련했다는 점에서 뿌듯하다.

Q. 다양한 경기를 중계했는데 기억에 남은 방송은?

A. 해외에서 진행한 결승전은 다 기억에 남는다. 독일에서 배그
대회를 연 적이 있는데, 전 세계 선수들이 우리나라 게임을 종
목으로 대결을 펼친다는 것만으로도 감동이었다. 또 어떤 종목
의 경기를 하든 해외에서 펼쳐지는 대회에 우리나라 선수들이
활약하는 모습을, 그들을 대표해 말로 표현할 수 있다는 것만
으로도 큰 보람을 느낀다.

TIP | 개인 방송으로 실력과 인기 쌓으면 방송국의 콜이 올 수도

Q. 취업의 문은 어떻게 두들기나?

A. e스포츠의 경우 신입보다는 경력을 선호한다. 취업할 수 있는 관문이 그리 넓지 않다. 타 스포츠는 방송사에서 전속 계약을 하는 경우가 많은데, e스포츠는 고정적으로 중계하는 리그가 많지 않고 기존의 게임 방송사들도 문을 닫아서 프리랜서로 활동하는 사람이 대부분이다. 또 프리랜서로 활동해야 게임 행사 진행 등 활동 폭을 넓힐 수 있다. 지금은 종목사, 아프리카TV와 같은 플랫폼 회사 등과 리그에 따라 계약을 하는 형태가 일반적인데, 리그 흥행에 캐스터의 진행 실력이 영향을 미친다고 보기 때문에 신입 캐스터 활용을 꺼리는 편이다.

따라서 현실적인 방법은 개인 방송을 꾸준히 하면서 조회수나 구독자를 늘려 스스로 경쟁력을 키우는 수밖에 없다. 그렇게 입소문이 쌓이다 보면 리그 관계자의 콜을 받기도 한다. 간혹 규모가 작은 인터넷 방송사에서 캐스터를 겸한 아나운서 모집을 할 때도 있으니 부지런히 채용 사이트나 관련 소식을 뒤져보는 것도 방법이다.

Q. 정규직과 프리랜서 간의 수입 차가 큰가?

A. 단적인 예로, 게임 캐스터가 스포츠 캐스터로 전향하는 경우는

극히 드물다. 스포츠 캐스터들은 보통 방송사와 전속 계약을 하기 때문에 월급을 받고 해당 채널에서만 방송을 해야 한다. 경력이 어느 정도 쌓인 e스포츠 캐스터라면 큰 연봉이 아닌 이상 당연히 특정 방송국 소속으로 활동하길 원치 않을 것이다.

Q. 게임 캐스터를 준비하는 지망생들에게 조언한다면?

A. 자기 자신을 잘 알아야 한다. 이 분야에서 내가 얼마나 경쟁력이 있을지 치열하게 고민해야 한다. 연습으로라도 진짜 많이 방송해야 한다. 우리 눈에 익은 게임 캐스터는 손에 꼽는다. 방송 관계자의 눈에 들어서 오래 살아남기가 힘든 직업이다. 무엇보다 시청자의 눈은 S급이다. 가장 잘하고, 익숙하고, 재미있는 방송만 찾아 보고, 틀린 점은 바로 지적하는 게 시청자다. 최소 10년 이상 노력한다는 것을 전제로 개인 방송을 하면서 실력을 갈고 닦길 바란다.

아직까지 게임 캐스터가 되는 길은 막연하다. 박상현 캐스터의 설명대로 개인 방송을 통해 방송국 관계자의 선택을 받기를 기다리거나 종목사 혹은 플랫폼사의 수시 채용을 기다리는 수밖에 없다. 문제는 채용 기회가 많지 않다는 사실이다. 현역으로 활동하는 게임 캐스터의 규모도 10여 명 내외에 불과하다. 이들이 은퇴하거나 지금보다 e스포츠 리그가 많이 활성화돼야 캐스터의 수요가 늘어날 것이다.

그나마 희망이 있다면 프로 게임단이 프랜차이즈화 되면서 게임단을 홍보하기 위한 수단으로 방송 시스템을 구축하고 있다는 사실이다. T1이나 젠지와 같은 게임단은 스트리머를 활용한 방송도 하지만, 게임단 자체적으로 이벤트 대회를 개최하거나 팬 관련 행사를 진행할 때 캐스터를 섭외한다. 게임 캐스터들은 중계 방송만 하지 않는다. 게임 캐스터를 하면서 대외적으로 게임사에서 주최하는 게임 관련 행사를 진행하거나 사내 워크숍에 MC로 초청되는 경우도 종종 있다. 성승헌 캐스터가 대표적인 사례다.

게임 캐스터를 위한 별도의 교육 기관은 없지만, 방송인으로서의 소양과 자질은 기존 방송 아카데미를 통해 갖출 수 있다. 다만 게임 캐스터라면 게임에 대한 기본 지식은 물론, 관심이 필요하다.

게임 캐스터로 현역에서 가장 오랜 기간 활동하고 있는 전용준 씨는 젊었을 때보다 게임을 더 많이 하고 있다고 전했다. 나이가 들면서 경기의 교전 상황을 이해하는 능력이나 상황을 전달하는 능력이 뒤처지는 것을 막기 위해서다.

"e스포츠를 보는 시청자들은 직접 플레이를 하면서 경기를 지켜보기 때문에 수준이 매우 높다. 플레이를 하는 입장에서 상황을 전달해 주기를 바란다. 특히 경기 진행 중 교전 상황이 지체될 때, 시청자들이 더러 지루함을 느낄 때가 있다. 그럴 땐 캐스터의 진행 능력이 절대적으로 필요하다. 현장 분위기를 전달하며 시청자의 시선을 분산시킨다거나, 그 다음 전개될 교전 상황에 대해 해설 위원의 예측을 유도한다. 후자라면 캐스터도 여러 번 플레이를 반복해서 경험을 축적해야 한다. 게임을 모르면 해설 위원에게 물어볼 수도 없다."

공중파나 지상파 채널은 스포츠 캐스터를 선발할 때, 보통 대졸 출신을 원한다. 반면 게임 캐스터의 경우에는 지원 자격에서 학력이나 나이를 이유로 배제하는 경우가 거의 없다.

캐스터 지원 방법도 여러가지다. 과거 스포TV게임즈에서 신입 캐스터를 선발할 때는 지원자의 자유 이력서를 받았다. 1차 전형에서는 회사 측에서 공개한 네 가지 영상에 지원자가 자신의 '목소리'를 입혀 지원 메일을 보내도록 했다. 원한다면 자기 PR 영상도 받았다. 서류 전형을 통과하고 나면, 2차 전형에서는 대면 면접을 진행한다. 대면 면접에서는 카메라 테스트나 진행 능력 테스트 등을 거친다.

전용준 캐스터는 일반 스포츠 캐스터와 달리 게임 캐스터를 지원하는 지망생이 있다면 선입견을 버리라고 충고한다. "게임 캐스터가 갖춰야 할 소양에 대해 지금까지 우리가 알고 있는 스포츠 캐스터의 그것을 따라할 필요는 없다고 생각한다. 발음이 부족하든, 사투리가 있든 게임 캐스터에게는 중요하지 않다. e스포츠 방송을 보는 시청자가 원하는 것이 무엇일까, 그리고 그 현장을 가장 잘 전달하는 방법은 무엇인가를 고민하는 게 가장 필요하다고 생각한다."

전용준 캐스터는 게임 캐스터가 문턱이 높다고 해서 포기하지 말라고 목소리를 높였다. 게임이나 e스포츠 방송에 기반을 두고 꾸준히 캐스터 주변을 판다면 기회의 문은 있을 것이라는 이야기다. 특히 개인 방송이 활성화돼 있는 지금

시장은 게임 캐스터가 되고자 하는 이에게는 최고의 기회가 될 수 있다. 시청자에게 직접 어필할 수 있다는 점에서 게임 캐스터로 가는 지름길일지도 모른다.

★ 급여 수준

대기업 신입 사원 초봉 수준.

★ 취업 난이도

문턱은 높지만 안착하면 20년은 거뜬히!

★ 향후 전망

개인 방송은 캐스터 꿈나무의 데뷔 무대.

★ 업무 강도

생방송을 기준으로 돌아가는 일상~ 긴장의 연속

★ 업무 만족도

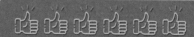

e스포츠계 유재석급 인기 어쩔!

e스포츠의 꽃, 아나운서

e스포츠 방송계에도 아나운서가 존재한다. 과거 온게임넷이나 MBC게임 등 게임 방송국을 중심으로 e스포츠 리그가 성행했을 때는 정기적으로 각 방송국에서 아나운서와 리포터게임 자키를 선발했다. 이곳 출신 중에 몇몇은 공중파나 지상파 MC로 활약하기도 한다. 대중적으로 가장 많이 알려진 방송인 장영란은 온게임넷 게임 자키 출신이다.

특히 LCK가 발전하면서 중계진과 분리된 현장에서 리그 진행 및 선수 인터뷰를 돕는 분석 데스크 아나운서를 고용하고 있는데, 대회 흥행과 더불어 이곳에서 활약한 아나운서들도 주목을 받는 사례가 늘고 있다. 이들은 모두 방송국이나 종목사의 오디션을 거쳐서 선발되는데, 한번 유명세를 떨친 후에는 타 방송사에서 섭외가 들어올 정도로 활동 영역이 넓어진다.

조은나래, 조은정, 권이슬 등이 그 주인공들로, '롤챔스 여신'이란 타이틀과 함께 e스포츠 무대를 빛내는 역할로 인기를 얻고 있다. 이와 반대로 LCK가 흥행하면서 김민아 등 이름이 알려진 타 방송국 출신 아나운서들도 리그 진행 자리를 따내기 위해 오디션에 참여하는 사례도 생겨나고 있다.

e스포츠 아나운서는 e스포츠 중계에 전념하는 캐스터와 달리 게임과 e스포츠 전반을 아우르는 프로그램에서 MC나 리포터, 패널까지 다양한 역할을 수행한다. 지금도 게임과 e스포츠 분야에서

배우 지망생에서 e스포츠의 꽃이 된 권이슬 아나운서. ⓒ경향게임스

왕성하게 활동하고 있는 권이슬 아나운서는 프리랜서를 선언하기 전까지 온게임넷 전문 MC로 활동했다. 배우 지망생이었던 그녀는 대학 졸업을 앞두고 경험 삼아 지원한 방송 아카데미에서 아나운서 교육을 수료했다. 때마침 강사의 추천을 받아 온게임넷에 입사하게 됐다.

나중에 알게 된 사실이지만 권이슬 아나운서가 합격하게 된 결정적인 계기는 마니악한 콘솔이나 PC 타이틀에 대해서도 술술 정보를 읊었기 때문이었다. 소위 '덕력'이 큰 점수를 받은 것이다. 그녀는 평소 한 살 터울의 오빠와 자주 게임을 접한 덕분이라고 설명했다. 당시 온게임넷 아나운서 경쟁률은 100 대 1 수준으로 치열했다.

권이슬 아나운서는 "게임이나 e스포츠 쪽 아나운서는 방송국의 규모가 상대적으로 작기 때문에 아나운서국이 따로 존재하지 않는다. 그래서 입사한 후에도 PD님이나 작가님이 방송 모니터링을 하며 사수 역할을 해 주신다. 또 인원이 적기 때문에 일당백을 해야 한다. 프로그램 진행은 기본이고, 예능 프로도 그 색깔에 맞춰 출연해야 한다. 방송인으로서 다양한 경험을 쌓을 수 있다."라고 말했다.

공채 아나운서의 경우 중소기업 초봉 수준의 연봉 계약이 가능하다. 이와 함께 의상 지원 차원에서 의류비가 별도로 지급된다.

LCK에 출연하는 아나운서들은 생방송을 진행해야 하기 때문에 순발력이 필요하다. 특히 인터뷰에 능숙하지 않은 어린 선수들을 상대해야 해서 이들이 자주 쓰는 밈 Meme, 인터넷에서 유행하는 특정한 문화

요소나 콘텐츠 용어나 게임에서 쓰는 전문 용어 들을 알아듣는 것은 물론, 시청자들에게 잘 전달하는 능력도 요구된다. 또한 진행을 하는 동안 자신에게 쏟아지는 집중된 시선 때문에 긴장하더라도 이를 잘 조절하는 능력도 필요하다. 어떤 아나운서는 e스포츠 특유의 이와 같은 분위기를 적응하지 못해 일주일도 안 돼 그만둔 경우도 있다.

안타깝게도 현재는 e스포츠 아나운서를 공채로 선발하는 방송국은 없다. 종목사나 플랫폼사에서 채용을 한다고 하더라도 계약직 형태다. 따라서 e스포츠 아나운서로 도전을 하고자 한다면 타 방송사 아나운서나 리포터 지원을 통해 경력을 쌓은 뒤 이직 기회를 엿보거나 가뭄에 콩 나듯 나오는 인터넷 방송국이나 플랫폼사의 채용 소식을 기다리는 수밖에 없다.

해설 위원

코트의 만담가

해설 위원

업무 개요	방송을 통한 e스포츠 경기 해설
급여 수준	편당 30만 원~40만 원(경력직 기준)
채용 방식	프리랜서

e스포츠 해설 위원은 캐스터와 함께 중계진의 꽃이다. 게임 캐스터가 진행을 주도한다면 해설 위원은 자신만의 경기 분석과 입담으로 시청자들에게 e스포츠 보는 재미를 더한다. 타 스포츠와 마찬가지로 e스포츠도 해설 위원마다 개성이 다르다. 인간미 넘치거나, 날카롭거나, 혹은 부드럽거나, 유머러스하다.

e스포츠 초창기에 리그에 섭외된 해설 위원들은 일반인 출신이었다. 과거에는 게임 방송국이 e스포츠 방송 중계에 어울리는 '출연자'를 찾는 과정에서 해설 위원이라는 '캐릭터'를 만들고, 그에 적합한 인물을 주변에서 섭외했다. 예를 들어, 스타크래프트 게임과 문화를 잘 알면서 동시에 말솜씨를 가진 사람을 기용했다. e스포츠 해설 위원의 1세대라고 할 수 있는 엄재경, 이승원 씨는 각각 e스포츠와 무관한 직업을 가진 일반인이었다. 공통분모라면 스타크래프트를 좋아하는 마니아이거나 고수였다는 점이다.

야구나 축구처럼 e스포츠 리그가 정착하고 발전하자 일

반인 출신 해설 위원의 자리는 선수 출신 해설 위원으로 채워졌다. 현재 그 수가 15명 안팎이다. 축구의 경우 현역으로 활동하는 해설 위원이 숫자가 7~8명 수준인 것을 감안하면, e스포츠 해설 위원 시장의 규모가 작은 편은 아니다. 그러나 아마추어 시장 활성화로, 관련 대회나 리그 개최 건수는 점차 늘어나겠지만 그렇다고 신입 해설 위원을 채용하는 기회는 많지 않다. 게다가 시청자들은 익숙한 목소리를 계속 듣고 싶어 하는 경향이 강하다.

선수 시절 눈에 띄는 커리어를 쌓지 않는 이상 프로 게이머 역시 해설 위원으로 전직하기가 쉽지 않다. 유명세도 잠깐의 관심을 끄는 소재일 뿐이다. 비선수 출신 해설 위원이이라면 게임을 모른다는 시청자들의 선입견이 존재하고 인지도마저 없는 까닭에 사실상 진출로가 없다. 해설 데뷔 방송에서 시청자들이 한번은 호기심을 갖고 지켜보겠지만, 작은 실수라도 하면 금세 이를 눈치채고 실망하거나 질책한다. e스포츠 팬들의 눈은 예리하다. 인터넷을 통해 정보를 찾기 쉽고, 게임을 잘하는 고수는 프로 게이머만큼 많다. 해설 위원이 조금이라도 잘못된 분석을 하면 e스포츠 커뮤니티에서 비판이 쏟아진다.

또한 e스포츠 해설 위원은 초반 리그를 시작할 때 게임을 파헤치지 않으면 해설 과정에서 해당 리그나 선수의 히스토리에 접근하기 어렵기 때문에 시청자들의 공감을 사지 못한다. 그래서 해설 위원으로서 생존하려면 게임을 잘 아는 것은 물론이고, e스포츠 경기를 끊임없이 공부해야 한다. 선수 개개인이 어떤 챔피언을 능수능란하게 다루고, 어떤 맵에서 숨은 전략을 활용하는지 알아야 하며, 이를 통해 다음 경기를 예측할 수 있어야 한다. 게임을 즐기는 수준에서 빠르게 벗어나야 한다. 혼자 고독하게 게임을 해부한다는 생각으로 임해야 한다. 어느 현역 해설 위원은 "게임 내 대미지 방식이라든가, 대전 상황의 디테일한 내용들을 깊숙이 봐야 하기 때문에 분석적인 사고가 필요하다."라고 말한다. 아울러 이런 분석 내용을 재치 있는 말로 풀어낼 줄 알면, 해설 위원도 스타급 대우를 받는다. LCK와 같은 간판 리그에 고정으로 출연할 수 있다.

일반 스포츠는 방송국마다 계약직 전속 해설 위원을 두지만 e스포츠는 프리랜서가 대다수다. 유명 해설 위원들은 일주일에 프로그램리그 11개를 소화할 때도 있다. 과거 스타크래프트 리그에서도 개인 리그와 프로 리그단체전가 성행할 때는 중계진이 눈코 뜰 새 없이 바쁘게 움직였다.

또한 해설 위원은 종목이 굳어지면 장르가 다른 종목을 맡

기가 쉽지 않다. 야구 해설 위원이 축구 해설을 할 수 없는
것과 같은 맥락이다.

HARD CARRY

이현우 LCK 해설 위원

이현우 LCK 해설 위원은 1세대 LoL 프로 게이머 출신이다. 2013년 선수 생활을 은퇴하고 곧바로 LoL 해설 위원으로 전직해 리그 간판인 LCK 해설 위원 자리를 따냈다.

옵저버도 인정하는 뛰어난 맵 리딩 능력을 바탕으로 경기를 분석, 해설하는 것이 그의 강점이다. 여기에 수준급의 말솜씨와 정확한 발음과 발성, 코미디언 못지 않은 예능감으로 LCK에서 하나의 브랜드가 됐다.

선수 시절 닉네임인 '클라우드 템플러'를 줄여 '클템'이라고도 불리는 그는 해설 위원 중 유일하게 이름 앞에 수식어가 허용되는 인물이기도 하다.

TIP | 재미있거나, 똑똑하거나! 나만의 해설 스타일 필요

Q. 해설 위원으로 전직하게 된 계기가 뭔가?

A. 우선 게임을 굉장히 좋아해서 프로 게이머가 됐는데 프로 게

이머는 직업 특성상 나이나 실력 때문에 할 수 없는 시기가 온
다. 게임으로 할 수 있는 일을 찾다가 대중들에게 게임을 더
알기 쉽게 소개하는 일이 매력적이라고 생각해 해설 위원으
로 전직하게 됐다.

요즘은 e스포츠 시장이 활성화돼서 선수로 성과를 냈을 때 얻
을 수 있는 보상이 엄청나게 크지만, 내가 선수로 활동하던 때
는 우승권이 아니면 프로 게이머 생활 자체가 힘들 정도로 연
봉이 박했다. 지금이야 LoL이 전 세계적으로도 e스포츠 대세가
됐지만 그 당시에는 게임의 인기가 얼마나 갈지도 몰랐고⋯.
또, 내가 선수치고 데뷔가 늦었다. 나이가 많은 편이라는 이야
기다. 그래서 해설 위원으로 전직하게 됐다.

Q. 해설 위원으로 처음 데뷔할 때 어떤 게 힘들었나?

A. 프로 게이머나 해설 위원이나 초창기에 힘들었던 점은 투여
한 노력에 비해 금전적인 보상이 많지 않다는 점이었다. 해설
위원 초기에는 선수 생활을 할 때보다 더 힘들었다. 지금이야
1군 선수 최저 연봉 수준까지 올라왔지만, 선수 활동 당시 내
가 받은 연봉 6,000만 원은 최상위권 수준이었다. 그런데 해설
위원으로 자리 잡는 과정에서 선수 시절 대우와 비교하니 정신
적으로 힘들었다.

LCK를 대표하는 해설 위원이 된 이현우. ⓒ 데일리e스포츠

또, 선수는 성적으로 평가받지만, 해설 위원은 해설 실력 외에도 신경 써야 할 것들이 너무 많았다. 해설을 맡은 이후 사람들이 나를 공인으로 보기 시작했다. 해설로 평가받는 것보다 행동이나 말투 등을 더 많이 신경 써야 해서 힘들었다.

Q. 걸출한 해설 위원 사이에서 자리 잡기 힘들었을 것 같다.

A. 해설 위원마다 자기만의 스타일이 있지 않나. 나 역시 해설 스타일을 정립하기 위해 많이 노력했다. 선배들한테 조언도 구하고, 모니터링도 하면서 해설의 방향을 정하는 과정부터 시작했다. 남들을 똑같이 따라하는 것은 큰 의미가 없다고 생각해 나만의 강점을 만들기 위해 노력했다. 선수들의 랭크 매치나 스크림을 최대한 많이 챙겨 보고, 다른 종목 해설도 참고했다. 그런 노력 끝에 누구보다 쉽고 재미있게 해설을 하는 것을 기조로 삼고 여러 가지 살을 붙여 나갔다. LoL을 처음 보는 사람도 나의 해설을 통해 경기를 이해할 수 있도록 하는 게 목표이고 지금도 노력 중이다.

Q. 기존 해설 위원 사이에서 자신만의 경쟁력은 무엇이라 생각하나?

A. 해설자로서 '클템'이라는 캐릭터가 그동안은 없었다고 생각한

e스포츠 직업 설명서

다. 처음 등장했을 때 돌연변이라는 소리도 많이 들었다. 새로운 길을 개척했다고 생각한다. 해설자가 개인 방송을 병행하는 경우가 나 이전에는 없었다. 개인 방송을 통해 사람들과 최대한 많은 접점을 가졌고, 여러 가지 애드리브를 하면서 독특한 캐릭터를 만들었다. 이것 외에도 선수 출신으로서 기존 해설자에 비해 게임 내적인 지식을 많이 알고 있다는 것도 경쟁력 중 하나다.

또한, 일반인들도 이해하기 쉬운 용어를 만드는 데 신경을 많이 썼다. LoL을 몰라도 이해할 수 있는 직관적인 용어들을 유행시키는 데 일조했다. 현재 사람들이 사용하는 LoL 관련 용어들은 해설자들의 영향이 크다고 본다. 예를 들어 '초식', '육식' 같은 표현처럼 한번 들어도 사람들이 쉽게 이해할 수 있는 용어를 많이 만들었다.

Q. 사람들이 맵 리딩 실력을 높게 평가한다.

A. 선수 시절부터 맵 리딩을 잘했다. 당시 피지컬 반응 속도보다 오더 작전 지시나 전체적인 게임 양상에 대한 판단력이 장점이었고, 이런 것들이 해설하는 데 도움이 많이 됐다. 현재 프로 선수들보다도 맵 리딩은 잘한다고 생각한다. 그런데 해설은 원래 맵을 집중적으로 보는 직업이라 선수 때보다 맵 리딩 실력이

늘 수밖에 없긴 하다. 이 때문에 맵 리딩과 관련해서는 누구와 비교해도 밀리지 않는다고 자신한다. 엄청난 비결이 있다기보다 예전부터 많이 해 온 일이기 때문이다.

TIP | 프로 게이머는 해설 위원 입문 과정

Q. LCK 간판 해설 위원이다. 직업적으로 장단점이 있나?

A. 앞서 말했듯이 언행은 물론이고 항상 신경 써야 할 게 너무 많아서 스트레스를 받을 때가 종종 있다. 하지만 그만큼 보람이 있고 지금은 보상도 나쁘지 않다. 해설로 제대로 자리 잡은 이후 금전적인 부분은 차고 넘친다. 해설 외에 개인 방송, 행사 섭외, 유튜브 등 다양한 수입이 생겼다.

Q. 영어권 등 해외 대회 중계 시에는 어떻게 대처하나?

A. 국제 대회를 중계할 때는 과거 해외 팀 경기를 보는 게 기본이다. 일단 한국, 중국, 북미, 유럽 등 4대 메이저 지역에서 열리는 경기는 시즌 중에도 다 챙겨 본다. 이 과정에서 많은 노하우가 생겼다. 기본적으로 공부랑 똑같다고 생각한다. 국제 대회가 열리면 시간에 맞춰 심화 과정처럼 더 자세하게 공부한다. 이 때는 메이저 지역이 아니더라도 출전 팀 경기를 다 찾아 보고

해설하려고 노력한다.

이 과정에서 김동준 해설 위원을 언급하고 싶다. LoL이 국내에서 중계될 때부터 해설을 맡았던 그가, 해설자들이 공부하거나 대회를 준비하는 데 있어서 교과서같은 역할을 한다. 특히 해외 팀 경기를 보면서 분석하거나 자료를 정리하는 데 많은 도움을 받았다.

Q. 비시즌에는 어떻게 보내나?

A. 해설자마다 다르겠지만 나는 기본적으로 휴식을 취한다. 그리고 시즌 중에 바빠서 못했던 예능 프로그램 등의 방송이나 e스포츠 관련 행사 등에도 참여한다.

무엇보다 게임을 많이 한다. 시즌 중에도 게임을 하지만 집중적으로 하기가 버겁다. 생방송을 소화해야 해서 체력적으로나 물리적 시간 측면에서 어렵다. 그래서 비시즌 중에는 최대한 집중해서 게임을 한다. 특히 대규모 패치가 적용됐을 때 가장 공부하기 좋은 방법은 실제로 많은 게임을 해 보는 것이다.

그 외에는 개인 방송에 집중한다. 해설하고 나서 개인 방송에서 또 게임을 하는 것을 두고 이해하지 못하는 분들이 계신다. 지겹지 않냐고 묻더라. 나는 지금도 게임을 하는 게 재미있다. 게임이 직업이자 취미다.

방송을 준비하는 이현우 해설 위원. ⓒ 데일리e스포츠

Q. e스포츠 해설 위원에게 보람 있는 순간은 언제인가?

A. 해설 위원이 되면 오프라인 무대에서 관객 분들과 많이 만나게 되는데, "이현우 해설 위원님 덕분에 경기를 더 재미있게 봤다."라는 말을 들을 때 가장 보람차다. 해설자의 일이 결국 게임이나 경기 양상을 더 쉽고 재미있게 풀어주는 역할이라고 생각하기 때문이다.

Q. e스포츠 해설 위원을 지망하는 후배들에게 조언해 준다면?

A. 자기만의 무기를 갈고닦기를 바란다. 기본적으로 해설뿐만 아니라 무슨 일을 하든 마찬가지다. 만약에 해설자를 지망한다면 자신의 방향을 명확히 정하고 대중에게 어필할 수 있는 자신만의 무기를 가져야 한다고 조언하고 싶다. 정해진 답이 없다. 그래서 매우 힘들고 고되다.

또 e스포츠 관련 직업이 대부분 자리가 적어서 입성하기가 어렵다. 예전에 비해서 늘어났다고 하지만 여전히 들어갈 자리가 적다. 애초에 e스포츠 관련 직업은 프로 게이머 출신이 아니면 들어가기가 쉽지 않다. 프로 게이머 자체가 일종의 입문 과정인 셈이다. 코치나 감독까지 분야를 넓혀도 마찬가지다. 이렇게 e스포츠 업계 자체가 굉장히 특수한 환경이기 때문에 자신만의 독특하고 강한 무기가 있어야 살아남을 수 있다.

SHOW ME THE MONEY

e스포츠 분야에서 일반인이 해설 위원이 될 수 있는 확률은 높지 않다. 기회를 잡으려면 이미 아주 유명하거나 신기에 가까운 분석 능력을 가져야 한다. 설령 그렇다 하더라도 리그 주최사나 방송국 관계자 눈에 드는 것도 쉽지 않다. 자신을 어필할 수 있는 기회나 접점은 스스로 만들어야 한다.

이런 까닭에 일반인이 해설 위원을 꿈꾼다면 개인 방송을 시작하라고 권하고 싶다. 개인 방송이 해설 시범 무대이자 트레이닝 장소가 되기 때문이다. e스포츠 스트리머들은 직접 대회에 참여하면서도, 해설 위원 입장에서 라이브로 경기 해설을 하기 때문에 해설자로서의 순발력과 판단력을 기르는 데 도움이 된다. 물론 아직까지 스트리머 출신이 정식 해설 위원, 그러니까 e스포츠 정규 리그처럼 널리 알려진 대회에 데뷔한 사례는 없지만 가능성은 충분히 열려 있다. 뿐만 아니라 e스포츠 스트리머는 선수, 캐스터, 해설 위원 등 1인 3역도 가능하기 때문에 방송이 인기가 있다면 하나의 전문 e스포츠 채널로 발전할 수도 있다.

e스포츠 직업 설명서

반면 '클템' 이현우 해설 위원이나 주식회사 중계진에 속한 이승원, 김동준, 임성춘 해설 위원이 개인 방송을 하는 이유는 일반인과는 다르다. 부가 수입을 올리기 위해서라기보다 자신의 경쟁력을 키우기 위한 수단으로 활용한다. 이들은 팬들과의 소통은 물론, 자신만의 e스포츠 콘텐츠를 생산하기 위해 개인 방송을 병행한다.

해설 위원 자리를 한번 차지하는 데까지 꽤 오랜 시간이 걸리지만, 일단 자리를 꿰차면 리그가 사라지지 않는 한 거의 고정으로 활동할 수 있다. 그래서 베테랑 해설자도 자리에서 밀려나는 상황을 견제하기 위해 끊임없이 자기 관리를 한다. 이승원 해설 위원의 경우 20년 해설 경력을 자랑하지만, 지금도 매일 자신이 맡은 대회 출전 선수들의 경기 VOD와 개인 방송을 모니터링 하면서 분석의 끈을 놓지 않고 있다.

더욱이 비선수 출신 해설 위원이라면 '일반인'이라는 주홍 글씨가 지워지지 않기 때문에 몇 배의 노력이 필요하다. e스포츠 중계진은 캐스터 한 명을 가운데에 두고 양쪽에 해설 위원을 배치하는데, 이는 해설 위원마다 의견과 색깔이 달라서 듣는 재미를 배가하기 위해서다. 그런데 한쪽에 선수 출신 해설 위원, 반대편에 일반인 출신 해설 위원이 있으면 시청자들은 비선수 출신 해설 위원의 말을 믿지 않는다. 그가 옳은 말을 해도 그렇다.

현역 가운데 일반인 출신으로 가장 오래 활동하고 있는 이승원 해설 위원은 "출신의 약점을 극복하려면 선수 출신 해설 위원이 갖지 못할 장점을 찾아서 스스로 발전시켜야 한다. 내 경우는 일반 게이머의 입장에서 공감을 얻을 수 있는 표현들을 많이 썼다. 은어 사용도 지양했다. '너는 전문가가 아니야'라는 인식은 이 직업을 그만둘 때까지 따라다니는 꼬리표와 같다. 그 혹평을 꾸준히 견제하려면 자신이 노력할 수밖에 없다."라고 말한다. 그래서 '100분 토론'과 같은 시사 토론 프로그램을 즐겨보면서 양 진영에서 의견이 갈렸을 때 패널들이 어떤 식으로 대처하는지 연구한 적도 있다고 한다. 이승원 해설 위원은 "해설 위원은 내성적인 성격을 가진 사람이 하기엔 어려운 직업이다. 이따금 자신의 의견이 틀려도 그간의 분석 경험과 노하우가 바탕이 된 이야기라면 주장을 관철시키려는 뚝심도 필요하다."라고 전했다.

★ 급여 수준

정규 리그 한 개만 잡으면 대기업 수준의 연봉도 가능.

★ 취업 난이도

선수 출신도 어렵지만 일반인 취업 관문은 바늘 구멍.

★ 향후 전망

스트리머 덕에 e스포츠 중계의 방식도 변화하고 있다.

★ 업무 강도

게임 플레이와 경기 VOD 시청의 '무한 반복'

★ 업무 만족도

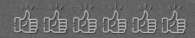

'페이커'를 대놓고 비판할 수 있는 기회.

전문 기자

선수와 팬의 연결 고리

전문 기자

업무 개요	e스포츠 업계 소식을 취재, 기사를 작성하고 독자들에게 전달
급여 수준	연봉 2,400~4,500만 원 (신입 및 경력 기자 연봉)
채용 방식	매체별 공개 채용

《두산백과사전》에 따르면, 기자는 신문·통신·잡지·방송 등 주로 시국에 관한 보도 및 논평을 하는 일에 종사하는 사람으로서, 취재·편집·논평 등의 일을 담당한다. 외국에서는 취재 담당자를 '리포터Reporter', 편집 및 논평 담당자를 '에디터Editor'라고 하며 양자의 총칭으로서 '저널리스트Journalist'라는 말을 사용한다. 한국에서는 신문·방송·통신 분야 등 취재를 담당하는 사람을 '기자'라고 하는 경우가 많고, 잡지에서는 주로 기고자寄稿者와 교섭하는 일을 하는 사람을 '기자'(큰 틀에서 에디터)라고 한다.

한국의 언론사는 신문사 기자를 취재 기자, 사진 기자, 편집 기자, 교열 기자로 나눈다. 일반인들이 아는 '기자'는 취재 기자에 해당한다. 취재 기자는 출입하는 영역에 따라 해당 분야의 기자라고 불린다. 청와대, 정당을 출입하면 정치부 기자, 검찰과 법원 등을 취재하면 법조 기자, 스포츠를 주로 취재하면 스포츠 기자라고 분류된다. e스포츠 전문 기자도 취재 기자다. 취재하는 분야가 e스포츠여서 e스포츠 전문 기자라고 불린다.

 e스포츠를 전문으로 다루는 매체는 대부분 웹진인터넷으로 기사와 사진 등을 제공하는 언론사 형태를 띄고 있다. 과거 〈파이터포럼 Fighterforum〉이라는 매체에서 주간지인 〈esFORCE〉를 발행한 적도 있지만 모회사인 〈파이터포럼〉 또한 웹진이었다. 한국에서 e스포츠 전문 매체라고 할 수 있는 회사는 〈데일리e스포츠〉, 〈인벤〉, 〈포모스〉(ㄱㄴ순서) 등이며, 게임 매체들도 e스포츠 소식을 전하고 있다. 종이 신문 중에서는 스포츠 신문이 e스포츠 소식을 주로 다루고 있으며, 일반 매체 중에는 〈국민일보〉가 가장 많은 e스포츠 기사를 내고 있다.

 e스포츠 기자는 말 그대로 e스포츠 업계 소식을 취재하여 기사를 작성하고 독자들에게 전달한다. 야구, 축구, 농구, 배구 등 한국의 4대 프로 스포츠 종목을 취재하는 기자들이 하는 일과 같다.

 취재 범위는 그들과는 다르다. e스포츠는 그 자체로 하나의 스포츠 직군이라 표현할 수 있으며, e스포츠에는 다양한 종목이 포함되어 있다. 과거 스타크래프트를 기점으로 역사를 시작한 e스포츠는 리그 오브 레전드, 플레이어언노운스배틀그라운드, 오버워치, 스타크래프트2, 카트라이더, 피파온라인4, 클래시 로얄, 브롤스타즈 등 PC 온라인 게임, 모바일 게임 등 다수의 플랫폼, 다양한 게임 종목들을 기반으로 하고 있다. e스포츠 기자들은 이러한 종목으로 열리는 대회를 포괄적으로 취재하며 경기 결과, 승자와 패자 등의 인물들, 게임단의 이야기들을 기사로 만든다. 또한 해당 종목의 최신 트렌드도 독자들에게 전달한다.

e스포츠 전문 기자가 되기 위해서는 세 가지 조건이 필요하다. 게임이 주는 즐거움을 알아야 하며, 기사 작성에 대한 기본을 갖춰야 하며, 사람을 만나는 것을 꺼려서는 안 된다. e스포츠는 게임에 바탕을 둔 콘텐츠이기 때문에 게임을 잘하지는 못하더라도 게임 안에서 드러나는 현상들, 예컨대 우세와 열세, 슈퍼 플레이와 대형 실수, 종목별 규정 등을 깊게 알고 있어야 한다. 기사 작성에 대한 기본 요건은 취업한 뒤 선배들에게 배울 수 있지만 자기가 머릿속에서 생각하고 있는 내용을 글로 표현할 줄 알아야 한다. 기자라고 하는 직업이 사람을 만나 대화를 나누면서 정보를 취득하는 일이기 때문에 원만한 대인 관계와 대화 능력도 보유하고 있어야 한다.

e스포츠 전문 기자가 되는 방법은 여러 가지가 있다. e스포츠 관련 지면을 별도로 꾸리고 있는 중앙 일간지와 스포츠 신문은 언론사별로 수습기자를 선발하는 시험을 치른다.

이 시험을 통과한 뒤 수습 과정을 마무리하면 3~4년가량 다양한 부서에서 일하게 되는데, 이때 e스포츠에 대한 전문성을 보여 주면 e스포츠 담당 기자가 될 수 있다. 이 경우에 e스포츠 이외에도 게임이나 IT 등 유사 분야까지 맡는 경우가 대부분이다.

〈데일리e스포츠〉, 〈인벤〉, 〈포모스〉와 같은 e스포츠 전문 매체는 부정기적으로, 필요에 따라 기자를 충원한다. 이들 매체는 별도의 시험을 치르지는 않지만 이력서와 심층 면접 등을 통해 인원을 선발한다. e스포츠에 대한 지식이 많을수록 선발될 가능성이 높지만, 일정 수준 이상의 글솜씨와 사회성을 갖춰야 합격할 확률이 더욱 높아진다.

HARD CARRY

박범 〈인벤〉 기자

박범 기자는 〈인벤〉이라는 웹진에서 기자 생활을 시작했다. 중고등학교 시절부터 게임을 즐기던 평범한 이용자였는데 LoL을 주로 플레이했다. 대학 시절 게임과 무관한 인문 계열에서 공부한 그는 취업을 준비하는 과정에서 우연히 커뮤니티 게시판에 올라온 '기자 모집' 공지를 접한 뒤 지원했다가 우연찮게 취업에 성공했다. 기자가 된 이후 굵직한 국제 대회를 취재하면서 e스포츠 기자로 전문성을 쌓았고 현재 중견 기자로 입지를 다졌다.

TIP | 게임을 잘하기보다 '계속' 관심을 가져라

Q. e스포츠 기자가 돼야겠다고 마음먹은 계기가 있었을 것 같다.

A. 사실 e스포츠 전문 기자가 있는 줄 몰랐다. 어렸을 때부터 게임을 좋아했고, 스타크래프트 리그 초창기부터 대회를 열심히 봤지만, 이런 소식을 전하는 전문 기자의 영역이 있는 줄 몰랐다.

Q. 어쩌다가 e스포츠 기자가 됐나?

A. 대학 졸업을 앞두고 이력서를 쓰다가 머리를 식히려고 게임을 한 판 하려고 접속했다. 당시 큰 인기를 끈 LoL을 즐겨 하고 있었는데, 챔피언이 많다 보니 어떤 룬을 세팅해야 하는지 알아보려고, 지금 내가 다니고 있는 회사인 〈인벤〉에 접속했다. 당시 〈인벤〉이 LoL에 대한 정보가 가장 많은 사이트였다. 그런데 오른쪽 상단에 'e스포츠 기자 채용중'이라는 공고가 떠 있었다. e스포츠 전담 기자가 따로 있는 걸 처음 알았고, 〈인벤〉이 제공하고 있는 뉴스들을 꼼꼼히 읽어보면서 도전해보기로 했다.

Q. e스포츠 기자의 업무 패턴이 궁금하다.

A. 회사마다 다르겠지만 〈인벤〉은 오전 10시까지 출근해서 오후 6시까지 근무한다. 담당하는 리그가 없는 날의 스케줄이 그렇다는 이야기다. 사무실에서 근무하는 날에는 외신을 훑어보거나 메신저, 전화 통화를 통해 취재하고 기사를 쓴다. 사실 취재 기자에게 사무실 근무는 큰 의미가 없다. 현장을 가야 하고 사람을 만나야 기자로서 생동감을 느낄 수 있다.

경기 현장 취재나 외국 경기 취재 등으로 야근할 경우, 다음 날 혹은 자신이 원하는 날 오후 2시에 출근한다. 주말에 야근할 경

'매드라이프' 홍민기의 은퇴 인터뷰를 하고 있는 박범 기자. ⓒ 박범

우에는 대체 휴무가 주어진다.

A. 게임을 선수만큼 잘하는 기자는 정말 극소수다. 대부분의 e스포츠 전문 기자들은 자기가 취재하는 게임 종목에 대해 관심을 갖고 있고, 어느 정도 게임을 할 줄 아는 수준이다. 게임에 대한 애정을 갖고 있어서 이를 직업으로 발전시킨 경우가 많다.

사실 e스포츠 전문 기자가 되고 나서 게임을 열심히 하기는 쉽지 않다. 경기가 끝난 후 기사 마감까지 하고 나면 늦은 시간이다. 내일 일하기 위해 휴식을 취해야 한다. 회사 차원에서는 게임을 직접 해 보길 권한다. 트렌드 분석 기사, 경기 해설 기사를 쓰기 위해서는 기자가 게임을 잘할수록 전문성이 드러나기 때문이다. 하지만 실제로 기자 생활을 하다 보면 기자 본인이 게임을 잘하는 것보다 선수나 관계자들을 만나서 최신 정보를 수집하는 일이 더 중요하다고 느낀다. 그렇다고 해서 게임에 대한 관심을 놓으면 연속성이 떨어진다. 적당하게 시간을 배분하며 게임에 대한 애정을 유지하는 일이 중요하다.

TIP | 전달력 높은 문장을 고민, 또 고민하라

Q. e스포츠 분야에 대한 지식을 얻을 수 있는 방법이 따로 있나?

A. e스포츠가 아직 생겨난 지 20년밖에 되지 않아서 체계적으로 정리된 책이 많지 않다. 개인적으로는 스포츠 가운데 축구를 좋아해서 축구 기사를 많이 읽었고, 이를 통해 기사 쓰는 방식, 방향, 룰 등을 익혔다. e스포츠 역시 스포츠를 지향하고 있기 때문에 다른 스포츠 종목들처럼 선수, 팀, 규정 등을 중심으로 돌아간다. 다른 스포츠 분야에 대한 지식이 많이 도움된다.

Q. 기자의 일을 잘 수행하려면 어떻게 해야 하나?

A. 기자는 자기가 취재한 사실을 독자들에게 정확하게 전달하는 것을 직업으로 삼는 사람이기에 전달력이 필요하다. 송나라 문인 구양수는 글을 잘 쓰기 위한 3대 조건으로 다독多讀, 다작多作, 다상량多商量을 꼽았는데, 기자 생활하는 내내 이를 실천하려는 노력이 필요하다. 많은 기사를 읽고 원하는 스타일의 기사를 만나면 따라 쓰며, 사안이 발생했을 때에는 취재원들의 의견을 듣고 종합하면서 내 것으로 만든 뒤, 독자들에게 전달하는 일을 일상화해야 한다. 따로 공부할 시간을 가질 수 있다면 더욱 좋겠지만 기자 생활 초창기에 개인적으로 시간을 내기란 여간 어려운 일이 아니다. 사람을 많이 만나고, 이동 시간에

명언집을 읽는 것이 큰 도움이 됐다. 기사를 쓰다 보면 표현을 반복하는 걸 느끼는데, 색다르고 재미있게 독자에게 다가갈 수 있도록 노력해야 한다. 기사 형식에 얽매이기보다는 자유롭게 쓰되 전달력을 키우면 좋겠다.

TIP | 어학 능력이 좋을수록 유리

Q. e스포츠 기자가 된 보람을 언제 느꼈나?

A. 2018년 자카르타-팔렘방 아시안게임을 취재하러 인도네시아에 직접 갔다. e스포츠는 각 종목별로 글로벌 대회를 열기 때문에 외국에 취재하러 가는 경우가 종종 있었지만 아시안게임은 조금 달랐다. 메가 스포츠 이벤트라서 운영 방법이 달랐다. 다른 종목 스포츠 기자들이 취재하듯 미디어 센터에 등록해야 했고 믹스트존에서 선수들을 만나 인터뷰해야 했다. 기존 e스포츠 대회와는 완벽하게 다른 경험이라서 의미가 있었다.

남성지 〈GQ〉에 기고했던 것도 재미있는 기억이다. e스포츠를 잘 모르는 사람들을 위해 용어를 알기 쉽게 풀어 쓰는 글이었는데, 편집자와 독자들의 반응이 좋았다. 내 기사가 인터넷상에 떠 있는 것과 지면에 활자로 찍혀 나오는 것의 차이를 느껴 보는 것도 색달랐다.

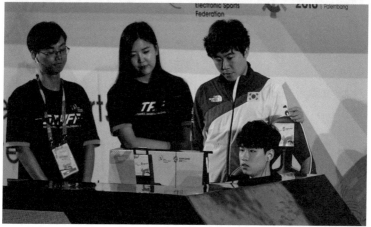

2018년 8월 30일 인도네시아 자카르타 마하카스퀘어 브리타마 아레나에서 열린 2018 자카르타–팔렘방 아시안게임 e스포츠 스타크래프트2 부문 경기에서 한국 국가대표 '마루' 조성주가 경기를 펼치고 있다.

Q. e스포츠 기자가 갖춰야 할 소양이 있다면?

A. 전 세계적으로 e스포츠가 인기를 얻고 있기 때문에 한국의 소식을 세계로 전하고, 각국에서 전개되는 e스포츠 대회나 트렌드, 소식 들을 입수하기 위해서는 어학 능력을 갖춰야 한다. 어떤 매체를 가든 토익, 토플 점수가 높으면 우대해 주고, 영어로 비즈니스 메일 정도는 쓸 수 있는 기자를 원하고 있다. 최근 중국에서 e스포츠에 대한 관심이 높아지고 있어서 중국어를 능통하게 구사하는 사람을 찾는 매체도 있다. e스포츠 기자로 일을 시작하면 학원을 다니면서 언어를 배울 시간이 없기 때문에 대학 재학 중에 언어를 익히는 게 좋다.

Q. e스포츠 기자가 되고 싶은 미래의 후배들에게 한마디해 달라.

A. 요즘 들어오는 e스포츠 기자 후배들을 보면 대부분 누군가의, 어떤 팀의 팬이다. 물론 나도 그렇게 시작해서 그들의 마음을 잘 알고 있다. 처음 기자가 됐을 때 현장에서 중계진, 감독, 코치, 선수 들을 직접 보고 이야기하면 엄청나게 설레고 보람을 느낀다. 하지만 기자 생활을 오래 하다 보면 팬심을 갖고 있는 것이 해가 되는 상황을 맞이할 때가 있다. 내가 선망하고 있는 선수가, 또는 팀이 좋지 않은 일에 연루됐을 때 객관적인 기사를 쓰지 못하는 경우가 발생한다.

e스포츠 전문 기자의 일상은 다른 스포츠 기자들과 유사하다. 스포츠 경기가 대체로 오후에, 그것도 대부분 저녁에 이뤄지는 것처럼 e스포츠 대회도 그렇다. LCK는 오후 5시에 시작하며, PKL 펍지 코리아 리그과 카트라이더 리그이하 카트 리그는 오후 6시, 스타2 리그인 GSL은 평일 오후 6시 30분, 주말 오후 1시에 열리는 등 대부분 오후에 진행된다.

기자들은 경기 시작 2시간 전에 경기장에 도착한다. 선수들이 마우스와 키보드 등 장비를 세팅하는 동안, 사진을 찍고 관계자들과 대화를 나누면서 사전 취재를 진행한다. 감독이나 사무국 직원 등을 통해 선수들의 컨디션이나 최근 팀 분위기 등을 파악한다. 경기가 시작되면 선수들과의 접촉이 일체 허용되지 않기 때문에 사전 인터뷰를 통해 팀과 선수들의 근황을 체크하는 일은 매우 중요하다.

경기가 한창 진행되고 있을 때, 기자들은 경기를 관전하면서도 특이한 상황이 일어날 경우를 대비해 만반의 준비를 하고 있어야 한다. 경기 중에 발생하는 특이한 기록을 체크하고 기사로 다룰 가치가 있는 기록들이 나오면 실시간으로 기사를 작성한다.

예를 들어 '페이커' 이상혁이 LCK 통산 2,000킬을 달성하면 데뷔 때부터 지금까지 시즌별로 몇 킬을 만들어냈는지 집계해서 표를 만들어 기사화한다. 현장에서 사고가 발생하는 경우도 즉각 대응해야 한다. 코로나19로 인해 LCK 분석 데스크를 진행하던 김민아 아나운서가 미열 증상을 보여 귀가 조치됐을 때 현장에 있던 기자들이 발 빠르게 소식을 전하면서 독자들의 궁금증을 해소해 준 적이 있다.

경기가 끝나고 승패가 갈리면 기자들은 매우 바빠진다. 경기 결과를 알리는 기사를 작성해서 송고해야 하며 승자와 패자 인터뷰를 진행한다. 승리한 팀의 수훈갑 선수 또는 코칭스태프와 인터뷰를 나누면서 승리 요인을 취재하고 패한 팀에 대한 취재도 진행한다. 물론 경기에 패한 팀이 취재에 응하는 경우는 별로 없다.

현장에서 취재한 내용들을 그날 모두 기사로 작성하기에는 시간이 빠듯해서 다음 날 기사를 송고하기도 한다. 경기 뒷이야기나 경기 분석 기사와 같은 심도 있는 기사들은 다음 날 오전에 기사로 작성해 출고한다.

기자들이 현장만 찾는 것은 아니다. 현장을 담당하지 않는 날은 게임단, 게임사 등 출입처 담당자들을 만나 정보를 취합하거나 인터뷰를 진행한다. 현장에서는 선수들을 주로 만나지만 게임단, 게임사를 만날 때에는 홍보나 마케팅 담당자들과 대화를 나누면서 업계 동향을 취재한다. 앞서 언급했지만 e스포츠는 다양한 게임들의 리그를 통칭하기 때문에 만날 수 있는 사람들이 꽤 많다.

e스포츠 전문 기자는 주중에 일하고 주말에 쉬는 직종이 아니다. 주말에 다양한 종목의 대회들이 열리기 때문에 주말에 근무하고 주중에 쉬는 경우가 많다. 특히 e스포츠 전문 매체의 경우 토요일과 일요일 가운데 하루를 일하고 주중에 대체 휴일을 제공함으로써 주 5일 체제를 유지하는 경우가 많다.

코로나19 때문에 비대면 시대가 도래했고 e스포츠에 대한 관심이 늘어나면서 e스포츠 전문 기자에 대한 수요도 늘어나고 있는 추세다. e스포츠 전문 매체의 수는 5년째 똑같지만 게임 매체나 일반 매체에서 e스포츠를 전문적으로 다루는 기자들을 영입하려는 의지가 엿보이고 있다.

e스포츠 전문 매체의 급여 수준은 그리 높지 않다. 2021년 기준으로, 신입 기자는 보통 2,400만 원부터 시작하며 10년 차를 넘기더라도 4,000만 원을 넘기기가 쉽지 않다. 업무 강

도에 비해 큰 수입이 보장되지 않는 현실이지만, 기자를 하기 전부터 좋아하고 즐겨 봤던 게임과 e스포츠를 현장에서 직접 보고, 듣고, 인터뷰하며 취재할 수 있다는 점은 큰 매력이다.

e스포츠 기자를 하고 싶다며 업계에 뛰어든 기자들 중에는 결혼 이후 업계를 떠나는 경우도 꽤 많다. 가장 큰 이유는 시간인데, 밤 늦게 퇴근해야 하는 일을 거의 매일 해야 하는 것이 결정적이다. 부수적으로는 이에 대한 보상, 즉 급여가 크지 않다는 것도 이직의 큰 요인이다. e스포츠 기자를 그만두고 난 뒤에는 프로 게임단의 사무국이나 게임사의 홍보 담당 등으로 전직하는 경우가 많다.

★ 급여 수준

중소기업에 준한다. 일반 매체보다는 적다.

★ 취업 난이도

게임에 대한 이해와 취재에 대한 열정, 사람 만나는 일을 좋아하면
누구나 가능.

★ 향후 전망

e스포츠 분야에 대한 관심이 높아지고 있어 수요가 있을 듯.

★ 업무 강도

상당히 높다. 다른 사람 쉴 때 일하며 주말에도 대회가 열리기 때문.

★ 업무 만족도

본인이 어떻게 취재 활동을 전개하느냐에 따라 다르다.

스트리머

e스포츠 재미 발굴자

TUTORIAL

스트리머

업무 개요	게임 또는 e스포츠를 소재로 한 개인 방송
급여 수준	플랫폼 수익 구조에 따라 천차만별, 게임단 전속의 경우 계약 조건에 따라 다름
채용 방식	프리랜서
홈페이지	아프리카TV(www.afreecatv.com), 유튜브(www.youtube.com), 트위치(www.twitch.tv)

요즘 세대가 게임을 즐기는 방식은 두 가지다. 하는 게임과 보는 게임. 이를테면 e스포츠는 '보는 게임'에 속하는 콘텐츠다. 아프리카TV, 유튜브, 트위치 등 MCN 플랫폼 이용자가 늘어나면서 '보는 게임' 전성시대를 맞이했다.

이런 상황에 발맞춰 '보는 게임'의 콘텐츠 제공자도 다양해지고 있다. 과거에는 아프리카TV에서 활동하는 게임 BJ Broadcasting Jockey가 전부였지만, 지금은 유튜브를 비롯해 게임 전문 스트리밍 플랫폼을 통해 활동하는 스트리머의 숫자가 점점 늘고 있다.

프로 게이머들은 이 대열의 최전선에 서 있다. 자신의 플레이를 스트리밍 서비스로 송출하면서 e스포츠의 또 다른 재미를 선사하고 있다. 이들은 스트리밍 플랫폼을 통해 팬들과 가깝게 소통하고, 이 과정에서 인간적 매력을 보여 주며 인기를 관리한다. T1 소속의 '페이커' 이상혁이 대표적이다. 그는 2021년 기준, 130만 명의 유튜브 구독자와 315만 명에 달하는 트위치 팔로워를 보유하고 있다.

최근에는 프로 게임단에서 전속 스트리머를 고용하는 추세다. 게임단 홍보, 리그 활동 관련 콘텐츠를 제작하고 송출함으로써 팬을 확보할 뿐만 아니라 수익도 창출하고 있다.

전체 e스포츠 시장에서 e스포츠 관련 스트리밍 수익은 생각보다 큰 비중을 차지하고 있다. 한국콘텐츠진흥원이 발간한 《2020년 이스포츠 실태 조사》에 따르면, 2019년 국내 e스포츠 총 산업 규모는 1,807억 4,000만 원. 이중에서 스트리밍 수익은 15.5퍼센트약 280억 원였다. 게다가 스트리밍 수익은 매년 점진적으로 상승하고 있는 추세다. LCK 프로 게임단 위주로 스트리밍 사업이 본격화된 2017년의 스트리밍 수익 비중은 21.1퍼센트를 차지하는데, 이는 전년보다 50.5퍼센트나 증가한 수치다.

그럼 스트리머와 크리에이터 차이점은 뭘까. 쉽게 정리하면, 스트리머는 실시간으로 방송을 하는 사람이고, 크리에이터는 스트리밍 외의 영상을 올리거나 편집, 제작하는 사람이다. 스트리머와 크리에이터 사이에서 자주 거론되는 인플루언서는 소셜 네트워크 서비스를 통해 대중에게 큰 영향력을 미치는 이라고 정의할 수 있다. 예컨대, '페이커' 이상혁은 프로 게이머이면서, 인기 있는 스트리머이자, 인플루언서로 소개할 수 있다.

e스포츠 관련 스트리머는 프로 게이머가 아닌 일반인도 도전할 수 있다. 진입 장벽이 없다. PC 모니터와 온라인 접속이 가능한 환경이라면, 누구나 유튜브, 트위치, 아프리카TV를 통해 실시간 개인 방송을 할 수 있다.

반면 단시간에 인기 스트리머가 되는 것은 매우 어렵다. 이미 프로 게이머를 비롯한 인플루언서들이 자리를 잡았기 때문에, 일반인이 이들을 넘어서는 게 쉽지 않다. 이들과 경쟁하려면 개성 있는 콘텐츠를 꾸준히 생산하는 방법이 유일하다.

스트리머의 대부분은 프리랜서다. 다만 유명 스트리머들은 스케줄 관리와 보다 안정적인 활동을 위해 소속사와 계약을 맺기도 한다. 우리나라에는 다이아 티비, 샌드박스 네트워크가 게임 및 e스포츠 스트리머를 다수 보유한 대표적인 소속사다. 프로 게임단에서는 T1, 한화생명e스포츠, 젠지이스포츠가 전속 스트리머를 두고 있다.

타 분야의 스트리머도 마찬가지이지만, e스포츠 스트리머의 수입 역시 천차만별이다. 플랫폼마다 수익 구조와 책정 기준이 다르기 때문에 평균을 이야기하기가 어렵다. 그러나 공통점은 있다. 어디를 가더라도 구독자와 조회수만 늘린다면 수익은 당연히 따라오게 되어 있다.

HARD CARRY 1

홍민기 한화생명e스포츠 전속 스트리머

LoL 1세대 프로 게이머인 홍민기는 선수 시절에 '매라신'으로 불렸다. 그의 실력이 마치 신의 영역에 있는 것 같아서 그의 닉네임 '매드라이프'에 '신神'을 더해 만들어진 별칭이다. 이제 선수 은퇴 후 스트리머로서 제2의 인생을 시작한 그에게 e스포츠 스트리머 라이프를 들었다.

TIP | 스트리밍 방송은 몸으로 겪어 봐야 안다

Q. 선수를 은퇴하고 스트리머로 전향했다.

A. 은퇴를 결심한 무렵에 앞으로 어떤 직업으로 밥벌이를 할까 많은 고민을 했다. 처음엔 코치를 생각했는데, 프로 생활의 연장이라고 생각하니 정신적으로나 체력적으로 부담이 많이 될 것 같았다.

선수 때 연습이 끝나고 게임 스트리머들의 방송을 많이 봤는데 재미있더라. LoL 선수로 활동했지만 게임 자체를 너무 좋아해서 도전해 보고 싶다는 생각이 들었다.

Q. 선수 시절엔 과묵한 편이어서 스트리머가 됐다는 소식에 놀랐다.

A. 첫 방송 후 가장 많이 들었던 이야기가 "이 사람이 말을 잘하는 사람이었나?"였다(웃음). 프로 게이머였을 때에는 딱딱한 이미지여서 그랬는지 의외라는 반응이 많았다.

처음에는 LoL만 다뤘는데, 방송에 익숙해지면서 다양한 게임을 다뤘다. 가장 중요하게 생각했던 것은 '재미나 즐거움을 어떻게 전달할 것인가'였다. 내가 방송한 영상을 다시 보면서 모니터링했다. 시청자들이 편하게 내 방송을 볼 수 있을지 항상 고민한다.

Q. 구체적으로 어떤 노력을 했나?

A. 처음에는 이 분야에 대해 알려 줄 만한 스트리머나 관계자가 없었다. 주변에서 얻은 정보도 구체적이지 않고 막연하기만 했다. 그래서 책을 정말 많이 찾아 봤다. 개인 방송 관련 책부터 스피치 관련 책까지 두루 살폈다. 또 집에서 최적의 방송을 하기 위해 카메라 위치와 조명 같은 기본적인 방송 시스템 세팅도 여러 번 바꾸었다.

내 경험을 말하자면, 스트리밍 방송은 경험자들의 조언이 도움이 되지 않는다. 말주변이나 진행 능력은 주변 의견을 참고해도 직접 해 보지 않고서는 감이 오지 않는다. 말로 설명하기 힘든 '끼'가 정말 있는지 도전해 봐야 안다.

Q. 주로 어떤 방송을 하는가?

A. 기본적으로 나의 게임 플레이를 보여 주는 방송을 한다. 시청자들이 플레이 화면을 보면서 실시간 채팅창에 공략법을 질문하거나 감상을 남기는데, 이를 확인하면서 방송을 진행한다. 또, 다른 프로 게이머나 팀들이 어떻게 경기하는지, 대결이 진행되는 동안 어떤 콜게임 진행 시 필요한 정보이 오가는지 정보를 준다. 스트리머들이 참여하는 e스포츠 대회를 실시간으로 보면서 코칭을 하기도 한다.

방송을 시작하면 초반에는 시청자와 주로 소통한다. 그러고는 그날 선택한 게임을 플레이를 하며 방송을 진행한다. 일주일에 1회 정도는 그 주에 다룰 게임이나 영상 관련 내용을 예고한다.

TIP | 주 5~6일 근무, 휴일에는 게임 파악…마음의 준비됐나?

Q. 자정이 넘는 시간까지 방송을 하던데 매우 힘들겠다.

A. 보통 저녁 7시나 8시에 방송을 시작하고 밤 늦게 일이 끝나기

스트리밍 방송을 하면서 자신의 끼를 발견한 홍민기. ⓒ 한화생명e스포츠

때문에 밤낮이 바뀐다. 일주일에 최소 5회 이상 방송을 하는데, 주말에는 거의 쉴 수가 없다. 조회수가 가장 잘 나오는 날이기 때문에 쉬고 싶으면 평일에 쉰다. 방송이 없는 날에는 게임 정보를 많이 알아본다. 출시 예고된 신작, 이슈 등을 미리 조사해서 방송 멘트에 어떻게 반영할지 구상한다. 그리고 사전에 플레이를 하면서 게임을 파악하기도 한다.

스트리머는 자기 관리가 필수인 직업이다. 아마 1인 방송 하시는 분들 중에는 허리 디스크로 고생하는 사람이 많을 것이다. 오래 앉아 있어서 그렇다. 또, 야식 같은 걸 챙겨 먹다 보면 건강이 염려된다.

Q. 한화생명e스포츠 전속 스트리머다.

A. 원래 독자적으로 활동하고 있었는데, 게임단에서 먼저 연락이 왔다. 소속사의 도움을 많이 받고 있다. 외부 행사 스케줄 관리, 일 관련한 계약서의 법적 검토 등을 지원받는다. 한편으로 소속사가 자체적으로 스트리밍 콘텐츠를 생산하기도 하고, 활동 기회를 마련해 줘서, 혼자 활동하는 것보다 훨씬 안정감이 든다.

전속 계약 내용은 스트리머마다 다르다. 어떤 스트리머는 소속사와 관계된 방송만 하기도 하고, 어떤 스트리머는 개인 방송과는 별개로 소속사에서 원하는 사업이나 행사에 참여한다. 나는 후자에 속한다. 그에 따라서 보수를 받는 조건도 다르다. 외부에 알리는 것은 비밀이다.

게임단 방송은 게임단의 매력을 전달하면서 재미를 줄 수 있는 콘텐츠를 송출하는 편이다. 우리 팀이 LCK 경기에 나섰을 때 편파 응원을 한다거나, 선수들을 소재로 라이브 예능을 진행한다. 2군 선수들과 토너먼트 경기를 하고, 은퇴한 프로 게이머를 초청해 이벤트 경기를 펼치기도 한다.

HARD CARRY 2

문호준 라우드커뮤니케이션즈 전속 스트리머

'카트 황제' 문호준은 열 살의 나이에 프로 게이머로 데뷔해 넥슨의 레이싱 게임 '카트라이더CRAZYRACING KARTRIDER, 이하 카트'를 종목으로 한 e스포츠 리그에서 무수히 많은 수상 기록을 세웠다. 성인이 된 지금까지도 이 종목의 최강자는 문호준이라고 할 정도다. 한편으로는 한때 '카트 리그'가 쇠퇴기에 접어들 무렵, 유튜브 방송으로 시청자층을 끌어올리면서 해당 리그의 인기 역주행 신화를 만든 주인공이기도 하다.

문호준은 2020년 말 선수 은퇴를 선언하고 한화생명e스포츠 '카트' 감독이 됐는데, 스트리머를 겸업하며 바쁜 활동을 이어가는 중이다.

TIP | 실력이 좋거나, 재미가 있어야 생존 가능

Q. 2021년 기준으로 유튜브 채널 구독자가 71만 명이다. 비결이 뭔가?

e스포츠 직업 설명서

A. 진정성 있게 소통하고 열심히 하는 모습을 좋아해 주시는 게 아닐까 싶다. 사실 개인 방송을 시작하게 된 계기는 팬들과 소통하기 위해서였다. 2018년쯤 아프리카TV로 시작하다 시청자층이 늘어나니까 유튜브도 하게 되더라. 정확히 "이거다!"라고 말할 수 없지만 이듬해 겨울까지 연속 우승을 하면서 갑자기 스포트라이트를 받았다. 시기적으로 운이 좋았다고 생각한다.

당시 대중적으로 레트로 열풍이 불었고 추억의 게임으로 '카트라이더'가 자주 소환됐다. 유튜브 알고리즘 때문에 내가 올린 영상이 자주 추천 영상으로 구독자들에게 보인 게 조회수를 높이는 데 영향을 미치지 않았나 싶다.

Q. 지금은 트위치에서만 활동하고 있다.

A. 처음에는 아프리카TV, 유튜브, 트위치 세 곳 모두에서 활동했다. 그렇다 보니 체력이 뒷받침이 되지 않더라. 더구나 애초 개인 방송을 시작한 의도와 다른 일이 벌어지기까지 했다. 팬들과 교류하기 위해서 방송을 시작했는데, 각각의 플랫폼에서 활동하는 팬들끼리 다툼이 일어나더라. 팬들이 한곳으로 모이도록 하는 게 맞다는 생각이 들었다. 그래서 다른 플랫폼에 비해 비하나 욕설이 적은 트위치로 집중하게 됐다.

A. 선수 은퇴를 하면서 어떤 식으로든 '카트라이더'와의 인연을 이어가겠다고 팬들과 약속했다. 그러니 '카트' 감독 데뷔 역시 중요한 도전일 수밖에 없다. 스트리머를 병행하는 게 힘들 수도 있지만, 어쩌면 '감독' 문호준의 새로운 모습을 보여 줄 수 있는 기회라고 생각한다.

프로 게이머라면 스트리머 활동을 같이 하는 것을 추천한다. 팬들이 나를 좋아할 수 있도록 만들 수 있는 방법이면서 은퇴 이후를 대비할 수 있는 기회이기도 하다.

A. 게임이나 e스포츠를 다루는 스트리머라면 웃기거나 게임을 잘하거나 둘 중 하나여야 한다. 말솜씨는 하다 보면 늘어난다. 그래서 스트리머를 염두에 두고 있다면 무조건 해 볼 것을 권한다. 만약 구독자가 조금이라도 생긴다면 다이아 티비와 같은 회사에서 연락이 올 수도 있다. 정말 초보라면 아프리카 TV에서 시작하길 권한다. 보는 사람이 많기 때문이다. 별풍선_{실제 화폐로 전환 가능한 인터넷 아이템} 충전 방법이 쉬워서 시청자 확보 측면에서 보면 경쟁 플랫폼보다 유리하다.

한화생명e스포츠 감독과 스트리머를 겸업하고 있는 문호준.

ⓒ 라우드커뮤니케이션즈

SHOW ME THE MONEY

요즘 스트리머를 직업으로 삼고 싶어 하는 이들이 생겨나면서 일부 대학에서는 영상미디어학과, 유튜브학과, 크리에이터학과를 만들고, 사설 학원에서는 이와 관련한 프로그램을 운영하고 있다. 경기도처럼 e스포츠 산업 육성 의지가 있는 지방 자치 단체에서는 교육비를 지원하여, '스트리머 양성 프로그램'을 진행하기도 한다.

하지만 스트리머가 이러한 교육 과정을 통해 양성되어 제대로 자리 잡을 수 있을지는 미지수다. 크리에이터의 경우 영상 편집 등 기술적 측면에서 전문성이 필요한 부분이 있지만, 스트리머에게는 영상 편집 자체가 필요 없고 콘텐츠가 전부라고 해도 과언이 아니기 때문이다.

특히 게임이나 e스포츠를 다루는 스트리머라면 이론을 습득하는 것보다 실제 게임을 보거나 플레이할 수 있는 능력을 기르는 게 더 중요하다. e스포츠 관련 스트리머 중에 프로게이머 출신이 많은 이유도 남보다 월등한 게임 실력을 바탕으로 게임을 공략할 수 있는 방법을 알려 주고, 승부를 통한 대리 만족을 시청자들이 느끼게 할 수 있기 때문이다. 그 래서 일반인이 이 분야에 도전하려면 몇 배의 노력이 필요 하다. 기본적으로 게임을 잘 알아야 할 뿐만 아니라 프로 게 이머보다 뒤처지는 인지도를 만회하려면 방송 기획력이나 진행 솜씨가 월등해야 하다.

유튜브 구독자 23만 명을 보유한 '메도우이헌터'의 이야 기에 귀를 기울일 만하다. 그는 방송 초기, 3년 동안 일주일 에 하루만 빼고 오후 2시부터 그 다음 날 오전 3시까지 라이 브 방송을 진행했다. 첫 달에 50만 원, 그 다음 달에 100만 원, 다다음 달에 500만 원의 수익이 들어왔다. 그는 자신이 "타이밍이 좋았다"고 얘기했다. 스트리밍 방송을 한다고 해 서 처음부터 수익이 절대 좋을 수 없다는 게 그의 설명이다. '메도우이헌터'가 등장했을 당시, 1인 방송 초기 시장이었기 때문에 경쟁에 유리했고, 당시 한창 인기몰이 중이던 LoL에 서 특정 챔피언 게임 캐릭터을 너무 잘 다룬다고 일찍이 소문이 났었다.

메이도우이헌터는 "일반인 출신인 내가 지금 시장 상황에 서 스트리머로 데뷔한다면 뭐라 할 말이 없을 정도로 나 역 시 자신이 없다"고 털어놨다. 그럼에도 스트리머를 꿈꾸는 일반인이 있다면? 메이도우이헌터는 "인터넷 방송은 정답이 없다. 스트리머는 오로지 실력과 말솜씨가 기반이 돼야 하기 때문에 더욱 그렇다. 여기에 뜨거운 열정이 없다면 도전도 힘들다."라고 말했다.

e스포츠 스트리머에게 무엇보다 중요한 덕목은 성실함이다. 한때 아무리 잘나갔던 프로 게이머라도 스트리머가 되어 단기간에 수익을 얻기란 매우 어렵다. 현역 선수 시절에 억대 연봉을 받았던 A선수의 경우, 은퇴한 뒤 스트리머로 전향했지만 반년가량 수입이 없어 불안에 시달렸다는 후문이 있을 정도다. 그러나 하루도 안 빠지고 1년가량 스트리밍 방송을 하자 일상생활을 충분히 영위하면서 저축도 가능한 수준의 수익이 생기기 시작했다고 한다. 이처럼 전문 스트리머가 되기로 마음먹었다면 일정한 시간에 꾸준히 방송할 수 있는 성실함이 꼭 필요하다. 대부분 이를 지키지 못해 그만둔다. 이미 인지도가 있는 사람이더라도 성실하게 방송 시간을 지키지 못하면 시청자의 신뢰를 잃게 되고 결국 스트리머로서 자리 잡지 못하게 된다.

또한 최근에는 스트리머가 셀 수 없을 정도로 많아져서 콘텐츠 경쟁력 확보가 필수가 됐다. LoL 플레이만 방송했던 홍민기가 다른 게임을 찾아 플레이하고, 소속 게임단 선수들과 '먹방'을 찍는 것은 자신의 방송을 구독하는 시청자에게 신선한 재미를 끊임없이 제공해야 하기 때문이다. 어떤 스트리머는 자신이 방송한 동영상을 재편집해 유튜브에 올리기도 한다. 재가공을 해서라도 시청자들이 보다 많이 볼 수 있게 하기 위해서다. 그러려면 영상 편집 기술이 있어야 하기 때문에 인건비를 들여 전문가를 섭외하거나 이마저도 아까우면 독학으로 해결한다. 인기 있는 스트리머들은 아예 스트리머가 참가하는 e스포츠 대회를 개최해 각자의 채널로 경기를 송출하면서 시청자들의 '보는 재미'를 살린다. 이처럼 스트리머는 개인이 PD이면서 작가의 역할을 해야 해서 방송을 끊임없이 고민하고 연구해야 한다.

보는 게임의 측면에서 e스포츠와 스트리머는 앞으로도 상생하며 발전할 가능성이 크다. e스포츠를 보는 사람이 많아질수록 스트리밍 시장도 커질 것이고, 더 나아가 스트리머가 하나의 e스포츠 채널로 발전할 수 있을 것이다. 이와 관련해 라이브 스트리밍 솔루션 업체 스트림랩스는 2019년 기준으로 볼 때 게임 라이브 스트리밍 시장이 14조 원 수준에 달한다고 밝혔다. 이는 국내외 규모를 모두 합친 수치이지만 e스포츠도 다른 스포츠처럼 경계가 없는 문화로 성장하고 있다는 것을 보여 준다. 스트리밍 시장에 뛰어드는 게 충분히 도전해 볼 만한 가치가 있다는 이야기다.

FEEDBACK

★ 급여 수준

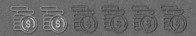

한 달에 1억 원도 벌 수 있지만 피나는 노력이 없다면 수입은 0.

★ 취업 난이도

컴퓨터와 인터넷만 있으면 누구나 도전!

★ 향후 전망

e스포츠 시장이 커질수록 스트리머도 '쑥쑥'

★ 업무 강도

올빼미 생활과 디스크 치료 감당할 수 있나?

★ 업무 만족도

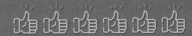

연예인 못지않은 인기를 한몸에~

e스포츠 아카데미 강사

풀뿌리 e스포츠의 파머

e스포츠 아카데미 강사

업무 개요	e스포츠를 잘하고 싶어 하는 사람들의 길라잡이
급여 수준	신입 사원 3,000~3,500만 원 수준 (경력직은 회사와 협의 가능)
채용 방식	학원별 채용 (프로 게이머 우대)

한국 사교육 시장을 관찰하면 흥미로운 사실을 알게 된다. 학원 이름 중에 '아카데미Academy'라는 단어가 상당히 많이 들어가 있다는 점이다. 간판에 '학원'이라고 쓰는 것보다 그럴싸한 효과가 있기 때문일 것이다.

e스포츠에서 아카데미는 두 가지 뜻으로 사용된다. 학생들이 정규 수업 이외의 것을 배우는 곳, 그러니까 학원과 동의어로 아카데미를 사용한다. 게임을 잘하고 싶어 하는 일반인들을 가르치는 곳을 아카데미라고 부른다. 더 나아가 실력을 쌓아서 프로 게이머가 되고 싶은 지망생들을 위한 곳이다.

다른 한편으로는 프로 게이머를 양성하는 2군 팀을 아카데미라고 표현한다. 한국에서 상위 0.5퍼센트 안에 들어가는 선수들 중에 팀 컬러와 어울린다고 판단한 선수들, 2~3년 안에 프로 선수로 데뷔할 수 있는 능력과 레벨을 갖춘 선수들을 대상으로 교육을 하는 곳이 아카데미다. 미국과 유럽의 프로 게임단들이 후보군을 뜻하는 단어로 아카데미를 사용하면서 한국의 프로 게임단들도 2군이라는 용어 대신 아

e스포츠 아카데미 강사

카데미라고 부르기 시작했다.

학원을 뜻하는 아카데미와 후보군을 뜻하는 아카데미가 혼용되어 e스포츠 관계자들도 혼란을 느끼기도 한다. 이 책에서 사용하는 아카데미라는 단어는 일반인들이 게임을 배우고 익히기 위해 선택하는 학원을 말한다.

e스포츠 아카데미가 교육청 인허가를 받은 전문 교육 기관으로 이목을 끈 것은 지난 2017년 '게임코치아카데미'가 해당 과정을 밟고 정식 개원하면서부터다. 이전까지는 e스포츠를 교육할 수 있는 관련 단체나 사설 학원이 없었다. 이후 인도네시아에서 개최된 2018 자카르타-팔렘방 아시안게임에서 e스포츠가 시범 종목으로 채택되면서 학원가에는 일시적으로 프로 게이머 양성 바람이 일었다. 게임 개발자 아카데미에서도 부수적인 커리큘럼을 넣어 온라인 강의를 했을 정도다. 그러나 코로나19 사태가 퍼지면서 30인 미만의 프로 게이머 양성 학원은 온라인 강의 중심으로 명맥을 유지하거나, 거의 문을 닫았다. 게임코치아카데미나 한국이스포츠아카데미, SGA서울게임아카데미, 젠지글로벌아카데미 등 50인 이상 규모를 가진 대형 학원 정도가 남아 있다.

e스포츠 아카데미, 혹은 프로 게이머 양성 학원에서 가장 환영받는 강사는 단연 프로 게이머 출신이다. 그다음으로는

게임단 코치가 많은데, 학원 측에서는 출신을 불문하고 종목에 따라 최상위 랭커에 위치한 강사라면 채용 기회를 준다. 강사의 경력은 e스포츠 아카데미의 역사가 이제 본격화되어가는 까닭에 아무리 길어 봤자 5년 미만이다.

교육청 인허가를 받은 e스포츠 아카데미의 경우, 최소 2년제 전문대 졸업자를 우대한다. 교육청 학원 강사로 등록이 가능한 최소 기준의 학력 요건이 맞으면, 학원에서 정식 강사로 인정될 뿐 아니라 향후 이 분야 경력을 쌓을 때도 유리한 입지를 다질 수 있다. 이런 과정을 거치지 않아도 강사로 일할 수 있지만 과외 형태 수업 등 고용이나 경력 인정 면에서 불리하다.

사실 프로 게이머나 코치 출신 강사 중에는 고졸 학력자가 많다. 그래서 학원 차원에서 이들을 강사로 채용함과 동시에 교육비를 일정 정도 지원해 학점은행제나 사이버 대학 등을 통해 교육청 학원 강사 등록에 맞는 학력 조건을 갖추도록 도와 주기도 한다. 학원 차원에서도 강사 파워를 키워 경쟁력을 높이려는 것이다. 아무래도 교육청에 학원 강사를 등록하면 실질적인 고객인 학부모에게도 아이를 믿고 맡길 수 있다는 신뢰감을 줄 수 있어 서로에게 도움이 된다.

강사의 자질은 정해진 기준이 없다. 일단 게임을 누구보다 잘해야 하는 것은 당연하다. 그래서 학원가에서도 프로 게이머 출신을 선호하는 것이다. 그러나 이것만큼 중요하게 보는 자격이 또 있다. 바로 교육자로서의 태도와 가치관이다. 이에 대한 기준은 없다. 다만 교육자가 가져야 할 인성과 인품이 무엇인지 자연스럽게 떠올리는 것들이 있을 텐데, e스포츠 아카데미 강사가 되고 싶다면 그 덕목이 구체적으로 무엇인지 인지하고, 이를 실천할 수 있는 의지와 열정을 지녔는지 되짚어봐야 할 것이다.

e스포츠 아카데미 강사의 지원 경쟁률은 학원의 인지도나 프로 게이머 배출 여부에 따라 다르겠지만, 날이 갈수록 늘어나는 추세다. 특히 LoL 분야는 모집 경쟁이 치열한 편이다. 프랜차이즈가 본격 도입된 LCK 2021 시즌 이후인 최근 LoL 부문 모 아카데미 신규 강사 모집 지원율은 100 대 1 수준으로 가장 치열했다고 한다.

HARD CARRY

원종하 한국이스포츠아카데미 강사

원종하 한국이스포츠아카데미 강사는 LoL 프로 게이머로 3년가량 활동한 경력을 갖고 있다. 샌드박스 게이밍의 전신인 배틀 코믹스에 2017년 입단해, 그해 5월 일본으로 건너가 V3 e스포츠와 센고쿠 게이밍, 액시즈에서 정글러로 활동했다. 2020년 은퇴한 원종하 강사는 e스포츠 업계에서 계속 경력을 이어가고 싶다는 생각을 갖고 있었는데, 마침 한국이스포츠아카데미의 강사 채용 소식을 듣고 선발 절차에 응해 취업에 이르렀다.

1년 동안 수강생들을 지도한 원 강사는 "이기기 위해 반칙을 제외한 모든 것을 쏟아내야 하는 프로의 세계에서 많은 것을 배웠지만 스트레스도 많이 받았다"라면서, "연구할 거리가 많은 LoL이라는 게임을 공부하고 수강생들에게 알려주는 일을 통해 제2의 인생을 살고 있다."라고 밝혔다.

프로 게이머 출신의 아카데미 강사 원종하. ⓒ 남윤성

TIP | 프로 게이머 경험자 우대

Q. 프로 선수 출신인가?

A. 2017년 챌린저스 리그에 속했던 배틀 코믹스에서 선수 생활을 시작했고, 일본에서 V3 e스포츠와 센고쿠 게이밍, 액시즈AXIZ 등을 거쳤다. 정글러 포지션이었고, 아이디는 '스마일'이었다. 짧다면 짧지만 프로 선수로 활동했던 경력이 아카데미 강사라는 직업을 가질 수 있는 발판이 된 것 같다.

Q. 프로 선수가 된 과정이 궁금하다.

A. LoL을 엄청나게 좋아해서 열심히 했고 상위 랭크를 유지했다. 아는 사람들이 함께 대회에 나가자고 제안해서 멋모르고 나갔는데, 챌린저스 예선을 운 좋게 통과하면서 의도치 않게 프로 선수가 됐다. 3년 동안 한국과 일본 팀에서 뛰었는데, 프로 선수로는 역량이 부족하다는 것을 느꼈다. 2020년을 끝으로 그만두기로 결정했다. 그래도 선수 경력을 살리면서 할 수 있는 일을 찾다가 한국이스포츠아카데미의 강사로 지원해 입사했다.

Q. 한국이스포츠아카데미는 어떤 곳인가?

A. 프로 게이머의 꿈을 갖고 있지만 방향을 잡지 못하는 사람들에

한국이스포츠아카데미와 연계된 프로 게임단 농심 레드포스.
ⓒ 농심 레드포스 인스타그램

게 길을 알려 주고 실력을 키워주는 곳이다. 아카데미마다 성
격과 특성이 다른데, 한국이스포츠아카데미는 LoL 종목을 특
화해 교육하고 있다. 그리고 농심 레드포스라는 프로 게임단과
연계되어 있어서 프로 준비반에 비중을 많이 두고 있다. 취미
반도 있지만 8 대 2 정도의 비율로 프로 육성을 지향하고 있다.

Q. 강사의 하루 일과는 어떻게 되나?

A. 아카데미는 말 그대로 학원이다. 학교 정규 수업을 마친 학생
들을 가르친다. 평일에는 오후 5시부터 수업이 시작된다. 수업

은 2시간 30분 동안 진행되고 이론과 실기를 병행한다. 실제로 게임을 해 보고 수강생들의 플레이를 분석하며 장단점을 알려 준다. 주말에는 오전 11시 30분부터 2시, 3시부터 5시 30분, 5시 30분부터 8시까지 세 타임이 편성돼 있다. 평일과 주말 합쳐서 네 타임을 맡고 있다. 같은 시간에 동시에 진행되는 클래스가 있기 때문에 강사 여러 명이 아카데미에 소속돼 있다.

Q. 코치로 일하면서 보람을 느꼈던 때와 힘들었던 때는 언제인가?

A. 프로 지망생들을 키워내는 곳이다 보니 내가 가르친 학생이 프로 게이머가 됐을 때 가장 행복할 것 같은데, 경력이 1년밖에 되지 않아서 그런 경우를 아직 접하지 못했다. 그래도 나에게 배운 학생 중 한 명이 솔로 랭크 순위 3,000등에서 150등까지 올랐다. 한국 서버에서 150위 정도면 한국 프로 게임단에서 테스트를 볼 수도 있고, 외국 팀의 입단 제의를 받을 수도 있는 수준이다. 이 수강생이 프로 게임단에 들어가면 나도 아카데미 강사로서 처음으로 보람을 느낄 수 있는 기회가 될 것 같다.

2020년에는 아카데미 수강생들로 구성된 팀을 이끌고 전국 아마추어 e스포츠 대회 지역 예선에 출전한 적이 있다. 충북 선발전에 나섰는데, 현재 DRX 1군에서 뛰고 있는 선수들을 제압했고, 결승에서 브리온 블레이드의 2군 선수들에게 1-2로 아쉽게 패했다. 수업 시간에 배운 것들을 실전에서 접목시켜 승리하는 모습을 보면서 뿌듯함을 느꼈다.

반면, 잠재력이 있는 학생들이 현실의 벽에 부딪혀 꿈을 접는 모습을 옆에서 지켜볼 때 힘들다. 데뷔할 수 있을 정도의 실력과 자질, 인성을 갖춘 선수가 있었는데 나이가 만 20세였다. 솔로 랭크 350위서 외국 팀에 가서 프로 생활을 시작하려 했는데, 2020년 내내 코로나19 바이러스가 전 세계적으로 유행하면서 외국 팀이 한국 용병을 찾는 경우가 줄어들었다. 데뷔 기회를 놓친 그 수강생은 프로 게이머의 꿈을 포기하고 대입 준비를 하겠다며 학원을 떠났는데, 외부 환경 때문에 기회를 놓친 것 같아 정말 안타까웠다.

TIP | 아카데미 강사는 프로 지도자로 가는 길 중 하나

Q. 한국이스포츠아카데미가 배출한 프로 선수들이 있나?

A. 국내외에서 활동하고 있는 우리 아카데미 출신 선수들이 꽤 있다. 현재 LCK에서 주전으로 뛰고 있는 선수는 한화생명e스포츠의 정글러 '아서' 박미르다. 우리 학원 초기 멤버였는데 실력을 인정받아 오세아니아 지역의 리그인 OPL에서 활약했고, 한화생명의 러브콜을 받아 2021년부터 LCK에서 활약하고 있다.

하부 리그인 챌린저스 리그에서는 농심 레드포스의 톱 라이너 '든든' 박근우, 미드 라이너 '피에스타' 안현서, 정글러 '실비에' 이승복 등이 활동하고 있다. 잠재력 있는 유망주들이 많기 때문에 우리 아카데미 출신 선수들이 조만간 프로 무대에서 얼굴을 내비칠 것으로 보인다.

Q. 최근 들어 아카데미에 대한 관심이 높아지고 있다. 아카데미 강사가 되기 위한 팁을 알려 달라.

A. 우리 아카데미는 강사라고 부르지 않고 코치라는 명칭을 쓰고 있다. 지식을 전달하는 것에 그치지 않고 목표까지 데리고 가야 한다는 생각을 갖고 있기 때문이다. 앞서 언급한 것과 같이 프로가 되는 길을 가르쳐 주고 프로 선수로 키워내는 게 목표이기에 강사들 모두 프로 게이머 출신이다. LoL 선수 출신은 아니어도 된다. 우리 아카데미에서 가장 경력이 화려한 강사는 도타2 선수로 활약하며 국가 대표를 지냈다. 스타2 코치로 10년 가까이 활동하셨던 분도 있다. 다른 종목의 스페셜리스트이지만 이들이 LoL을 공부해서 일정 수준에 올라오고 독특한 경험들이 어우러지면서 수강생들에게 피가 되고 살이 되는 내용을 알려주고 있다.

선수 시절의 경력도 중요하지만 수강생들과 교감하는 능력도 필요하다. 학생들이 필요로 하는 부분이 무엇인지 알기 위해서는 강사가 커뮤니케이션을 원활하게 해야 하고, 수준에 맞는 교육을 진행해야 한다. 프로를 지향하고 있지만 아마추어이기 때문에 승리만을 목표로 삼기보다는 과정도 즐거워야 한다고 생각한다. 끌고 가기보다는 함께 간다는 자세가 필요하다.

Q. 실력이 좋더라도 아마추어 시절의 좋지 않은 행동 때문에 데뷔하지 못하는 경우도 있었다.

A. 프로 게임단의 러브콜을 받을 정도라면 실력은 이미 검증 받은 선수들이다. e스포츠 초창기에는 선수들의 실력만 보고 팀에 영입하는 경우가 많았고, 아마추어 시절에 게임 안에서 어떤 행동을 했는지 크게 신경 쓰지 않았다.

하지만 이제는 시대가 달라졌다. 사회적으로 금기시 하는 용어를 쓴다든지, 함께 게임한 사람들을 비난 혹은 비하할 경우 캡처되어 제보된다. 실력만 뛰어나서는 프로로 활동할 수 없다. 프로가 되기 위해서는 그에 맞는 행동과 인성을 아마추어 시절부터 갖춰야 한다.

우리 아카데미에서는 별도의 수업 시간을 마련해 인성 교육을 실시하고 있다. 프로가 되는 과정에서 걸림돌을 만들지 않기 위해서다. 공손한 용어를 사용하고 같이 게임하는 사람들을 불쾌하게 만들 여지가 있는 채팅과 행동을 하지 않는 등 게임 안팎에서 매너를 갖춘 인물이 될 수 있도록 교육한다. 아마추어 때부터 매너가 몸에 배어야 프로가 됐을 때에도 팬들의 사랑을 받을 수 있다.

Q. 아카데미 강사의 장래 혹은 비전에 대해서도 알려주면 취업 준비생들에게 도움이 될 것 같다.

A. LoL이 출시된 지 10년이 넘었지만 여전히 배우려는 사람들이 많다. 프로가 되고자 하는 사람들도 있고, 취미로 즐기려는 사람들도 상당히 많다. 그런 사람들이 아카데미를 찾고 있다. 우리 아카데미에서는 다루지 않지만 스타1부터 오버워치, 배그 등의 e스포츠 종목에 대해 배우고 싶다는 문의도 많다. 학교에서 e스포츠를 다루지 않는 현 시점에서는 e스포츠를 가장 체계적으로 배울 수 있는 곳이 아카데미라고 생각한다.

아카데미에서 학생들을 가르치다가 프로 팀의 코치로 간 사례가 있다. '첼리' 박승진 코치는 작년까지 한국이스포츠아카데미 소속으로 일했는데, 다이나믹스가 LCK 승강전을 펼칠 때 배지훈 감독을 돕는 과정에서 지도력을 인정받았고 지금은 2군 코치로 승격됐다. 본인의 노력과 성과에 따라 아마추어 수강생뿐만 아니라 프로 선수들을 가르칠 수 있는 기회도 생길

수 있다. 지도자에 대한 꿈이 있다면 아카데미 강사부터 시작
하는 것도 하나의 방법이다.

e스포츠 아카데미는 프로 게이머가 되고 싶은 지망생과 게임을 잘하는 법을 배우기 위해 찾아온다. 후자의 경우, 이유가 있다. MZ세대라고 불리는 요즘 학생들에게 게임은 사회생활의 일부다. 정규 수업을 마친 뒤 국어, 영어, 수학 학원으로 이동하기까지 한두 시간의 여유가 생겼을 때, 혹은 마땅히 시간을 보낼 장소가 없다면 삼삼오오 PC방을 찾는다. 오후 3~5시에 게임에 접속해 보면 중고등학생들이 상당히 많은 것도 이 때문이다.

이때 게임을 잘하는 학생은 친구들에게 신처럼 '추앙' 받는다. 같이 게임하고 싶어하고 같은 팀에 속하길 원한다. 한두 판밖에 할 수 없는, 짧은 시간밖에 없는 학생이니 친구들에게 승리의 기쁨을 안겨 준다면 에이스라고 불리면서 영웅이 된다.

학부모들은 이러한 상황을 이해하기 어려울 수도 있지만 지금의 부모 세대가 운동장과 특별활동반에서 돋보였던 선후배, 동료를 부러워했다면 이제는 PC방에서 훌륭한 성과

e스포츠 아카데미 강사

를 내는 친구들을 부러워하는 시대로 바뀌었다. 게임을 어느 정도 할 줄 알아야만 친구들이 함께 놀자고 손을 내밀고, 이때 게임을 잘한다면 존재감도 찾을 수 있다. 이들 세대에게 프로 게이머는 꿈의 직업이다. 수년째 프로 게이머는 초등학생들이 선호하는 희망 직업군 톱10에 속해 있다. 그렇기에 이제는 학부모가 아이의 손을 잡고 직접 e스포츠 아카데미를 찾는다.

이와 같은 시장의 니즈를 파악한 학원들은 보다 교육적이고 전문적으로 나아가기 위한 시스템을 갖추려고 한다. 강사의 학력을 따지거나 게임단과 학교와 연계한 진로 프로그램을 만드는 식이다. 이런 분위기가 일반화되면 강사의 진로에도 긍정적인 측면이 많다. 게임단 코치로 전직할 기회가 늘어나는 까닭이다. 지금도 e스포츠 아카데미 강사가 게임단 코치로 전향하는 사례가 있다. T1이나 젠지는 자신들이 보유하고 있는 아카데미에서 2군 코치를 선발했고, 일반 e스포츠 아카데미 강사 출신 중에는 LoL을 비롯해 배그, 오버워치 등 여러 종목에서 코치 제안을 받고 진로를 바꾼 사례도 있다.

게임단 입장에서도 코치 선발 시 아카데미 강사 출신을 선호하는 편이다. 누군가를 가르쳐 본 경험에 가장 높은 점수를 준다. 이와 함께 강사의 시선에서 선수를 분별하는 안목도 게임단에는 도움이 된다. 강사의 경우, 학원을 다니는 다양한 부류의 수강생을 접하면서 말로만 프로 게이머를 하고 싶다는 건지, 정말 프로 게이머가 되고 싶은 건지 이들의 연습량이나 태도를 통해 어느 순간 가늠할 수 있다. 이는 코치로 전직했을 때 선수들의 프로다움, 성실함을 관찰하는 능력이 된다.

선수를 희망했거나 게임단에 입성하길 원했던 사람이라면, e스포츠 아카데미 강사는 못다 이룰 꿈을 이룰 수 있는 좋은 직업이다. 혹은 선수 시절, 자신이 못다 이룬 목표를 후진 양성을 통해 이룰 수 있다는 만족감도 얻을 수 있다.

e스포츠의 학원 체육화는 아직 갈 길이 멀다. 그나마 유망주 발굴의 허기를 e스포츠 아카데미가 메꾸고 있다.

FEEDBACK

★ 급여 수준

신입 연봉은 중소기업 대리 수준. 프로 선수 경력에 따라 올라갈 수 있음.

★ 취업 난이도

프로 게이머 경력자 우대. 선수 경력이 없을 경우 여러 검증 단계를 거쳐야 함.

★ 향후 전망

프로 게임단들이 아카데미를 연이어 오픈하고 있으며 여러 종목의 수업을 편성하기 때문에 취업의 문은 넓은 편임.

★ 업무 강도

일반 학원처럼 대부분의 아카데미가 방과 후에 운영됨. 수업 시간 조정 가능.

★ 업무 만족도

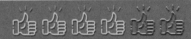

수강생들의 실력이 업그레이드되면 매우 보람차지만 성과가 나 오지 않으면 아쉬움도 크다.

틈새책방의 책들

• 국기에 그려진 세계사
김유석 지음 | 김혜련 그림 | 2017 | 19,000원
방대한 역사적 사실 앞에 늘 주눅이 들 수밖에
없는 세계사. 한 국가의 정체성을 압축해 놓은
국기라는 상징을 통해 각 나라의 역사를 살펴
본다. 세계사를 본격적으로 알아가기에 앞서
뼈대를 세우는 입문서로 제격이다.

• 지혜가 열리는 한국사
옥재원 지음 | 박태연 그림 | 2018 | 18,000원
국립중앙박물관, 국립고궁박물관에서 초등학
생들에게 한국사를 가르친 저자의 노하우를 담
았다. 저자는 어린이들의 역사 공부는 암기하
는 것이 아니라, 역사를 통해 생각하는 힘을 길
러주는 게 목적이라고 말한다. 어린이용과 어
른용, 두 권의 책으로 구성되어 있는 이 책은 어
린이와 어른이 따로 읽고, 함께 대화를 나누는
콘셉트를 갖고 있다. 한국사를 잘 모르는 어른
들도 충분히 아이들과 역사를 소재로 대화할
수 있도록 만들었다.

• 당신은 지루함이 필요하다
마크 A. 호킨스 지음 | 서지민 옮김 | 박찬국 해제 |
2018 | 12,800원
눈코 뜰 새 없이 바쁜 삶을 살아가는 당신에게
'지루함'이 왜 필요한지 설파하는 실용 철학서.
지루함이 삶을 돌이켜 보고 그 전과는 다른 창
조적인 삶을 살 수 있는 기회를 제공한다고 주
장한다. 일중독과 게임 중독 등 갖가지 중독에
사로잡혀 지루할 틈이 없는 한국인들에게 큰
의미를 던지는 책이다.

• 만년필 탐심
박종진 지음 | 2018 | 15,000원
펜을 사랑하는 이들에게 만년필은 욕망의 대상
이자 연구의 대상이다. 한자로 표현하면 '貪心'
과 '探心', 우리말로는 '탐심'으로 동일하게 음
독되는 양가적인 마음이 있다는 이야기다. 이
책은 어느 만년필 연구가의 '貪心'과 '探心'을
솔직하게 드러낸 글이다. 40년의 세월 동안 틈
만 나면 만년필을 찾아 벼룩시장을 헤매거나,
취향에 맞는 잉크를 위해 직접 제조하는 수고
를 마다하지 않으며, 골방에서 하루 종일 만년
필을 써 보고 분해한 경험을 담담히 써 내려간
만년필 여행기다.

• 본질의 발견
최장순 지음 | 2017 | 13,000원
업(業)의 방향성을 고민하는 이들을 위한 안내
서. 삼성전자, 현대자동차, 이마트, 인천공항,
GUCCI 등 국내외 유수 기업의 브랜드 전략,
네이밍, 디자인, 스토리, 인테리어, 마케팅 업무
를 진행해 온 '브랜드 철학자' 최장순이 차별화
된 컨셉션 방법론을 제시한다.

• 의미의 발견
최장순 지음 | 2020 | 15,000원
위기의 시대에도 승승장구하는 브랜드들이 있
다. 이들은 공통적으로 물건이 아니라 '의미'
를 판다. 크리에이티브 디렉터 최장순이 제품
과 서비스에서 어떻게 남다른 의미를 발견하고
소비자들에게 신앙과도 같은 브랜드를 만들 수
있는지 그 비밀을 파헤쳤다.

• 밥벌이의 미래
이진오 지음 | 2018 | 15,000원
'4차 산업혁명'으로 우리 삶과 일자리가 어떻게
변화할지를 예측한 미래서. 망상에 가까운 낙관
주의도, 쓸데없는 '기술 포비아'도 이 책에는 없다.
딱 반걸음만 앞서 나가 치밀하게 미래를 그린다.

• 토마토 밭에서 꿈을 짓다
원승현 지음 | 2019 | 14,000원

이 시대의 농부는 투명인간이다. 멀쩡히 존재하지만 모두가 보이지 않는 것처럼 대한다. 우리 시대가 농업을 대하는 태도를 방증하는 일면이다. 《토마토 밭에서 꿈을 짓다》는 이에 반기를 든다. 새로운 산업의 상징인 디자이너에서 1차 산업의 파수꾼으로 변모한 저자는 자신의 토마토 농장의 사례를 통해 우리 농업의 놀라운 가능성과 존재감을 보여 준다.

• 널 보러 왔어
알베르토 몬디·이세아 지음 | 2019 | 15,000원

방송인 알베르토 몬디의 인생 여행 에세이. 이탈리아 베네치아를 떠나 중국 다롄에서 1년을 공부한 다음, 인생의 짝을 만나 한국에 정착하기까지의 이야기를 담았다. 백전백패 취업 준비생, 계약직 사원, 주류 및 자동차 영업 사원을 거쳐 방송인이 되기까지의 여정이 그려져 있다. 자신의 정체성을 잃지 않으려 노력하며, 남들이 뒤로 물러설 때 끊임없이 도전적인 선택을 하는 모습이 인상적이다. 책의 인세는 사회복지법인 '안나의집'에 전액 기부된다.

• 이럴 때, 연극
최여정 지음 | 2019 | 19,800원

연극 앞에 한없이 작아지는 당신을 위한 단 한 권의 책. 수천 년을 이어 온 연극의 매력을 알아가는 여정의 길잡이이다. 12가지의 상황과 감정 상태에 따라 볼 만한 연극을 소개한다. '2019 우수출판콘텐츠 제작지원사업 선정작'이다.

• 겨자씨 말씀
프란치스코 교황 지음 | 알베르토 몬디 옮김 | 정우석 신부 감수 | 2020

그리스도교를 믿든 그렇지 않든 전 세계인들의 영적인 지도자로 추앙받는 프란치스코 교황이 예수님의 말씀에서 길어 올린 생각들을 정리한 내용이다. 존중, 정의, 존엄, 환대 등 짧지만 깊은 의미를 담고 있는 복음서의 메시지를 매우 간단명료하고, 쉽게 전한다. 번역은 방송인 알베르토 몬디가 했다.

'당신의 밥벌이' 시리즈

• 연예 직업의 발견
장서윤 지음 | 2017 | 16,000원

스타가 아닌 스타를 만드는 직업을 소개한 책. 성장일로에 있는 한국의 엔터테인먼트 산업에 몸을 담고 싶어 하는 이들을 위한 착실한 안내서다. PD와 작가 등 전통적인 직업군부터 작가 및 연출자 에이전시, 엔터테인먼트 콘텐츠 기획자 등 새로운 직업군까지 망라했다. 각 분야의 대표 인물을 통해 누구도 말해 주지 않는 직업 현실과 제3자 입장에서 본 노동강도와 직업의 미래까지 적었다. 실제 연봉까지 공개한 것은 이 책의 최대 장점.

• e스포츠 직업 설명서
남윤성·윤아름 지음 | 2021 | 17,000원

요즘 10대, 20대들에게 게임은 사회생활의 일부다. 게임을 잘하면 친구들에게 신처럼 추앙받는다. 마치 기성세대가 학창 시절에 댄스, 노래, 운동을 통해 친구들과 소통한 것과 같다. 'e스포츠를 밥벌이로 생각할 수는 없을까?' 어른들이 게임고 e스포츠를 색안경을 끼고 보는 동안 MZ세대는 그러한 편견에 싸우면서도 자신의 미래를 개척해 나가고 있다. 이 책은 그들의 싸움에 도움을 주고자 만들었다.

'지구 여행자를 위한 안내서' 시리즈

• 이탈리아의 사생활
알베르토 몬디·이윤주 지음 | 2017 | 16,000원
한국인이 가장 사랑하는 이탈리아인 중 한 명
인 방송인 알베르토 몬디가 전하는 이탈리아
안내서. 커피, 음식, 연애, 종교, 휴가, 밤 문화,
교육, 축구와 F1, 문화유산 그리고 커뮤니티 등
열 가지 키워드로 이탈리아의 문화와 사회를
소개한다.

• 상상 속의 덴마크
에밀 라우센·이세아 지음 | 2018 | 16,000원
행복 지수 1위, 1,000만 원짜리 소파와 함께하
는 휘게, 그리고 정시 퇴근에서 비롯된 여유로
운 삶. 한국인들에게 덴마크는 기껏해야 우유
와 레고의 나라이거나, 완벽한 시스템을 구비
한 행복의 나라다. 여행 또는 거주의 경험이 있
는 사람들에게는 음울한 날씨와 따분하면서도
차가운 사람들이 모인 나라다. 어느 게 진짜 모
습일까. 에밀 라우센이 가감 없이 전한다.

• 지극히 사적인 프랑스
오헬리엉 루베르·윤여진 지음 | 2019 | 16,000원
감히 말할 수 있다. 당신의 머릿속에 박제된 프
랑스는 이제 버리시라. 부모가 가난해도 괜찮

은 교육을 받을 수 있고, 어디에 가든 생산적인
정치적 논쟁이 있으며, 이민자를 열린 마음으
로 받아들이는 나라는 없다. 여전히 당신이 프
랑스를 이렇게 떠올린다면, 그건 수십 년 전 이
야기다. 현재 한국방송통신대학교 교수이자
JTBC '비정상회담' 멤버였던 오헬리엉 루베르
는 우리가 알고 있던 프랑스와 실제의 프랑스를
비교할 수 있도록 쉽고도 자세하게 설명한다.

• 세상에서 제일 우울한 동네
핀란드가 천국을 만드는 법
정경화 지음 | 2020 | 14,800원
핀란드는 한때 우리나라에서 매우 '핫한' 국가
였다. 무상 교육을 실시하면서 창의적인 학생
을 길러내고 국제학업성취도평가에서 1위까
지 차지했다. 인간적 삶을 영위하도록 돕는 복
지 제도는 또 어떤가. 전 세계를 주름잡던 대기
업 노키아도 있었다. 하지만 국내의 핀란드 열
풍은 겉핥기에 가까웠다. '독립적인 시민'을 키
우자는 그들의 교육 철학, 돈으로 환산할 수 없
는 '사회적 신뢰'를 이해하지 못했기 때문이다.
사실 이 두 가지 키워드를 보지 못하면, 핀란드
는 그저 입맛을 다시며 부러워할 수밖에 없는
북유럽 국가 중 하나일 뿐이다.

e스포츠 직업 설명서

인생 티어를 바꿀 21개의 e스포츠 직업

1판 1쇄 발행 2021년 2월 26일
1판 2쇄 발행 2022년 5월 16일

지은이	남윤성·윤아름
펴낸이	이민선
편집	홍성광
디자인	박은정
사진	·GETTY IMAGES | 15쪽, 177쪽, 251쪽, 369쪽 ·PIXABAY | 123쪽
	·경향게임스 | 349쪽 ·데일리e스포츠 | 45쪽, 99쪽, 323쪽
	·젠지 이스포츠 | 151쪽, 389쪽 ·한화생명e스포츠 | 79쪽
	·라이엇 게임즈 | 275쪽 ·게임코치아카데미 | 409쪽 ·정소희 | 199쪽, 225쪽, 303쪽
제작	호호히히주니 아빠
인쇄	신성토탈시스템
펴낸곳	틈새책방
등록	2016년 9월 29일 (제25100-2016-000085)
주소	08355 서울특별시 구로구 개봉로1길 170, 101-1305
전화	02-6397-9452
팩스	02-6000-9452
홈페이지	www.teumsaebooks.com
네이버 포스트	m.post.naver.com/teumsaebooks
페이스북	www.facebook.com/teumsaebook
인스타그램	@teumsaebooks

ISBN 979-11-88949-28-1 03320